世纪高等学校应用型特色精品规划教材

现代旅游酒店会展服务系列

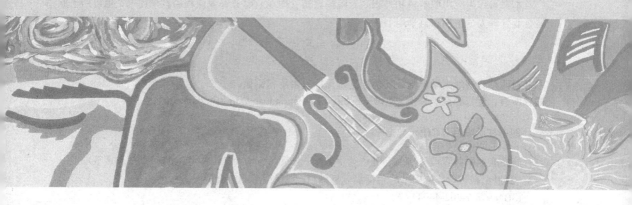

旅游企业财务管理

赵素娟　苏玲朵　主编

清华大学出版社

北京

内 容 简 介

本书以旅游企业资金流动为主线,将财务管理按内容划分为旅游企业财务管理概论、货币时间价值、旅游企业筹资管理、旅游企业投资管理、旅游企业营运资金管理、旅游企业成本管理、收入管理与股利政策、旅游企业财务报表分析,共 8 章。每章都由专门的引导案例引出,中间穿插大量的拓展知识和案例分析,增强知识的趣味性,便于读者理解和掌握。书中数据均选取近两年的较新数据,增强内容的时效性。每节后面都设有评估练习,便于读者对知识的理解与考核。

本书可作为应用型本科和高职高专院校旅游管理专业财务管理课程的教学用书,也可用于旅游企业管理人员培训和自学用书。

图书在版编目(CIP)数据

旅游企业财务管理/赵素娟,苏玲朵主编. —北京:清华大学出版社,2016(2021.8重印)
(21世纪高等学校应用型特色精品规划教材. 现代旅游酒店会展服务系列)
ISBN 978-7-302-44944 -7

Ⅰ.①旅… Ⅱ.①赵… ②苏… Ⅲ.①旅游企业-财务管理-高等学校-教材 Ⅳ.①F590.66

中国版本图书馆CIP数据核字(2016)第208308号

责任编辑:孟毅新
封面设计:王 军
责任校对:袁 芳
责任印制:杨 艳

出版发行:清华大学出版社
   网   址:http://www.tup.com.cn, http://www.wqbook.com
   地   址:北京清华大学学研大厦 A 座   邮 编:100084
   社 总 机:010-62770175   邮 购:010-62786544
   投稿与读者服务:010-62776969,c-service@tup.tsinghua.edu.cn
   质 量 反 馈:010-62772015,zhiliang@tup.tsinghua.edu.cn
   课 件 下 载:http://www.tup.com.cn,010-83470410
印 装 者:三河市少明印务有限公司
经 销:全国新华书店
开 本:185mm×260mm 印 张:18.5 字 数:409千字
版 次:2016年12月第1版 印 次:2021年 8 月第 7 次印刷
定 价:49.00元

产品编号:069795-02

前　　言

旅游业是指直接为游客提供出行、住宿、餐饮、游览、购物、娱乐等服务活动的行业，旅游相关产业则是指为游客出行提供旅游辅助服务和政府旅游管理服务等活动的产业。国家统计局核算的结果显示，我国出境旅游 2015 年度的营业收入突破了 1 500 亿元。2015 年度在线旅游主要几家公司的总营业收入在 300 亿元以内，还不到出境游大盘子的五分之一，出境游无疑是一个巨大的市场。另外，全球经济下行压力依然巨大，各国为吸引中国游客纷纷出台新的签证政策，加上人民币于 2016 年 10 月 1 日正式加入 SDR，出境游的外部环境正在不断变好。所以多家在线旅游企业和旅行社集团将 2016 年出境游的重心放在了出境游业务上，预计 2016 年出境旅游业收入将达到 2 000 亿元左右。

中国在世界旅游业中的地位不断上升。据世界旅游组织预测，到 2020 年中国将成为全球最大的国际旅游目的地国家和第四大旅游客源国，世界经济迅猛发展，行业划分越来越细，旅游会计蓬勃发展，"重会计，轻财务""重核算，轻管理"已不适应现代旅游企业的发展要求，旅游企业财务管理应运而生。随着我国旅游市场的飞速发展和日益完善，对旅游企业财务管理的需求越来越大。

本书吸收了许多当前流行的财务管理学教材的优点，总结编者多年的财务管理教学与实践经验，力求体现以下特色。

(1) 每章都由专门的引导案例引出，中间穿插大量的拓展知识和案例分析，增强知识的趣味性，便于读者理解和掌握。

(2) 数据均选取近两年的最新数据，增强内容的时效性。

(3) 每节后面都设有评估练习，便于读者对知识的理解与考核。

(4) 实践操作性强，结合典型企业实际案例对旅游企业财务进行了计算与分析，并提出了合理化建议，使学习者对旅游企业财务管理有一个总体的把握。

本书介绍了旅游企业及旅游企业财务管理的现状，重点涵盖旅游企业筹资管理、投资管理、营运资金管理、成本管理、收入管理及股利分配政策；介绍了旅游企业资产负债表、利润表及现金流量表，根据三大报表计算财务比率，并根据计算结果进行财务分析，对企业发展提出合理化建议。本书可作为应用型本科和高职高专院校旅游管理专业财务管理课程的教学用书，同时也可以用于旅游企业管理人员培训和自学用书。

本书的内容分为 8 章，由赵素娟、苏玲朵主编。赵素娟负责教材的总体结构设计，苏玲朵总纂全书内容，编写分工如下：第一章、第三章、第四章由赵素娟编写；第二章、第五章、第六章、第七章、第八章由苏玲朵编写。

本书编写过程中，我们力求精品，但书中难免有不足之处，恳请读者批评、指正。

编　者
2016 年 8 月

目　录

第一章
旅游企业财务管理概论

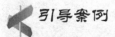

引导案例

旅游企业财务管理的重要性

刘佳作为财务总监受聘于一家四星级酒店。当刘佳跨入酒店的第一天,她满怀兴奋的心情向总裁索取上一年度的财务报告,想了解一些酒店的基本财务状况。然而,总裁的回答令她很吃惊,"这正是我们需要你的原因。""酒店的入住率不低,主营业务发展不错,也不断地有些新项目,酒店各部门都显得忙忙碌碌,看上去很赚钱",刘佳对酒店的最初印象就是如此。但是,当所有账目结果出来后却让她震惊,酒店的账面上几乎都是应收账款和库存,根本没有盈利,这是刘佳万万没有想到的。

究其原因,就是以前酒店几乎没做过全面预算管理。所以,没人知道目标利润,没人知道花了多少钱,也没人去想做这些事情能给企业带来什么。融资来的 1000 万元什么时候花完、花完了怎么办、能否给投资人带来什么回报、以后能否吸引更好的投资等问题,大家好像都忙得顾不上这些,但这些恰恰是一家企业运作中最核心的问题。

为什么有的企业看上去很好,顾客盈门,生意兴隆,却在一夜之间突然倒闭?深究其原因,往往都是财务管理不力惹的祸。财务管理是目前大多数旅游企业普遍存在的薄弱环节,也成为限制旅游企业进一步发展的瓶颈。加强财务管理,平衡企业资金收支状态,增强企业抗风险能力,是我们旅游企业进一步发展壮大的前提。

(资料来源:周桂芳.旅游企业财务管理 [M] .北京:中国林业出版社,北京大学出版社,2008.)

辩证性思考:

1. 旅游企业都有哪些类型?能否举出一些大家熟知的实例。

2. 财务管理是什么?谈谈你的想法。

3. 财务管理对于旅游企业的重要意义?

第一节　认识旅游企业

教学目标:

(1)了解旅游企业的类型;

(2)了解旅游企业的组织形式;

(3)掌握旅游企业的特征。

旅游企业是能够以旅游资源为依托,以有形的空间设备、资源和无形的服务效用为手段,在旅游消费服务领域中进行独立经营核算的经济单位。

一、旅游企业类别

(一) 旅游中介企业

旅游中介企业也称为中间商，它们从旅游产品生产者那里订购各种旅游产品和服务，如住宿、交通、保险等，然后再转卖给旅游经营者或游客，并从中获得佣金。由于旅游中介企业面对着不同的经营对象，又可以分为旅游经营商（包括批发商）和零售代理商。前者将旅游过程中分散的产品组合成一个整体，并以包价的形式通过旅游零售代理商销售；后者为消费者提供现成的旅游线路，如旅行社。

旅游中介服务已成为全球的销售旅游产品和服务的普遍形式。因此，旅游中介企业的存在给旅游产品的生产者、消费者和旅游目的地都能带来利益，归纳如下。

(1) 使旅游生产者能够大量地销售自己的产品，并通过销售将风险转嫁给旅游经营商。

(2) 产品供应商通过集中性的旅游交易可以减少促销费用，避免花费昂贵的代价对消费者直接促销。

(3) 旅游者可以通过购买包团旅游的方式节约收集信息和处理其他事物的时间和费用。

(4) 消费者能从旅游经营商那里了解旅游专业知识，把旅游中的不确定性因素降到最低程度。

(5) 批发商具有强大的讨价还价能力，使游客能获得较低的旅游价格。

(二) 旅游交通企业

旅游交通企业是为游客从常住地到旅游目的地的往返以及在各旅游目的地内提供空间转移服务手段的机构。其中往返于旅游目的地的交通企业具有公共性，既可以为旅游消费者服务，也可以满足非旅游的运输需要，称为大交通企业；在旅游目的地的交通服务对象相对更明确，主要为游客服务，也称为小交通企业。旅游交通企业的内部划分以交通工具使用的不同为标志。它们满足游客对时间、效率、舒适程度、空间和价格等方面的多样化要求。具体划分如下。

1. 公路交通企业

运用汽车这一交通工具，既有户到户的灵活性，又有欣赏风景的良好视野，还可以提供交通过程中的娱乐，如旅游汽车公司、旅行出租车公司。

2. 铁路交通企业

铁路具有运量大、价格低、持续性长等特点。随着高速公路的发展和空中交通的普及，铁路企业已感到了竞争的压力，铁路公司纷纷通过提速和改善服务予以应对。我国铁路企业为国家所有、运营稳定、建设周期较长。

3. 航空交通企业

从事空中交通业务的旅游企业以飞机为经营手段。航空交通具有速度快、范围广的特点，对于商务游客能节省时间，甚至可以到达缺乏交通设施的地区，如遥远的荒岛。但航空交通企业投资规模和运输成本都较大、服务技术和管理要求也高。

4. 水上交通企业

传统的水上交通企业，主要是解决游客涉水空间转移的商业性机构，如轮船公司。由于长途航行的效率、安全和气候的限制因素，其运客业务逐渐被其他交通企业所代替。但是，经营具有度假旅游产品和交通工具双重性的巡游业务的公司在欧美发达国家业绩上升明显。

（三）旅游住宿企业

旅游住宿企业也就是我们通常所说的商业性质的饭店和宾馆。它是为顾客提供住宿和其他服务的企业机构。住宿企业同其他企业一样，是利用各种生产要素和管理手段从事生产经营活动，在创造利润的动机和承担风险的情况下，以取得企业效益和社会效益的经济组织。

随着社会的进步和发展，住宿企业提供的产品的功能和设施日益多样化，包括客房、餐饮、购物，以及宴会、会议、通信、娱乐、健身等服务。而且根据消费和管理的不同需求，住宿企业又形成了各种类型，如可以按星级标准划分为五星级、四星级等类型的饭店；按功能划分为商务、度假、会议等类型的饭店；按经营管理特点划分为单体经营和连锁经营饭店（包括兼并经营、合同管理、特许经营和租赁经营饭店）。

（四）旅游吸引物企业

旅游者往往期望在外地获得愉悦，因此，旅游吸引物企业经营的对象才最能满足游客的愿望和要求，也是吸引人们到旅游目的地享受的根本原因。旅游吸引物可以划分为许多种类，形成了企业经营的业务内容。这些吸引物只有具备了获利性的条件，才有可能成为创立基于该吸引物的企业。具有代表性的旅游吸引物企业主要有以下几种。

（1）主题公园：如最为成功的迪士尼乐园（DisneyLand）。

（2）博彩公司：如澳门葡京娱乐公司。

（3）娱乐公司：如私人娱乐公园、美国的娱乐车制造和经营企业、娱乐刊物出版。

（4）娱乐表演公司：如各种影剧院、影视公司、夜总会。

（5）节庆和活动公司：如会展公司、高尔夫俱乐部、体育运动公司。

（6）旅游购物公司：如旅游商店。

二、旅游企业组织形式

（一）业主制旅游企业

业主制旅游企业是最简单的旅游企业组织形式，这种俗称"夫妻店"的典型小旅游企业只有一个产权所有者。企业是业主的个人财产，由业主直接经营，业主享有该企业的全部经营所得，同时对它的债务负有完全责任。如果经营失败，出现资不抵债的情况，业主要用自己的家庭财产来抵偿。

业主制旅游企业一般规模很小、结构简单，几乎没有任何专门的内部管理机构。这些小企业可能每天做几百元或几千元的生意，仅仅为小企业主的努力提供最低的工资，例如，有些小旅行社可能一个月也只有几单生意。这些企业数量很多，但总销售额却很小，对于大多数小企业来说，需要个人付出巨大的努力。业主制旅游企业的平均寿命通常较短，这是因为它们存在如下先天不足。

（1）本身财力有限，而且由于受到偿债能力的限制，取得贷款的能力也比较差，因而难于从事需要大量投资的大规模旅游经营活动。几乎所有的业主制旅游企业的资金都来自于自身积累或亲戚朋友的借贷。

（2）如果企业主无意经营或者死亡，该企业的业务就会中断。因此，这种类型的企业通常在旅游中介、旅游公路交通、自由职业、个体餐饮、旅游购物等领域中活动，由以家庭为单位的小旅行社、个体客运、小工艺品作坊、家庭餐馆和小纪念品商店等组成。然而，业主制旅游企业也有许多长处，如建立和歇业的程序十分简单易行；产权能够较为自由地转让；经营灵活、决策迅速；经营者与产权关系紧密、直接，因而普遍具有精打细算、勤俭持家的优点。

（二）合伙制旅游企业

合伙制旅游企业是在两个或两个以上业主的个人财产的基础上经营的，合伙人分享企业所得、共同对企业债务承担责任。合伙制旅游企业往往需要综合不同人的才智，譬如不同专业的会计师、厨师、经理人等。合伙制旅游企业的优点如下。

（1）由于可以由众多的合伙人共同筹集资金，因而资本规模较业主制企业大，也由于合伙人共负偿债责任，减少了其贷款的风险，它的筹资能力较单个业主制企业大大提高。

（2）合伙人共同对企业盈亏负有完全责任，意味着他们以自己的全部财产来为企业担保，因而有助于增强经营者的责任心，提高企业的信誉。

但是，合伙制旅游企业也有一定的缺陷，主要表现在两个方面：①合伙制企业是依据合伙人之间的协议建立的。建立合伙制企业和接纳新的合伙者的谈判程序和法律程序都很复杂，筹集资金的能力比较薄弱，决策延误和差错率高。②所有合伙人对于合伙制旅游企业的债务负有无限责任，而不以他投入的那部分资本为限。这样，不能对企业的经营活动单独行使完全控制权的合伙人会面临相当大的风险。

（三）公司制旅游企业

公司制旅游企业是一个法人组织体。它以法人的名义行使民事权利、承担民事责任，有权举债、签订合同、能在法院起诉和应诉。公司的产权分属于股东，股东有权分享公司的盈利。与合伙制旅游企业不同，公司入股人（股东）并不对企业债务负无限责任，而只在他投入的股本的范围内对债务负责。同时，公司股东不能退股，而只能转让他的股权。从企业制度的内容来分析，公司制具有以下一些明确的特征。

（1）产权关系：所有权与经营控制权相分离。法人财产独立，企业拥有出资者投资形成的全部法人财产权，成为享有民事权利、承担民事责任的法人实体。

（2）企业经营方式及盈亏责任：企业以其全部法人财产依法自主经营、自负盈亏，长期亏损、资不抵债者依法破产，公司法人对其债务以法人资产为限负有限责任。

（3）出资者权利及责任：出资者按投入企业的资本额的多少享有股东权利，对公司债务以其出资额为限负有限责任。

（4）企业治理结构（即领导和管理体制）：企业形成所有者（股东）、决策者（董事会）、管理者（经理）三位一体的法人治理结构（也可增设监事会）。

（5）薪酬制度：企业自主分配。管理人员和职工的收入来源是工资和奖金，股东可根据企业经营成效按出资额的多少分得红利。

（6）人事制度：实行聘用制或招聘制。职工与企业法人之间的关系是劳动合同关系。在实行职工持股的情况下，职工具有股东和劳动者的双重身份。

（7）资产性质：现代公司资产的价值形态可以转让和流动。其中股份有限公司的股票可以自由流动；有限责任公司的股单可以在股东之间自由转让、在其他场合有条件地转让；公司债券也可以自由转让。资产证券化，股票、企业债券可自由流动，这是现代公司的一大特点。

以上特征表明，与合伙制相比较，公司制旅游企业最突出的优点是股东们只对企业债务负有限责任，风险要比合伙人小得多。这就使股份公司成为筹集大量资本的良好企业组织形式。公司制的另一个优点是具有独立生命。除非由于破产歇业，它的生命是永远延续的。在业务决策上，只需多数同意而不需要一致通过。与此同时，公司股东不能像合伙制企业的合伙人那样，直接做出经营决策和代表其他股东与人签约，而是由股东大会按一股一票的原则投票选聘董事组成董事会托管公司法人财产。董事会则聘任总经理和其他高级经理人员进行日常经营活动。公司经理人员在作为股东的代理人行使职权和承担财务责任时受到有关法律的严格限制。这样就保证了公司决策的连续性和及时性，减少了差错。

公司制这种组织形式的缺点如下。

（1）公司设立程序复杂：公司法人地位的确定，需要政府的认可，歇业也要通过一定的法定程序。因此，公司的组建不像其他两种企业形式那样方便灵活。

（2）缺乏骨肉相连的关系：股东购买股票，只为取得股利和从股票升值中谋利，对公司缺乏业主制和合伙制下那种所有者同企业之间的血肉相连的关系。同时，由于经营者往往不是拥有股权的股东，他们同企业的利益关系，也不像业主制及合伙制那样紧密。由此便产生了委托人（出资者）和代理人（经理人员）之间的复杂的授权与控制的关系。

（四）旅游企业集团

旅游企业集团是指多个旅游企业通过资产或契约关系进行联结。由一个集团公司对其下属多层次的成员企业实施投资、控制和协调等职能活动的经济联合体。旅游企业集团主要以母子公司体制为主，以资产为主要纽带，因而集团内部具有较强的自主性，各成员企业都具有独立的法人资格。尽管在资本、人事和业务等方面存在交叉关系，但一般都根据经济合理性的原则进行自主决策，不存在支配与被支配的关系。

旅游企业集团具有以下一些特征。

（1）旅游企业集团本身不是一个法人。旅游企业集团是一个多法人经济联合组织，是股份经济和公司法律制度联合的产物。其成员企业主要通过资产或契约关系进行联结，法律上各自保持着独立的法人地位。

（2）旅游企业集团的组织结构是多层次的。旅游企业集团的组织结构一般应包括核心企业、紧密层企业、半紧密层企业以及松散层企业等。如果只有集团核心而没有其他层次企业，那只是一种单体企业而不是企业集团；如果只有半紧密层和松散层，而没有紧密层，那只是一种松散的企业联合体，也不是企业集团；如果只有集团核心和紧密层，没有半紧密层和松散层，虽已具备了企业集团的结构特征，但仍会影响企业集团发挥作用的范围和程度。

（3）核心旅游企业在旅游企业集团中起主导作用。核心旅游企业必须具有企业法人地位和一定的经济实力，通过控股、持股所赋予的控制权掌握成员企业的投资决策、人事安排、发展规划以及服务、开发、市场营销等各个环节的经营活动，维持成员企业行为的一致性和协调性，实现集团的整体发展战略。

（4）集团内部不存在单方面控制其他企业的支配性资本。旅游企业集团本身并不具有资本积累的能力，其资本是靠各旅游企业自行积累的。同时，核心旅游企业也不对其他成员企业形成单方面的控制关系，也不能对其他成员企业单方面强行规定利润率等。旅游企业集团的外围成员企业，不同于大公司的分公司，它们可以比较自由地进入或退出该旅游企业集团。有时，甚至一个旅游企业可以同时参加两个不同的旅游企业集团。

（5）集团作为一种企业组织，其边界具有不确定性。旅游企业集团与旅游市场的边界处在一种经常变动的状态之中。或者说，旅游企业集团与旅游市场的界限变得模糊了。旅游企业集团是一种与市场机制有机地交融在一起的，无法用墙围起来的开放性的企业组织。

（6）旅游企业战略联盟。旅游企业战略联盟是指两个以上的旅游企业为了实现特定的战略目标，通过相互合作、共担风险、共享利益而形成的一种优势互补、分工协作的长期松散联合和合作。由于它是一种处在企业组织和市场组织之间的企业合作形式，联盟的各个旅游企业是独立的，仍保持着自己的经营自主权。它既包括从事类似活动的旅游企业之间的联合，也包括从事互补性活动的旅游企业之间的合作。

旅游企业的战略联盟比较广泛。这体现在旅游景区、旅游游乐区、旅游零售商和旅游批发商、酒店业、康乐业、航空公司、汽车租赁等一系列企业间的合作联盟。较高程度的战略联盟存在于航空公司、旅行社和酒店之间，并随着信息技术的发展合作加强。经济全球化使国际旅游企业开始了更为广泛的联盟，旅游业与不同行业进行着非竞争联盟，如旅游业与葡萄酒业联盟，旅游业与历史文化遗产导向的经济体联盟等。这种将产业、产区、历史文化、景区、人文地理相结合的联盟体将成为今后的趋势。

知识拓展 1-1

旅游企业战略联盟的特点

旅游企业战略联盟有以下一些特点。

1. 合作伙伴资源互补

联盟成员实现双赢。只要战略联盟管理有方，合作双方都将比单方在技术、营销等方面具有更广阔的战略灵活性。最终可以达到双赢或多赢的局面。

2. 组织结构上的松散性

参加联盟的旅游企业主要是通过契约形式联结起来的，很难用传统组织内部那种行政方式进行协调管理。旅游企业战略联盟不是由纯粹的市场机制进行协调，而是兼具市场机制与行政管理的特点。合作各方主要通过协商的方式解决各种问题。

3. 降低旅游企业的风险

通过战略联盟的方式可以分担风险。将风险分散到多个企业，由联盟成员共同分担。这样，战略联盟就能够把握伴有较大风险的市场机遇。

4. 提高旅游企业规模、经济效益及竞争力

旅游企业战略联盟通过加强合作而发挥整体优势。可以在其内部进行资源的重新调整，形成强大的服务能力，并相应地带来成本的降低。竞争对手之间通过彼此的合作来代替以前你死我活的竞争，增强各自的实力，共同对付别的竞争者或潜在竞争者。

5. 机敏灵活

运作高效。一般来说，组建战略联盟要比新建或兼并等形式所需时间短，过程也较简单，同时也不需大量投资，因而可以迅速组成并发挥作用。合作者之间的关系十分松散，没有固定的存续时间，可以随环境的变化而迅速解散。战略联盟集中了合作各方最核心的资源，因而其实力是单个旅游企业很难达到的。

（资料来源：龚韵笙.现代旅游企业财务管理［M］.大连：东北财经大学出版社，2012.）

三、旅游企业特征

（1）旅游企业作为一种社会组织，有自己的组织机构和工作程序。

（2）旅游企业作为一种经济组织，主要从事旅游经济活动，有与之相配套的经营资产和财产。

（3）旅游企业从事的经营活动一定要以营利为目的，以社会公益为主要目的的组织不是旅游企业。

（4）旅游企业是实行独立核算的社会经济组织。

评估练习

1. 旅游企业有哪些类型？
2. 旅游企业的组织形式有哪些？
3. 旅游企业的特征有哪些？

第二节　旅游企业财务管理综述

教学目标：

（1）了解旅游企业财务管理的目标及其影响因素；

（2）掌握旅游企业财务管理的内容；

（3）掌握旅游企业财务管理的环节；

（4）了解旅游企业财务管理的原则和环境。

旅游企业财务管理是旅游企业为了实现其目标，运用一定的方法，对旅游企业的财务活动和财务关系进行的一项经济管理活动，它是旅游企业管理的重要组成部分。

一、旅游企业财务管理的目标

目标是指导和标准。没有明确目标，就无法判断一项决策的优劣。财务管理的目标取决于企业的目标，所以企业的目标往往就被表述为财务管理的目标。关于企业目标的表述，主要有以下三种观点。

（一）利润最大化

利润最大化观点认为，利润代表了企业新创造的财富，利润越多则企业财富增加得越多，越接近企业的目标。

利润最大化观点的缺陷是：没有考虑利润的取得时间；没有考虑利润与投入资本额的关系；没有考虑获取利润与所承担风险的大小。

利润最大化观点容易导致企业为追求短期的最大利润而忽视长远的发展，忽视对风险的控制，忽视效率的提高。

（二）每股盈余最大化

每股盈余最大化即每股收益最大化，每股收益是净利与发行在外普通股股数的比率，这种观点认为，企业实现的净利要同企业的投入进行对比。

每股盈余最大化观点的缺陷是：没有考虑每股盈余的时间价值；也没有考虑风险因素。

（三）股东财富最大化

股东财富最大化观点认为，股东财富最大化即企业价值最大化。

　　对于上市公司，股东财富由其所拥有的股票市场价值来决定。所以，股东财富最大化，又演变为股票价格最大化。在运行良好的资本市场里，股东财富最大化目标可以理解为最大限度地提高现在的股票价格。企业财务管理的最佳目标就是使每股股票的目前价值最大化。

　　股东财富最大化观点的优点是：考虑了货币的时间价值和投资的风险价值，有利于选择投资方案，统筹安排长短期规划、有效筹集资金、合理制定股利政策因素；反映了资产保值增值的要求，股东财富越多，企业资产的市场价值越大；有利于克服管理上的片面性和短期行为；有利于社会资源合理配置，社会资本通常流向企业价值最大化或股东财富最大化的企业或公司，从而实现社会效益最大化。

　　股东财富最大化观点的缺陷是：只重视股东的利益，而对企业其他关系人重视不够；股票价格受多因素的影响，并非企业所能控制；对于非上市公司只有对企业进行专门评估才能真正确定其价值，而在评估这些企业的资产时，由于受评估标准和评估方式的影响，不易做到客观、准确，也导致企业价值确定困难；对上市公司较为适用。

　　尽管股东财富最大化观点存在上述缺点，但如果一个国家的证券市场高度发达，市场效率极高，上市公司可以把股东财富最大化作为企业财务管理的最佳目标。

二、影响财务管理目标实现的因素

　　财务管理的目标是企业的价值或股东财富最大化，股票的价格代表了股东财富，因此，股价高低反映了财务管理目标的实现程度。

　　从企业管理当局可控因素看，股价的高低取决于企业的报酬率和风险，而报酬率和风险又是由企业的投资项目、资本结构和股利政策决定的。因此，这 3 个因素影响企业的价值。财务管理正是通过投资决策、筹资决策和股利决策来提高报酬率、降低风险，实现其目标。

（一）投资报酬率

　　在风险相同的情况下，提高投资报酬率可以增加股东财富。企业的赢利总额不能反映股东财富。股东财富大小要看投资报酬率，而不是赢利总额。

（二）风险

　　任何决策都是面向未来的，并且会有或多或少的风险。决策时需要权衡风险和报酬，才能获得较好的结果。

　　不能只考虑每股盈余，不考虑风险。财务决策时，不能不考虑风险，风险和冒险与可望得到的额外报酬相称时，方案才是可取的。

（三）投资项目

　　投资项目是决定企业报酬率和风险的首要因素。一般来说，被企业采纳的投资项目，都会增加企业的报酬，否则企业就没有必要为它投资。与此同时，任何项目都有风险，区别只在于风险大小不同。因此，企业的投资计划会改变其报酬率和风险，并影响股票价格。

（四）资本结构

资本结构是指所有者权益与负债的比例关系。资本结构会影响企业的报酬率和风险。一般情况下，企业借债的利息率低于其投资的预期报酬率，可以通过借债取得短期资金而提高企业的预期每股盈余，但也会同时扩大预期每股盈余的风险。

（五）股利政策

股利政策是指企业获得的当期盈余中，有多少作为股利发放给股东，有多少保留下来准备再投资用，以便使未来的盈余源泉可进行下去。股利政策也是影响企业报酬率和风险的重要因素。股东既希望分红，又希望每股盈余在未来不断增长。两者有矛盾，前者是当前利益，后者是长远利益。加大保留盈余，会提高未来报酬率，但再投资的风险比立即分红要大。因此，股利政策会影响企业的报酬率和风险。

 知识拓展 1-2

不同利益主体财务目标的矛盾与协调

股东和债权人都为企业提供了财务资源，但是他们处在企业之外，只有经营者即管理当局在企业里直接从事财务管理工作。股东、经营者与债权人之间构成了企业最重要的财务关系。企业是所有者即股东的企业，财务管理的目标是指股东财富最大化的目标。股东委托经营者代表他们管理企业，为实现他们的目标而努力，但经营者与股东的目标并不完全一致。债权人把资金借给企业，并不是为了"股东财富最大化"，与股东的目标也不一致。企业必须协调这三方面的矛盾，才能实现"股东财富最大化"的目标。

一、股东和经营者

（一）股东和经营者的目标

在股东和经营者分离以后，股东的目标是使企业财富最大化，千方百计要求经营者以最大的努力去完成这个目标。经营者也是最大合理效用的追求者，其目标与委托人不一致，他们的目标如下。

（1）增加报酬。包括物质和非物质的报酬，如工资、奖金、提高荣誉和社会地位等。

（2）增加闲暇时间。包括较少的工作时间、工作时间里较多的空闲和有效工作时间中较小的劳动强度等。

这两个目标之间有矛盾，增加闲暇时间可能减少当前或未来的报酬，努力增加报酬会牺牲闲暇时间。

（3）避免风险。经营者努力工作可能得不到应有的报酬，他们的行为与结果之间有不确定性，经营者总是力图避免这种风险，希望付出一份劳动便得到一份报酬。

（二）经营者对股东目标的背离

经营者的目标和股东不完全一致，经营者有可能为了自身的目标而背离股东的利益。这种背离表现在两个方面。

1. 道德风险

经营者为了自己的目标，不是尽最大努力去实现企业财务管理的目标。他们没有必要为提高股价而冒险，股价上涨的好处将归于股东，如若失败，他们的"身价"将下跌。他们不做什么错事，只是不十分卖力，以增加自己的闲暇时间。这样做，不构成法律和行政责任问题，只是道德问题，股东很难追究他们的责任。

2. 逆向选择

经营者为了自己的目标而背离股东的目标。例如，装修豪华的办公室、购买高档汽车等；借口工作需要乱花股东的钱；或者蓄意压低股票价格，然后以自己的名义借款买回，导致股东财富受损，自己从中渔利。

（三）防止经营者背离股东目标的方法

防止经营者背离股东目标的方法一般有两种。

1. 监督

经营者背离所有者的目标，其条件是双方的信息不一致，主要是经营者了解的信息比股东多。避免"道德风险"和"逆向选择"的出路是使股东获取更多的信息，对经营者进行监督。在经营者背离所有者目标时，减少各种形式的报酬，甚至解雇他们。

然而，全面监督实际上是行不通的。股东是分散的或者远离经营者，得不到充分的信息；经营者比股东有更大的管理优势，比股东更清楚什么是对企业更有利的行动方案；全面监督管理行为的代价是很高的，很可能超过它所带来的收益。因此，股东支付审计费请注册会计师，往往仅审计财务会计报表，而不要求全面审查所有管理行为人。股东对于情况的了解和对经营者的监督总是必要的，但受到合理成本的限制，不可能事事都监督。监督可以减少经营者违背股东意愿的行为，但不能解决全部问题。

2. 激励

防止经营者背离股东利益的另一个办法是采用激励报酬计划，使经营者分享企业增加的财富，鼓励他们采取符合企业最大利益的行动。例如，企业赢利率提高或股票价格提高后，给经营者以现金、股票奖励。支付报酬的方式和数量大小，有多种选择。报酬过低，不足以激励经营者，股东不能获得最大利益；报酬过高，股东付出的激励成本过大，也不能实现自己的最大利益。因此，激励可以减少经营者违背股东意愿的行为，但也不能解决全部问题。

通常，股东同时采取监督和激励两种办法来协调自己和经营者的目标。尽管如此仍不可能使经营者完全按股东的意愿行动，他们可能仍然采取一些对自己有利而不符合股东最大利益的决策，并由此给股东带来一定的损失。监督成本、激励成本和偏离股东目标的损失之间此消彼长，相互制约。股东要权衡轻重，力求找出能使三项之和最小的解决办法，它就是最佳的解决办法。

二、股东和债权人

当企业向债权人借入资金后，两者形成委托代理关系。债权人把资金交给企业，其目标是到期收回本金，并获得约定的利息收入；企业借款的目的是用它扩大经营，投入有风险的生产经营项目。两者的目标并不一致。

债权人事先知道借出资金是有风险的，并把这种风险的相应报酬纳入利率。通常要考虑的因素包括：企业现有资产的风险、预计新添资产的风险、企业现有的负债比率、预期企业未来的资本结构等。

但是，借款合同一旦成为事实，资金到了企业，债权人就失去了控制权。股东可以通过经营者为自身利益而伤害债权人的利益，常见的方式如下。

（一）股东不经债权人的同意，投资于比债权人预期风险要高的新项目

如果高风险的计划侥幸成功，超额的利润归股东独吞；如果计划不幸失败，企业无力偿债，债权人与股东将共同承担由此造成的损失。尽管破产法律规定，债权人先于股东分配破产财产，但多数情况下，破产财产不足以偿债。所以，对债权人来说，超额利润通常拿不到，发生损失却有可能要分担。

（二）股东为了提高企业的利润，致使旧债券的价值下降，使旧债权人蒙受损失

旧债券价值下降的原因是发行新债后企业负债比率加大，企业破产的可能性增加。如果企业破产，旧债权人和新债权人要共同分配破产后的财产，使旧债券的风险增加，其价值下降。尤其是不能转让的债券或其他借款，债权人没有出售债权来摆脱困境的出路，处境更加不利。

债权人为了防止其利益被侵害，除了寻求立法保护，如破产时优先接管、优先于股东分配剩余财产等外，通常采取的措施如下。

（1）在借款合同中加入限制性条款如规定资金的用途、规定不得发行新债或限制发行新债的数额等。

（2）发现企业有剥夺其财产意图时，拒绝进一步提供新的借款或提前收回借款。

三、企业目标与社会目标

企业目标和社会目标在许多方面是一致的。企业在追求自己的目标时，自然会使社会受益。例如，企业为了生存，必须要生产出符合顾客需要的产品，满足社会的需求；企业为了发展，要扩大规模，自然会增加职工人数，解决社会的就业问题；企业为了获利，必须提高劳动生产率，改进产品质量，改善服务，从而提高社会生产效率和公众的生活质量。

企业目标和社会目标也有不一致的地方。例如，企业为了获利，可能生产伪劣产品、可能不顾工人的健康和利益、可能造成环境污染、可能损害其他企业的利益等。

股东只是社会的一部分人，他们在谋求自己利益的同时，不应当损害他人的利益。国家要保证所有公民的正当权益。为此，政府颁布了一系列保护公众利益的法律，如公

司法、反暴利法、防止不正当竞争法、环境保护法、合同法、保护消费者权益法和有关产品质量的法规等，通过这些法律调节股东和社会公众的利益。

一般来说，只要遵守这些法规，企业在谋求自己利益的同时就会使公众受益。但是，法律不可能解决所有问题，况且目前我国法制尚不够健全，企业有可能在合法的情况下从事不利于社会的事情。因此，企业还要受到商业道德的约束，要接受政府有关部门的行政监督，以及社会公众的舆论监督，进一步协调企业和社会的矛盾。

（资料来源：周桂芳.旅游企业财务管理［M］.北京：北京大学出版社，2012.）

三、旅游企业财务管理的内容

（一）旅游企业的财务活动

旅游企业的财务活动是指旅游企业在经营活动过程中发生的资金运动，包括旅游企业的资金筹集、运用、耗费和分配活动。具体来说，旅游企业的财务活动包括以下几个部分。

1. 旅游企业筹资引起的财务活动

筹集资金是旅游企业进行经济活动的前提。旅游企业的筹资活动包括两大部分：一是权益筹资，即旅游企业通过发行股票、吸收投资者直接投资和企业内部积累形式形成。权益筹资是旅游企业最基本的筹资活动，该部分筹资活动的内容在资产负债表上表现为旅游企业的所有者权益或股东权益。二是负债筹资，即通过向银行等金融机构借款、发行债券以及商业信用等方式形成。该部分筹资活动的内容在资产负债表上表现为旅游企业的负债。在筹资活动中，从各种渠道筹集的资金形成了旅游企业的资金流入；当旅游企业按合同或协议规定支付股利、分配利润、偿还借款，支付到期的债券本金与利息时，又形成了旅游企业的资金流出。筹资引起的资金流入和流出构成了旅游企业的筹资活动。

2. 旅游企业投资引起的财务活动

旅游企业的投资分为对内投资和对外投资两部分。对内投资是旅游企业投资于流动资产、固定资产、无形资产和其他资产方面，并主要依靠企业自身的业务经营实现收益；对外投资是旅游企业将暂时闲置不用的资金或者资产所进行的股票投资、债券投资和其他投资。旅游企业无论进行对内、对外投资，都会引起资金的流出，而利用投资资金取得利润或投资收益时，又形成旅游企业的资金流入。投资引起的资金流入和流出构成了旅游企业的投资活动。

3. 旅游企业日常经营引起的财务活动

旅游企业在日常的经营活动中，要发生大量的资金收支。旅游企业的资金是不断循环和周转的，一般来说，在旅游企业的生产经营过程中，资金不断发生变化，由一种形态转化为另一种形态，周而复始，不断循环，形成了资金运动。只要旅游企业持续经营，这种循环就会连续不断地进行下去，形成企业的资金周转。

4. 旅游企业利润分配引起的财务活动

旅游企业在经营过程中实现的利润总额，要按规定的程序进行分配，包括缴纳所得税、弥补亏损、提取盈余公积金公益金、向投资者分配利润等。旅游企业的利润来源表现为资金流入，依法进行的利润分配表现为资金流出。利润分配过程中的资金流入和流出构成了旅游企业的利润分配活动。

（二）旅游企业的财务关系

旅游企业在筹资、投资、经营和利润分配活动过程中，必然要与各个方面发生经济关系。旅游企业在组织财务活动过程中与各个方面发生的经济关系就是旅游企业的财务关系。如何处理好旅游企业的财务关系，构成了旅游企业财务管理的另一重要内容。旅游企业的财务关系主要包括以下几方面。

1. 旅游企业与其所有者之间的财务关系

旅游企业与其所有者之间的财务关系是投资者向旅游企业投入资金，旅游企业按照合同和契约规定向投资者分配利润所形成的经济关系。旅游企业的投资者按照公司合同、协议和章程的规定，履行出资义务，形成旅游企业的资本金。按出资人的不同，资本金分为国家资本金、法人资本金、个人资本金和外商资本金。旅游企业在利用资本金实现利润后，要按规定向投资者分配利润。投资者即旅游企业的所有者，旅游企业同其所有者之间的财务关系，体现的是所有权和经营权之间的关系。

旅游企业的所有者拥有企业的所有权，经营者拥有企业的经营权，所有权与经营权的分离是现代企业制度的一个重要特征。所有权与经营权的分离是委托代理理论在企业中的应用。旅游企业所有者将其资本投入企业，授权委托经营者进行管理，并通过激励与约束机制的建立，实现资本的保值增值。

2. 旅游企业与其债权人之间的财务关系

旅游企业与其债权人之间的财务关系是旅游企业向债权人借入资金或在经营过程中发生的临时性负债，旅游企业按合同或信用原则要求偿还债务所形成的经济关系。旅游企业与其债权人之间的财务关系，可以通过资产负债率指标反映出来。企业经营过程中的资金除了由投资者投入以外，另一重要部分是通过负债形式形成的。一般来说，旅游企业对于负债要按规定偿还本金，并支付利息。旅游企业与其债权人之间的财务关系，体现的是一种债权债务关系。

3. 旅游企业与其被投资企业之间的财务关系

旅游企业与其被投资企业之间的财务关系是旅游企业通过向其他企业购买股票或进行直接投资所形成的经济关系。旅游企业在日常的经营活动中，除了自身进行业务活动外，还可以进行资本经营。旅游企业对其他企业进行的投资活动是资本经营活动。企业要通过资本经营，参与被投资企业的利润分配。旅游企业与被投资企业之间的财务关系，体现的是一种投资和被投资关系。

4. 旅游企业与其债务人之间的财务关系

旅游企业与其债务人之间的财务关系是旅游企业购买其他企业的债券、对外借出款项或提供商业信用等所形成的经济关系。旅游企业将资金借出后，有权要求其债务人履行偿债义务。旅游企业与其债务人之间的财务关系，体现的是债权债务关系。

5. 旅游企业与税务机关之间的财务关系

旅游企业与税务机关之间的财务关系是旅游企业与国家税务机关之间由于税收的征纳而产生的经济关系。目前在我国，税收收入是主要的财政收入来源，因此，旅游企业主要是通过税收形式与国家之间建立财政联系。旅游企业只要发生了应税行为，就要按照国家税法规定履行纳税义务，否则就要受到税法的制裁。旅游企业与国家税务机关之间的财务关系，体现的是旅游企业与国家税务机关的税收征纳关系。

6. 旅游企业内部各个单位之间的财务关系

旅游企业内部各个单位之间的财务关系是旅游企业内部各个单位之间由于相互提供产品或劳务所形成的经济关系。在实行内部经济责任制的条件下，旅游企业内部的各个单位之间相互提供产品或劳务，要通过内部转移价格的确定，实行计价核算，这样就会引起资金在不同单位之间的转移。在旅游企业内部形成的这种财务关系，体现的是旅游企业内部各个单位之间的利益关系。

7. 旅游企业与其内部职工之间的财务关系

旅游企业与其内部职工之间的财务关系是旅游企业向其职工支付劳动报酬过程中所形成的经济关系。职工为企业创造财富，企业要通过支付工资、奖金、提供社会保险、养老金等形式，支付给职工相应的报酬。这种旅游企业与其内部职工之间的财务关系，体现的是一种对劳动成果的分配关系。

四、旅游企业财务管理的环节

财务管理环节是根据财务管理工作的程序及各部分间的内在关系划分的。分为财务预测、财务计划、财务预算、财务决策、财务控制、财务分析和财务考核。

（一）财务预测

财务预测是根据财务活动的历史资料，考虑现实的要求和条件，对企业未来的财务活动和财务成果做出科学预计和测算。它是财务管理的环节之一，其主要任务在于：测算各项生产经营方案的经济效益，为决策提供可靠的依据，预计财务收支的发展变化情况，以确定经营目标，测定各项定额和标准，为编制计划，分解计划指标服务。财务预测环节主要包括明确预测目标、搜集相关资料、建立预测模型、确定财务预测结果等步骤。

（二）财务计划

财务计划是企业以货币形式预计计划期内资金的取得与运用和各项经营收支及财务成果的书面文件。它是企业经营计划的重要组成部分，是进行财务管理、财务监督的主要依据。财务计划是在生产、销售、物资供应、劳动工资、设备维修、技术组织等计划的基础上编制的，其目的是为了确立财务管理上的奋斗目标。在企业内部实行经济责任制，使生产经营活动按计划协调进行，挖掘增产节约潜力，提高经济效益。

（三）财务预算

财务预算是一系列专门反映企业未来一定预算期内预计财务状况和经营成果，以及现金收支等价值指标的各种预算的总称，具体包括现金预算、预计利润表、预计资产负债表和预计现金流量表等内容。

（四）财务决策

财务决策是对财务方案、财务政策进行选择和决定的过程，又称为短期财务决策。财务决策的目的在于确定最为令人满意的财务方案。只有确定了效果好并切实可行的方案，财务活动才能取得好的效益，完成企业价值最大化的财务管理目标。因此财务决策是整个财务管理的核心。财务决策需要有财务决策的基础与前提，财务决策则是对财务预测结果的分析与选择，财务决策是一种多标准的综合决策。决定方案取舍的，既有货币化、可计量的经济标准；又有非货币化、不可计量的非经济标准。因此决策方案往往是多种因素综合平衡的结果。

（五）财务控制

财务控制是指对企业的资金投入及收益过程和结果进行衡量与校正，目的是确保企业目标以及为达到此目标所制订的财务计划得以实现。现代财务理论认为企业理财的目标以及它所反映的企业目标是股东财富最大化（在一定条件下也就是企业价值最大化）。财务控制总体目标是在确保法律法规和规章制度贯彻执行的基础上，优化企业整体资源综合配置效益，厘定资本保值和增值的委托责任目标与其他各项绩效考核标准来制定财务控制目标，是企业理财活动的关键环节，也是确保实现理财目标的根本保证，所以财务控制将服务于企业的理财目标。

（六）财务分析

财务分析是以会计核算和报表资料及其他相关资料为依据，采用一系列专门的分析技术和方法，对企业等经济组织过去和现在有关筹资活动、投资活动、经营活动、分配活动的赢利能力、营运能力、偿债能力和增长能力状况等进行分析与评价的经济管理活动。

财务分析的方法与分析工具众多，具体应用应根据分析者的目的而定。最经常用到的还是围绕财务指标进行单指标、多指标综合分析，再加上借用一些参照值（预算、目标等），运用一些分析方法（比率、趋势、结构、因素等）进行分析，然后通过直观、人性化的格式（报表、图文报告等）展现给用户。

（七）财务考核

财务考核是指将报告期财务指标实际完成数与规定的考核指标进行对比，确定有关责任单位和个人是否完成任务。财务考核是促使企业全面完成财务计划，监督有关单位与个人遵守财务制度，落实企业内部经济核算制的手段。通过财务考核，可以正确贯彻按劳分配原则，克服平均主义，促使企业加强基础管理工作，提高企业素质。

财务管理的各个环节相互连接，形成财务管理工作的完整过程，被称为财务管理循环。

五、旅游企业财务管理的方法

旅游企业财务管理方法是财务管理人员，针对旅游企业经营目标，借助经济数学和电子计算机的手段，运用运筹论、系统论和信息论的方法，结合财务管理活动的具体情况，对旅游企业资金的筹集、生产资金的投入、产品成本费用的形成等企业经营管理活动进行财务预测、财务决策、财务控制、财务计量、财务分析、财务报告和财务监督的技术，它是财务人员完成既定财务管理任务的主要手段。

一般来说，财务管理方法可分为定性和定量方法两大类型。所谓定性方法，是指依靠个人主观经验、逻辑思维和直观材料进行分析、判断，开展管理活动的方法。定量方法，是指依据财务信息和其他有关经济信息，运用一定的数量方法或借助于数学模型进行计算，从而求得管理方式、措施的答案。这两种方法在财务管理过程中都不可缺少、不可偏废。但长期以来，我们偏重于采用定性方法，忽视了定量方法。其实，定量方法和定性方法一起构成财务方法体系，在这个体系中，定量方法占据了重要地位。而且随着经济体制改革的深入进行，企业财权逐步扩大，企业环境的不断改善，财务管理定量方法必将得到进一步的应用和推广。

六、旅游企业财务管理的原则

财务管理原则是企业组织财务活动，处理财务关系必须遵循的基本准则，它是从企业理财实践中总结出来并在实践中证明是正确的行为规范，它反映着理财活动的内在要求。旅游企业财务管理原则一般包括以下几项。

（一）系统原则

财务管理是企业管理系统的一个子系统，本身又由筹资管理、投资管理、分配管理等子系统构成。在财务管理中坚持系统原则，是理财工作的首要出发点，具体要求做到以下几点。

（1）整体优化只有整体最优的系统才是最优系统。理财必须从企业整体战略出发，不是为财务而财务；各财务管理子系统必须围绕整个企业理财目标进行，不能"各自为政"；实行分权管理的企业，各部门的利益应服从企业的整体利益。

（2）结构优化任何系统都是有一定层次结构的层级系统。在企业资源配置方面，应注意结构比例优化，从而保证整体优化，如进行资金结构、资产结构、分配结构（比例）优化。

（3）环境适应能力强。财务管理系统处于理财环境之中，必须保持适当的弹性，以适应环境的变化，达到"知彼知己，百战不殆"的境界。

（二）货币时间价值原则

货币时间价值是客观存在的经济范畴，它是指货币经历一段时间的投资和再投资所增加的价值。从经济学的角度看，即使在没有风险和通货膨胀的情况下，一定数量的货币资金在不同时点上也具有不同的价值。因此在数量上货币的时间价值相当于没有风险和通货膨胀条件下的社会平均资本利润率。今天的一元钱要大于将来的一元钱。货币时间价值原则在财务管理实践中得到广泛的运用。长期投资决策中的净现值法、现值指数法和内含报酬率法，都要运用到货币时间价值原则。筹资决策中比较各种筹资方案的资本成本、分配决策中利润分配方案的制订和股利政策的选择，营业周期管理中应付账款付款期的管理、存货周转期的管理、应收账款周转期的管理，等等，都充分体现了货币时间价值原则在财务管理中的具体运用。

（三）资金合理配置原则

拥有一定数量的资金，是企业进行生产经营活动的必要条件，但任何企业的资金总是有限的。资金合理配置是指企业在组织和使用资金的过程中，应当使各种资金保持合理的结构和比例关系，保证企业生产经营活动的正常进行，使资金得到充分有效的运用，并从整体上（不一定是每一个局部）取得最大的经济效益。在企业的财务管理活动中，资金的配置从筹资的角度看表现为资本结构，具体表现为负债资金和所有者权益资金的构成比例，长期负债和流动负债的构成比例，以及内部各具体项目的构成比例。企业不但要从数量上筹集保证其正常生产经营所需的资金，而且必须使这些资金保持合理的结构比例关系。从投资或资金的使用角度看，企业的资金表现为各种形态的资产，各形态资产之间应当保持合理的结构比例关系，包括对内投资和对外投资的构成比例。对内投资中，流动资产投资和固定资产投资的构成比例、有形资产和无形资产的构成比例、货币资产和非货币资产的构成比例等；对外投资中，债权投资和股权投资的构成比例、长期投资和短期投资的构成比例等；以及各种资产内部的结构比例。上述这些资金构成比例的确定，都应遵循资金合理配置原则。

（四）成本—效益原则

成本—效益原则就是要对企业生产经营活动中的所费与所得进行分析比较，将花费的成本与所取得的效益进行对比，使效益大于成本，产生"净增效益"。成本—效益原则贯穿于企业的全部财务活动中。企业在筹资决策中，应将所发生的资本成本与所取得的投资利润率进行比较；在投资决策中，应将与投资项目相关的现金流出与现金流入进行比较；在生产经营活动中，应将所发生的生产经营成本与其所取得的经营收入进行比较；在不同备选方案之间进行选择时，应将所放弃的备选方案预期产生的潜在收益视为所采纳方案的机会成本与所取得的收益进行比较。在具体运用成本—效益原则时，应避免"沉没成本"对我们决策的干扰，"沉没成本"是指已经发生、不会被以后的决策改变的成本。因此，我们在做各种财务决策时，应将其排除在外。

（五）风险—报酬均衡原则

风险与报酬是一对孪生兄弟，形影相随，投资者要想取得较高的报酬，就必然要冒较大的风险,而如果投资者不愿承担较大的风险,就只能取得较低的报酬。风险—报酬均衡原则是指决策者在进行财务决策时,必须对风险和报酬做出科学的权衡,使所冒的风险与所取得的报酬相匹配,达到趋利避害的目的。在筹资决策中,负债资本成本低,财务风险大,权益资本成本高,财务风险小。企业在确定资本结构时,应在资本成本与财务风险之间进行权衡。任何投资项目都有一定的风险,在进行投资决策时必须认真分析影响投资决策的各种可能因素,科学地进行投资项目的可行性分析,在考虑投资报酬的同时考虑投资的风险。在具体进行风险与报酬的权衡时,由于不同的财务决策者对风险的态度不同,有的人偏好高风险,高报酬,有的人偏好低风险,低报酬,使得其投资时的方式不同。但每一个人都会要求风险和报酬相对等,不会去冒没有价值的无谓风险。

(六)收支积极平衡原则

财务管理实际上是对企业资金的管理,量入为出、收支平衡是对企业财务管理的基本要求。资金不足,会影响企业的正常生产经营,坐失良机,严重时,会影响到企业的生存;资金多余,会造成闲置和浪费,给企业带来不必要的损失。收支积极平衡原则要求企业一方面要积极组织收入,确保生产经营和对内、对外投资对资金的正常合理需要;另一方面,要节约成本费用,压缩不合理开支,避免盲目决策。保持企业一定时期资金总供给和总需求动态平衡和每一时点资金供需的静态平衡。要做到企业资金收支平衡,在企业内部,要增收节支,缩短生产经营周期,生产适销对路的优质产品,扩大销售收入,合理调度资金,提高资金利用率;在企业外部,要保持同资本市场的密切联系,加强企业的筹资能力。

(七)利益关系协调原则

企业是由各种利益集团组成的经济联合体。这些经济利益集团主要包括企业的所有者、经营者、债权人、债务人、国家税务机关、消费者、企业内部各部门和职工等。利益关系协调原则要求企业协调、处理好与各利益集团的关系,切实维护各方的合法权益,将按劳分配、按资分配、按知识和技能分配、按绩分配等多种分配要素有机结合起来。只有这样,企业才能营造一个内外和谐、协调的发展环境,充分调动各有关利益集团的积极性,最终实现企业价值最大化的财务管理目标。

七、旅游企业财务管理的环境

财务管理环境是企业财务管理赖以生存的土壤和开展财务活动的舞台。旅游企业财务活动的运作是受财务管理环境制约的。旅游企业只有在各种因素的作用下实现财务活动的协调平衡,才能生存和发展。

(一)经济环境

经济是决定财务发展的重要因素之一,经济的发展给财务管理的发展带来巨大的推动力,同时,财务管理的改善反过来也影响着经济的发展。经济环境一般包括经济周期、经济发展状况、经济政策和市场竞争程度等。

1. 经济周期

在市场经济条件下，经济发展与运行带有一定的波动性。这种波动性表现为复苏、繁荣、衰退和萧条几个阶段，并循环往复。在复苏期，企业一般会增加厂房、建立存货、购入新产品、增加劳动力、实行长期租赁等；在繁荣期，企业一般会扩充厂房设备、继续建立存货、提高价格、扩大营销规模、增加劳动力；在衰退期，企业一般会停止扩张、出售多余设备、停产不利产品、停止长期采购、削减存货、停止雇员；在萧条期，企业一般会建立投资标准、保持市场份额、缩减管理费用、放弃次要利益、削减存货、裁减雇员。

我国的经济发展与运行也呈现其特有的周期特征，带有一定的经济波动。经济周期表现为从投资膨胀、生产高涨到控制投资、紧缩银根的发展过程。企业的筹资、投资和资产运营等理财活动都要受到这种经济波动的影响。比如在紧缩时期，社会资金十分短缺，利率上涨，会使企业的筹资非常困难，甚至影响到企业的正常生产经营活动。相应地，企业的投资方向会因市场利率的上涨而转向本币存款或贷款。此外，由于国际经济交流与合作的发展，西方的经济周期影响也不同程度地影响到我国。因此，企业财务人员必须认识到经济周期的影响，掌握在经济发展波动中理财的本领。

2. 经济发展状况

国民经济的飞速发展，给企业扩大规模、调整方向、打开市场以及拓宽财务活动的领域带来了机遇。同时，在高速发展中资金紧张将是长期存在的矛盾，这又给企业财务管理带来严峻的挑战。财务管理应当以宏观经济发展目标为导向，以企业经营目标和经营战略为依据，制定科学合理的财务管理策略，以保证企业资金运动的顺畅、安全和效率。此外，经济的发展也促进了财务理论的丰富、财务职能的发挥、财务人员素质的提高和财务技术的更新。

3. 经济政策

财税体制、金融体制、外汇体制、外贸体制、计划体制、价格体制、投资体制、社会保障制度等，都会深刻地影响着我国的经济生活，也深刻地影响着我国企业的发展和财务活动的运行。如金融政策中的货币发行量、信贷规模都将影响企业的资金结构和投资项目的选择；价格政策将影响资金的投向和投资的回收期及预期收益。这就要求企业财务人员必须充分理解和准确把握经济政策，更好地为企业的经营理财活动服务。

4. 市场竞争程度

在市场经济中，企业财务管理不仅置身于一定的经济体制和经济结构中，而且是处在一个充满竞争的经济系统中。竞争广泛存在于市场经济，是经济系统得以运行的动力。这种动力推动市场的运行发展，并在各市场参与主体的微观行为中得以表现，任何企业都不可回避。

知识拓展 1-3

构成竞争的要素

构成企业竞争的要素主要有以下几点。

(1) 产业要素：在其他情况不变的情况下，不同产业的企业竞争力不同。

(2) 产业链中的位置要素：在产业链不同位置的企业获取剩余价值的能力是不同的，越是处于产业低端的企业，其获取剩余价值的能力越弱，对企业竞争力的负面影响就越大。

(3) 市场竞争势力要素：竞争势力是指企业在不损失市场份额的情况下的提价能力，其他情况相同企业竞争势力越强，企业竞争力越强，但反过来是不成立的。

(4) 市场壁垒要素：没有市场壁垒的企业，其竞争力不会持久，因为其价值分割的优势很快就会被其他入侵者所分割。

(5) 市场变化感应要素：调节、适应市场变化的创新能力越强，企业的竞争能力自然越强。企业必须能敏锐地识别市场的变化，合理协调和整合企业的资源，适应企业外部环境的变化，并通过创新来维持和增强企业的竞争优势。

（资料来源：闫华红.中级财务管理［M］.北京：北京大学出版社，2015.）

就各个企业而言，竞争能促使企业用更先进的设备和工艺来生产更优质的产品，对经济的发展起到推动作用。但对企业来说，竞争既是机遇，也是挑战。企业为了改善竞争地位往往需要大规模投资，投资成功的企业则盈利增加，但若投资失败则竞争地位更为不利。所以，面对不同的竞争程度，同一类型的企业也会采取不同的财务管理策略。

（二）财税环境

财税环境是指财政政策和税收政策的变动对企业财务管理的影响和制约关系。财政政策是国家调节宏观经济的重要手段之一，国家财政一方面以税收和上缴利润形式将企业利润的相当份额予以征收；另一方面又以财政支出的形式，如公共支出、投资支出、补贴支出等形式将财政收入加以分配。国家的财政状况及其与之相应的财政政策，对于企业资金供应和税收负担以及企业收入都有着重要的影响。因此，企业的财务管理应当适应这种政策导向，从而合理组织财务活动。

 知识拓展 1-4

财政政策对企业财务管理的影响

在国家采取紧缩的财政政策时，会使企业纯收入留归企业的部分减少、企业现金流出增加，这样必然加深企业资金紧缺程度。与此相对应，企业应控制投资规模、增收节支、积极寻求新的资金来源渠道，以适当增加利润留存比例。

在国家采取扩张的财政政策时，会使企业纯收入留存部分增加、企业现金流入增加，这样必然使企业资金出现盈余。与此相对应，企业应积极寻求新的投资领域，扩大投资规模，减少对外筹资数量，适当增加派利比例。

（资料来源：郝德鸿.新编财务管理［M］.北京：现代教育出版社，2015.）

 知识拓展 1-5

税收政策对企业财务管理的影响

（1）差别税制的影响。由于对不同组织形式的企业，国家采用不同的税收政策，因此对投资者来说，采取不同的组织形式其经营要受税收制度的影响。如股份制企业股东的收益要双重征税，而独资或合伙企业只对业主个人计征所得税，对企业不征收所得税。所以，选择适当的组织形式是投资者从事投资时需要考虑的因素之一。

（2）税收政策对企业的筹资决策的影响。企业筹集资金的渠道主要有两类：一类是权益式筹资，如通过发行股票筹集资金；一类是负债式筹资，如通过发行债券获取所需资金。税收制度对这两类筹资所发生的筹资成本采取不同的处理方法：对后者，其利息费用一般可以在所得税前支付；而对前者，则其股息只能作为税后利润支付。因此，从税收对筹资成本的影响来看，企业必须在负债筹资和权益筹资之间做出权衡，以获取尽可能低成本的资金。

（3）税收政策对企业投资决策的影响。当企业有剩余资金时，要考虑如何将这部分资金进行投资以获取更大利益。企业可以购买其他公司的企业的股票以获取股息收益，也可以将资金借给其他资金需求者获取利息收入。

由于税收制度规定企业获取的其他企业以股息形式分配的税后利润在计算本企业应纳税所得额时，可予以调整，而企业购买国债获取的利息收入则不计入应纳税所得额，因此，企业在做投资决策时应对这些税收政策有所考虑。

（4）税收制度中对流转环节的规定会使企业纳税地点发生变化，从而影响企业资金流转。这对企业的采购、生产、销售决策都将产生影响。

（资料来源：周顾宇.现代公司理财［M］.北京：清华大学出版社，2011.）

（三）金融环境

金融环境包括金融机构、金融工具、金融交易所、金融市场的因素。企业资金的取得，除了自有资金外，主要从金融机构和金融市场取得。金融政策的变化必然影响企业的筹资、投资和资产运营活动。所以，金融环境是企业财务管理最为主导的环境因素，金融市场是政府进行金融宏观控制的对象。

知识拓展1-6

金融市场的分类

金融市场按对象分为外汇市场、资金市场和黄金市场三类，其中资金市场又可分为货币市场和资本市场两类。货币市场是解决企业短期融资即一年以内资金需要的拆借市场，其业务对象主要是短期证券，它变现能力强、期限短，又称短期资金市场；资本市场是解决企业固定资产投资等期限在一年以上资金的市场，其对象主要是长期证券，如股票、债券、抵押契约等。资本市场期限较长，又称长期资金市场或中长期资金市场。大的工商业经济中心多存在金融市场，如伦敦、纽约、巴黎、法兰克福、香港等城市，它们不但是本国或本地区的金融市场，同时也发展为国际金融市场。

（资料来源：荆新，王化成，刘俊彦.财务管理学［M］.北京：中国人民大学出版社，2012.）

金融市场的主要作用是将社会上各企业、个人的闲散资金汇聚起来，通过一定条件有偿转让给缺乏资金的企业或个人。由于资金是企业进行生产经营的必要条件，除了主权资本以外，企业所需的资金主要通过金融机构和市场取得，因此，金融市场对企业财务管理的影响主要表现在筹资方面。企业必须选择合适的金融工具作为资金交易的工具，以相对降低风险和资金成本，同时应选择适合自身情况的交易场所，以相对节省交易费用。

财务管理人员必须熟悉金融市场的各种类型和管理规则，有效的利用金融市场来组织资金的供应和进行资本投资等活动。

（四）法律环境

财务管理的法律环境是指企业和外部发生经济关系时所应遵守的各种法律、法规和规章。企业在其经营活动中，要和国家、其他企业或社会组织、企业职工或其他公民，及国外的经济组织或个人发生经济关系。国家管理这些经济活动和经济关系的手段包括行政手段、经济手段和法律手段三种。在经济改革中，行政手段逐步减少，而经济手段和法律手段日益增多，把越来越多的经济关系和经济活动的准则用法律的形式固定下来。同时，众多的经济手段和必要的行政手段的使用，也必须逐步做到有法可依，从而转化为法律手段的具体形式，真正实现国民经济管理的法制化。可见法律环境对企业来说是非常重要的。法律对企业来说是一把双刃剑，它一方面为企业经营提供了限制的空间，另一方面也为企业在相应空间内自由经营提供了法律上的保护。社会主义市场经济条件下的企业生产经营，离不开法律环境对企业的影响。

整体上说，法律环境对财务管理的影响和制约主要表现为：①在筹资活动中，国家通过法律规定了筹资的最低规模和结构，规定了筹资的前提条件和基本程序；②在投资活动中，国家通过法律规定了投资的基本前提，投资的基本程序和应履行的手续；③在分配活动中，国家通过法律规定了企业分配的类型和结构、分配的方式和程序、分配过程中应履行的手续以及分配的数量；④在生产经营活动中，国家规定的各项法律也会引起财务安排的变动。

✎ 评估练习

1. 什么是旅游企业财务管理？旅游企业财务管理的内容有哪些？
2. 旅游企业的财务管理目标是什么？
3. 旅游企业财务管理的环境主要包括哪些内容？这些环境是否会改变？
4. 金融市场的发达程度如何影响旅游企业的财务管理？

第二章
货币时间价值

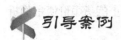 **引导案例**

拿破仑带给法兰西的尴尬

拿破仑 1797 年 3 月在卢森堡第一国立小学演讲时说了这样一番话:"为了答谢贵校对我,尤其是对我夫人约瑟芬的盛情款待,我不仅今天呈上一束玫瑰花,并且在未来的日子里,只要我们法兰西存在一天,每年的今天我将亲自派人送给贵校一束价值相等的玫瑰花,作为法兰西与卢森堡友谊的象征。"时过境迁,拿破仑穷于应付连绵的战争和此起彼伏的政治事件,最终惨败而流放到圣赫勒拿岛,把卢森堡的诺言忘得一干二净。可卢森堡这个小国对这位"欧洲巨人与卢森堡孩子亲切、和谐相处的一刻"念念不忘,并载入他们的史册。1984 年年底,卢森堡旧事重提,向法国提出违背"赠送玫瑰花"诺言案的索赔:要么从 1797 年起,用 3 路易作为一束玫瑰花的本金,以 5 厘复利(即利滚利)计息全部清偿这笔玫瑰案;要么法国政府在法国各大报刊上公开承认拿破仑是个言而无信的小人。起初,法国政府准备不惜重金赎回拿破仑的声誉,但却又被计算机算出的数字惊呆了:原本 3 路易的许诺,本息竟高达 1 375 596 法郎。经过冥思苦想,法国政府斟词酌句的答复是:"以后,无论在精神上还是物质上,法国将始终不渝地对卢森堡大公国的中小学教育事业予以支持与赞助,来兑现我们的拿破仑将军那一诺千金的玫瑰花信誉。"这一措辞最终得到了卢森堡人民的谅解。

(资料来源:啸月.拿破仑全传 [M]. 北京:时事出版社,2015.)

辩证性思考:

为什么每年一束价值 3 路易的玫瑰花,经过 187 年后总价值多达 100 多万法郎?

第一节　复利终值与现值

教学目标:

(1)了解货币时间价值的含义;

(2)理解终值和现值的含义;

(3)掌握复利终值和现值的计算方法。

一、货币时间价值的含义

货币的时间价值是现代财务管理的基础观念之一,不仅应用于企业财务决策中,在其他方面也有广泛的用途。货币的时间价值是指一定量货币资本在不同时点上的价值量差额。货币的时间价值来源于货币进入社会再生产过程后随着时间推移而产生的价值增值。通常情况下,它是指没有风险也没有通货膨胀情况下的社会平均利润率,是利润平均化规律发生作用的结果。根据货币具有时间价值的理论，可以将某一时点上的货币价值金额折算为其他时点的价值金额。

从绝对数角度看，时间价值表现为一定量资金在不同时点上的价值差额，例如利息；从相对数角度看，时间价值表现为一定期间的资金的增值幅度，即资金时间价值，例如利息率。由于资金的绝对量在实际的经济生活中千差万别，人们普遍使用相对数来表达时间价值。

 案例 2-1

货币时间价值

你和一个朋友路过一家甜饼店，一个特色甜饼 5 美元，你身上刚好只有 5 美元，而你的朋友身无分文。你的朋友向你借了 5 美元用来买甜饼自己享用（不考虑两人分享），并答应下个星期归还。此外，你的朋友坚持要为这 5 美元支付合理的报酬。那么你所要求的报酬应该是多少呢？这个问题的答案表明了货币时间价值的含义：对放弃当前消费的机会成本所给予的公平回报。对于理性经济人来说，只有当他们能在未来获得更多的消费时，他们才会放弃当期的消费。放弃消费今天的一个小甜饼，你有可能会在将来消费更多的小甜饼。注意：本案例中，已经隐含地假定小甜饼的预期价格不会上涨（也就是不存在通货膨胀），此外，也不存在你的朋友不还钱的违约风险。如果我们预计到其中任何一种情况发生，那么我们就应该对今天借出的资金要求更多的偿还。但是我们最需要考虑的是机会成本，这是最基本的。

（资料来源：Stephen R. Foerster.财务管理基础［M］.北京：中国人民大学出版社，2006.）

二、终值和现值的计算

终值又称将来值，是现在一定量的货币折算到未来某一时点所对应的金额，通常记作 F。现值是指未来某一时点上一定量的货币折算到现在所对应的金额，通常记作 P。现值和终值是一定量货币在前后两个不同时点上对应的价值，其差额即为货币的时间价值。

单利和复利是计息的两种不同方式。单利是指按照固定的本金计算利息的一种计利方式。按照单利计算的方法，只有本金在借款期限中获得利息，不管时间多长，所生利息均不加入本金重复计算利息。复利是指不仅对本金计算利息，还对利息计算利息的一种计算方式。为计算方便，假定：I 为利息；F 为终值；P 为现值；A 为年金值；i 为利率（折现率）；n 为计算利息的期数。

（一）单利终值与现值的计算

单利计息即只对本金计算利息，当期利息不再计入下期本金。

1. 单利终值的计算

单利终值就是单利计息方式下的本利和。其计算公式如下：

$$F=P+I$$
$$=P+P\times i\times n$$
$$=P\times(1+i\times n)$$

案例 2-2

某人存入银行 10 万元，若银行存款利率为 5%，求 3 年后的本利和。（单利计息）

存期 1 年的终值（F）$=10\times(1+5\%\times1)=10.5$（万元）

存期 2 年的终值（F）$=10\times(1+5\%\times2)=11$（万元）

存期 3 年的终值（F）$=10\times(1+5\%\times3)=11.5$（万元）

（资料来源：郝德鸿.新编财务管理［M］.北京：现代教育出版社，2011.）

2. 单利现值的计算

单利现值是指未来某一时点的资金按单利方式折算掉利息后的现值，也就是单利终值的逆运算。其计算公式如下：

$$P=F/(1+i\times n)$$

案例 2-3

某人在银行存入一笔钱，希望 5 年后得到 20 万元，若银行存款年利率为 5%，问现在应存入多少钱？（单利计息，利息按年支付）

$$P=20/(1+5\%\times5)=16（万元）$$

（资料来源：财政部会计资格评价中心.财务管理［M］.北京：中国财政经济出版社，2014.）

（二）复利终值与现值的计算

复利俗称利滚利，是对本金和前期利息合并计算利息。这种计息方法下，每一期的本金都是前一期的本利和。财务管理实务中所用的时间价值指标通常应按复利方式计算。

1. 复利终值的计算

复利终值是指一定量的货币，按复利计算的若干期后的本利和。其计算公式如下：

$$F=P\times(1+i)^n$$

式中：$(1+i)^n$ 称为复利终值系数，可以用 $(F/P, i, n)$ 表示，可以通过查阅复利终值系数表获得。

案例 2-4

张某将 100 万元存入银行，复利年利率 2%，求 5 年后的终值。

$$F=100\times(1+2\%)^5$$
$$=100\times(F/P, 2\%, 5)=110.41（万元）$$

（资料来源：财政部会计资格评价中心.财务管理［M］.北京：中国财政经济出版社，2014.）

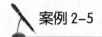 **案例 2-5**

上帝的标准

信徒："上帝啊！1 千万世纪对您来说是多长呢！？"

上帝："1 秒钟。"

信徒："那 1 千万元呢？"

上帝："那只不过是 1 角钱。"

信徒："那就请您给我 1 角钱吧！"

上帝："再等我 1 秒钟！"

故事中的财务：信徒要想得到上帝的 1 角钱，他必须等上帝 1 秒钟。这就是金钱与时间的关系。翻译成人间的语言就是：等 1 千万世纪后你可以得到 1 千万元。除了上帝，我们都等不起。在企业的财务管理中，时间观念也是相当重要的。企业的各项资产都具有时间价值——价值随时间而改变。

思考：时间如风改变一切，时间也可以让你变成百万富翁。估一估，猜一猜，下列哪种方式能最快变成百万富翁。

（1）本金 10 万元，年利率 10%，存入银行。

（2）本金 20 万元，年利率 5%，存入银行。

（3）每年存 2 万元，年利率 10%，存入银行。

估计要多少年才能成为百万富翁？在退休之前能行吗？

财富格言：公司资源的价值随着时间的推移而改变！三种方式分别需要 25 年、32 年、19 年，本息合计达到 100 万元，可以看出：积少成多的方式最有效，以后不要轻视小钱。

（资料来源：曾建斌.看故事学财务管理 ［M］.广州：广东经济出版社，2004.）

2. 复利现值的计算

复利现值是指未来某一时点的资金按复利计息方式计算的现在价值，也就是取得未来某一时点本利和所需要的资金。所以计算现值的过程就是求终值过程的逆运算，复利现值系数（P/F，i，n）与复利终值系数（F/P，i，n）互为倒数。其计算公式如下：

$$P = F \times \frac{1}{(1+i)^n}$$

式中：$\dfrac{1}{(1+i)^n}$ 称为复利现值系数，可以用（P/F，i，n）表示，可以通过查阅复利现值系数表获得。

案例 2-6

张某为了 5 年后能从银行取出 100 万元，在复利年利率 2%的情况下，求当前应存入银行的金额。

$$P=100 \times \frac{1}{(1+2\%)^5}$$

$$=100 \times (P/F, \ 2\%, \ 5)$$

$$=90.57 \ (万元)$$

（资料来源：财政部会计资格评价中心.财务管理 [M]. 北京：中国财政经济出版社，2014.）

评估练习

一、单项选择题

1. 货币时间价值的实质是（　　）。

　　A. 推迟消费的补偿

　　B. 资金所有者与资金使用者分离的结果

　　C. 资金周转使用后的增值额

　　D. 时间推移所带来的差额价值

2. 货币的时间价值是指在没有风险和没有通货膨胀条件下的（　　）。

　　A. 利息率　　　　　　　　　　　　B. 额外收益

　　C. 社会平均资金利润率　　　　　　D. 收益率

3. 甲方案在 3 年中每年年初付款 500 万元，乙方案在 3 年中每年年末付款 500 万元，若年利率为 10%，则两个方案第 3 年年末时的终值相差（　　）万元。

　　A. 105　　　　B. 165.5　　　　C. 505　　　　D. 665.5

4. 某人拟在 5 年后从银行取出 20 000 元，银行复利率为 6%，此人现在应存入银行（　　）元。

　　A. 26 000　　　B. 14 000　　　C. 15 385　　　D. 14 946

二、多项选择题

1. 对于资金时间价值的表述，下列选项中（　　）是正确的。

　　A. 资金时间价值是资金经过一定时期的投资和再投资而增加的价值

　　B. 资金时间价值是一种客观存在的经济现象

　　C. 资金时间价值是指不考虑风险和通货膨胀条件下的社会平均资金利润率

　　D. 资金时间价值必须按复利方式计算

2. 影响货币时间价值大小的因素主要包括（　　）。

　　A. 单利　　　　B. 复利　　　　C. 资金额　　　　D. 利率和期限

3. 计算复利所必需的数据有（　　）。

    A. 利率   B. 现值   C. 期数   D. 利息总数

三、判断题

1. 资金时间价值通常用利率来表示，因此，资金时间价值的实质就是利率。（　　）

2. 资金的时间价值是时间创造的，因此，所有的资金都有时间价值。（　　）

3. 等量资金在不同时点上的价值不相等，其根本原因是由于通货膨胀的存在。（　　）

四、简答题

1. 是否所有货币都具有时间价值？为什么？

2. 单利和复利有何区别？

五、计算分析题

1. 计算下列小题的结果。

（1）为引进一个新项目，某企业向银行借款 600 万元，借款期 5 年，年利率 16%。则到期后企业向银行还本付息共计多少元？

（2）某企业进行一项一次性投资，期望 10 年后能获得一次性总收入 10 000 万元，若年利率为 18%，则相当于企业现在一次性投资多少元？

2. 李先生计划出售自有房产。张先生出价 1 150 万元，以现金方式一次付清。王先生出价 1 500 万元，但无法一次付清，打算 3 年后再以现金方式一次付清。若目前市场利率为 10%，则李先生应将房产出售给谁？

第二节　年金终值与年金现值

教学目标：

（1）理解年金的含义及其形式；

（2）掌握各种年金终值和现值的计算方法。

年金是指连续在相同的时间间隔收到（或支付）等额的一系列款项。例如房屋租约，租期 5 年，每年收到（或付出）租金 10 000 元，就是 5 期 10 000 元年金。企业经营活动中诸如折旧费、保险费、租金、还贷、现金回收等一般都表现为年金形式。

按照年金收付款的时点，期限的不同，可以分为普通年金、预付年金、递延年金和永续年金。

 知识拓展 2-1

厚 生 年 金

日本法律规定：在日本注册的会社每年必须为研修生缴纳一定金额的"厚生年金保险"。

厚生年金保险是强制性适用于雇用 5 人以上职工的适用工种的事业所及一人以上的法人事务所的年金制度。雇用人员不满 5 人的事业所及农林水产，服务业的部分事业所可任意适用。技能实习生原则上是厚生年金的被保险者（如果没有成为厚生年金被保险者，就成为国民年金被保险者）。从接受企业的分管担当人员处拿到被保险者证及年金手册以后，应对姓名等记载事项进行确认、妥善保管。此外，如果回国日和退职日不一致的话，以根据雇佣合同的退职日为基准。

此外，作为适用于厚生年金保险的外国人加入者的制度中，有退出年金的一次性退还金。

缴纳国民年金或厚生年金保险的保险费达 6 个月以上（不能算上免除缴纳国民年金的保险费的免除期间）、但没有拥有过接受年金的权利（包括残疾补贴）的外国人，在离开日本后的二年以内，可以请求给付退出年金的一次性退还金。

（资料来源：宋健敏. 日本社会保障制度［M］. 上海：上海人民出版社，2012.）

一、普通年金

普通年金是年金的最基本形式，它是指从第一期开始，在一定时期内每期期末等额收付的系列款项，又称为后付年金，是现实经济生活中最常见的。

（一）普通年金终值的计算

普通年金终值就是每一期等额款项的复利终值之和。设：A 为年金数额，i 为每期利率，n 为年金期数，F 为年金终值。其计算方法如图 2-1 所示。

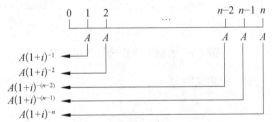

图 2-1　普通年金终值计算示意图

由图 2-1 可知，普通年金终值的计算公式如下：

$$F=A+A(1+i)+A(1+i)^2+\cdots+A(1+i)^{n-2}+A(1+i)^{n-1}$$

等式右侧为等比数列，求和为

$$F=A\times\frac{(1+i)^n-1}{i}=A\times(F/A,\ i,\ n)$$

式中的 $\frac{(1+i)^n-1}{i}$ 称为"年金终值系数"，可以写成 $(F/A,\ i,\ n)$。普通年金终值系数可通过查阅普通年金终值系数表获得。

案例 2-7

小张是位热心于公益事业的人，自 2005 年 12 月底开始，他每年年末都要向一位失学儿童捐款。小王向这位失学儿童每年捐款 1 000 元，帮助这位失学儿童从小学一年级读完九年义务教育。假设每年定期存款利率都是 2%，则小王 9 年的捐款在 2013 年年底相当于多少钱？

$$F=1\,000\times(F/A,\ 2\%,\ 9)$$
$$=1\,000\times9.754\,6$$
$$=9\,754.6\ (元)$$

（资料来源：财政部会计资格评价中心.财务管理［M］.北京：中国财政经济出版社，2014.）

（二）普通年金现值的计算

普通年金现值是指将在一定时期内按相同时间间隔在每期期末收入或支付的相等金额折算到第一期初的现值之和。设：P 为年金现值。由图 2-2 可得年金现值为

$$P=A\times\frac{1}{(1+i)}+A\times\frac{1}{(1+i)^{2}}+\cdots+A\times\frac{1}{(1+i)^{n-1}}+A\times\frac{1}{(1+i)^{n}}$$

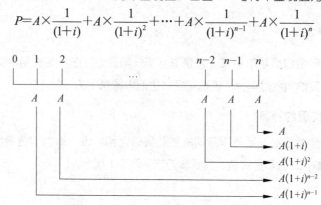

图 2-2 普通年金现值计算示意图

等式右侧为等式比例，求和结果为

$$P=\frac{1-\dfrac{1}{(1+i)^{n}}}{i}$$

式中：$\dfrac{1-\dfrac{1}{(1+i)^{n}}}{i}$ 称为"年金现值系数"，可以写成 $(P/A,\ i,\ n)$。普通年金现值系数可通过查阅普通年金现值系数表获得。

案例 2-8

某公司从银行取得一项贷款，贷款额 1 000 万元，年复利率 10%，期限 10 年，每年年末等额偿还，每次还款额为多少？

$$P=A\times(P/A,\ i,\ n)$$
$$A=1\,000\div(P/A,\ 10\%,\ 10)$$

$$=1\,000\div6.144\,6$$
$$=162.74（万元）$$

（资料来源：郝德鸿. 新编财务管理［M］. 北京：现代教育出版社，2011.）

二、预付年金

预付年金是指从第一期开始，每期期初都收到（或付出）等额款项的年金。它与普通年金相比，仅仅是收付款的时间不同，即均提前一期，如图 2-3 所示。

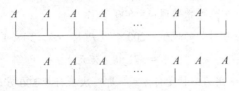

图 2-3　预付年金和普通年金对比示意图

（一）预付年金终值的计算

预付年金终值是指一定时期内每期期初等额收付的系列款项的终值。从图 2-3 中可以看出 n 期预付年金与 n 期普通年金比较，两者付款次数相同，但预付年金终值比普通年金终值要多一个计息期。也就是说，n 期预付年金与 $n+1$ 期普通年金的计息期相同，但比 $n+1$ 期普通年金少付一次款。所以，求得 n 期预付年金的终值，可在求出 n 期普通年金终值后，再乘以 $1+i$。其计算公式如下：

$$F=A\times(F/A,\ i,\ n)\times(1+i)$$

也可表示为 $A\times[(F/A,\ i,\ n+1)-1]$。

案例 2-9

为给儿子上大学准备资金，王先生连续 6 年于每年年初存入银行 3 000 元。若银行存款利率为 5%，则王先生在第 6 年年末能一次取出本利和多少钱？

方法一：

$$F=3\,000\times[(F/A,\ 5\%,\ 7)-1]=21\,426（元）$$

方法二：

$$F=3\,000\times(F/A,\ 5\%,\ 6)\times(1+5\%)=21\,426（元）$$

（资料来源：财政部会计资格评价中心. 财务管理［M］. 北京：中国财政经济出版社，2014.）

（二）预付年金现值的计算

预付年金现值是指将在一定时期内按相同时间间隔在每期期初收付的相等金额折算到第一期初的现值之和。从图 2-3 中可以看出 n 期预付年金与 n 期普通年金比较，两者付款次数相同，但预付年金现值比普通年金现值少贴现一期。所以，求得 n 期预付年金的终值，可在求出 n 期普通年金终值后，再乘以 $1+i$。其计算公式如下：

$$F=A\times(F/A,\ i,\ n)\times(1+i)$$

也可表示为 $A\times[(F/A,\ i,\ n-1)+1]$。

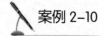 **案例 2-10**

某公司打算购买一台设备，有两种付款方式：一是一次性支付 500 万元；二是每年年初支付 200 万元，3 年付讫。由于资金不充裕，公司计划向银行借款用于支付设备款。假设银行借款年利率为 5%，复利计息。请问公司应采用哪种付款方式？

一次性付款的现值 = 500 万元

分期付款的现值 $=200\times[(P/A,\ 5\%,\ 2)+1]$

$=571.88$（万元）

相比之下，公司应采用第一种支付方式，即一次性付款 500 万元。

（资料来源：财政部会计资格评价中心.财务管理［M］.北京：中国财政经济出版社，2014.）

三、递延年金

递延年金是指第一次收付款发生在第二期或以后各期的年金，它是普通年金的特殊形式。凡是不在第一期开始收付款的年金都是递延年金，如图 2-4 所示。

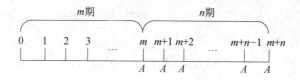

图 2-4　递延年金示意图

（一）递延年金终值的计算

从图中可以看出，递延年金终值的大小与递延期（m）无关，只与连续收支期（n）有关。故计算方法与普通年金终值相同。其计算公式如下：

$$F=A\times(F/A,\ i,\ n)$$

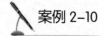 **案例 2-11**

某旅游企业于年初投资一项目，估计从第五年开始至第十年，每年年末可得收益 10 万元，假定年利率为 5%。要求：计算投资项目年收益的终值。

$F=10\times(F/A,\ 5\%,\ 10-4)$

$=10\times6.801\ 9$

$=68.019$（万元）

（资料来源：郝德鸿.新编财务管理［M］.北京：现代教育出版社，2011.）

（二）递延年金现值的计算

递延年金现值是指间隔一定时期后每期期末或期初收付的系列等额款项，按照复利计息方式折算的现时价值，即间隔一定时期后每期期末或期初等额收付资金的复利现值之和。

递延年金现值的计算方法有 3 种。

方法一：两次折现——先将递延年金视为 n 期普通年金，求出递延期期末的普通年金现值，然后再折算到现在，即第 0 期价值。其计算公式如下：

$$P = A \times (P/A, i, n) \times (P/F, i, m)$$

方法二：年金现值系数之差——先计算 $m+n$ 期年金现值，再减去 m 期年金现值。其计算公式如下：

$$P = A \times (P/A, i, m+n) - A \times (P/A, i, m)$$
$$= A \times [(P/A, i, m+n) - (P/A, i, m)]$$

式中：m 为递延期；n 为连续收支期数，即年金期。

方法三：先求终值再折现——先计算递延年金 n 期的终值，再将其贴现到 m 期第一期期初的复利现值，即可得到递延年金的现值。其计算公式如下：

$$P = A \times (F/A, i, n) \times (P/F, i, m+n)$$

案例 2-12

某旅游企业向银行借入一笔款项，银行贷款的年利率为 10%，每年复利一次。银行规定前 10 年不用还本付息，但从第 11 年至第 20 年每年年末偿还本息 5 000 元。要求：用三种方法计算这笔款项的现值。（因货币时间价值系数的小数点位数保留问题，三种方法计算结果存在偏差。）

方法一：$P = 5\,000 \times (P/A, 10\%, 10) \times (P/F, 10\%, 10)$
　　　　　$= 11\,843.72$（元）

方法二：$P = 5\,000 \times [(P/A, 10\%, 20) - (P/A, 10\%, 10)]$
　　　　　$= 11\,845$（元）

方法三：$P = 5\,000 \times (F/A, 10\%, 10) \times (P/F, 10\%, 20)$
　　　　　$= 11\,841.19$（元）

（资料来源：财政部会计资格评价中心.财务管理［M］.北京：中国财政经济出版社，2014.）

案例 2-13

某旅游公司拟购置一处房产，房主提出两种付款方案。

（1）从现在起，每年年初支付 200 万元，连续付 10 次，共 2 000 万元。

（2）从第 5 年开始，每年年初支付 250 万元，连续支付 10 次，共 2 500 万元。

假设该公司的资本成本率（即最低报酬率）为 10%，你认为该公司应选择哪个方案？

方案一：付款现值＝200×（ P/A ，10%，10）×（1＋10%）

$$=1\ 351.81（万元）$$

方案二：付款现值＝250×（ P/A ，10%，10）×（ P/F ，10%，3）

$$=1\ 154.10（万元）$$

由于第二方案的现值小于第一方案，因此该公司应选择第二种方案。

（资料来源：财政部会计资格评价中心.财务管理［M］.北京：中国财政经济出版社，2014.）

四、永续年金

永续年金是指从第一期开始，每期期末都收到（或付出）等额款项，却没有终止期的年金，也称永久年金。它也是普通年金的一种特殊形式，例如一项永久奖学金等。

（一）永续年金终值的计算

由于永续年金持续期无限，没有终止时间，因此没有终值。

（二）永续年金现值的计算

永续年金的现值可以看成是一个 n 无穷大时普通年金的现值，它的现值可由普通年金的计算式推导得出：

$$P=A\times\dfrac{1-\dfrac{1}{(1+i)^n}}{i}$$

既然永续年金没有终止期， n 的极限就是无穷大， $\dfrac{1}{(1+i)^n}$ 的极限是 0，则

$$P=\dfrac{A}{i}$$

 案例 2-14

归国华侨吴先生想支持家乡建设，特地在祖籍所在县设立奖学金。奖学金每年发放一次，奖励每年高考的文理科状元各 10 000 元。奖学金的基金保存在中国银行该县支行。银行一年的定期存款利率为 2%。问吴先生要投资多少钱作为奖励基金？

$$P=20\ 000\div2\%=1\ 000\ 000（元）$$

也就是说，吴先生要存入 1 000 000 元作为基金，才能保证这一奖学金的成功运行。

（资料来源：财政部会计资格评价中心.财务管理［M］.北京：中国财政经济出版社，2014.）

案例 2-15

十字路口的抉择

案例介绍：

李女士打算在一个长途汽车站的十字路口开一家餐馆，于是找到十字路口的一家小卖

部，提出要求承租该小卖部 3 年。小卖部的业主洪先生因小卖部受附近超市的影响，生意清淡，也愿意清盘让李女士开餐馆，但提出应一次支付 3 年的使用费 30 000 元。李女士觉得一次拿 30 000 元比较困难，因此请求能否缓期支付。洪先生提出 3 种方案。

（1）3 年后一次支付，但金额为 50 000 元。

（2）3 年中每年年末支付 12 000 元。

（3）3 年中每年年初支付 11 000 元。

银行的贷款利率为 5%。

分析： 小企业在成立初期，绝大部分存在支付房租租金或门面转让费等问题，这就涉及支付方式问题。本例中，如果可以申请贷款，李女士可以选择先到银行贷款在开餐馆前一次性付清，也可选择在餐馆经营 3 年后用餐馆的盈利一次性付清，或者分期支付。表面上看，4 种支付方式分别应支付 3 万元、5 万元、3.6 万元、3.3 万元，如果不考虑货币的时间价值，那么现在一次性支付 3 万元合算，考虑货币的时间价值，可能就有不同的结果。如果李女士难以在银行申请贷款，则需要比较餐馆的盈利水平与推迟支付的成本。总之，由于货币时间价值的存在，必须在各种可能支付方式下进行权衡。

（资料来源：曾建斌. 看故事学财务管理［M］. 广州：广东经济出版社，2004.）

评估练习

一、单项选择题

1. 以下关于资金时间价值的叙述中，错误的是（　　）。

　　A. 资金时间价值是指一定量资金在不同时点上的价值量差额

　　B. 资金时间价值相当于没有风险、没有通货膨胀条件下的社会平均利润率

　　C. 根据资金时间价值理论，可以将某一时点的资金金额折算为其他时点的金额

　　D. 资金时间价值等于无风险收益率减去纯粹利率

2. 普通年金就是指（　　）。

　　A. 各期期初收付款的年金　　　　　　　　B. 各期期末收付款的年金

　　C. 即付年金　　　　　　　　　　　　　　D. 预付年金

3. 最初若干期没有收付款项，距今若干期以后发生的每期期末收款、付款的年金，被称为（　　）。

　　A. 普通年金　　　　B. 先付年金　　　　C. 后付年金　　　　D. 递延年金

4. 存本取息可视为（　　）。

　　A. 即付年金　　　　B. 递延年金　　　　C. 先付年金　　　　D. 永续年金

5. 某项投资 4 年后可得收益 50 000 元，年利率 8%，则现在应投入（　　）元。

　　A. 35 451　　　　　B. 36 750　　　　　C. 39 652　　　　　D. 50 000

6. 永续年金是（　　）的特殊形式。

　　A. 普通年金　　　　B. 先付年金　　　　C. 即付年金　　　　D. 递延年金

7. 有一项年金，前 3 年无流入，后 5 年每年初流入 500 元，年利率为 10%，则其现值为（　　）元。

A. 1 994.59　　　　B. 1 565.68　　　　C. 1 813.48　　　　D. 1 423.21

8. 已知本金为 50 000 元，复利现值系数为 0.808 1，则其按照复利计算的本利和为（　　）元。

A. 40 405　　　　　B. 49 030　　　　　C. 55 390　　　　　D. 61 875

二、多项选择题

1. 按年金每次收付发生的时点不同，年金的主要形式有（　　）。

A. 普通年金　　　B. 预付年金　　　C. 递延年金　　　D. 永续年金

2. 下列收支通常表现为年金形式的是（　　）。

A. 折旧　　　　B. 租金　　　　C. 利息　　　　D. 养老金

3. 年金的特点有（　　）。

A. 连续性　　　B. 等额性　　　C. 系统性　　　D. 永久性

4. （　　）是普通年金的特殊形式。

A. 后付年金　　　B. 永续年金　　　C. 预付年金　　　D. 递延年金

5. 某公司拟购置一处房产，付款条件是：从第 7 年开始，每年年初支付 10 万元，连续支付 10 次，共 100 万元，假设该公司的资金成本率为 10%，则相当于该公司现在一次付款的金额为（　　）万元。

A. $10 \left[(P/A, 10\%, 15) - (P/A, 10\%, 5) \right]$

B. $10 (P/A, 10\%, 10) (P/F, 10\%, 5)$

C. $10 \left[(P/A, 10\%, 16) - (P/A, 10\%, 6) \right]$

D. $10 \left[(P/A, 10\%, 15) - (P/A, 10\%, 6) \right]$

三、判断题

1. 普通年金终值与普通年金现值互为逆运算。（　　）

2. 递延年金现值的大小与递延期无关，故计算方法和普通年金现值是一样的。（　　）

3. 递延年金现值的计算类似于普通年金，它与递延期无关。（　　）

4. 递延年金是指第一次收付发生在第二期或第二期以后的年金。（　　）

四、简答题

1. 复利现值、复利终值的计算结果各是什么含义？

2. 什么是年金？它有几种形式？

五、计算分析题

1. 李某拟于年初借款 50 000 元，每年年末还本付息均为 6 000 元，连续 10 年还清。假设预期最低借款利率为 7%，试问李某能否按计划借到款项？

2. 企业借入一笔款项，年利率为 8%，前 10 年不用还本付息，从第 11 年至第 20 年每年年末偿还本息 1 000 元，则这笔款项的现值应为多少？

3. 甲公司拟从 2001 年至 2005 年之间的五年内，每年等额存入某金融机构若干元本金，以便在 2006 年至 2009 年之间的 4 年内每年年末从该金融机构等额获取 20 000 元本利和。假定存款年利息率（复利）不变，为 5%。

计算下列指标。

（1）甲公司在 2006 年至 2009 年 4 年间从该金融机构获取的所有本利和相当于 2006 年年初的价值合计。

（2）如果甲公司在 2001 年至 2005 年五年内于每年年末存款，每年年末应存入多少本金？

（3）如果甲公司在 2001 年至 2005 年五年内于每年年初存款，每年年初应存入多少本金？

第三章
旅游企业筹资管理

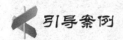

成都文旅集团筹集资金案例

成都文旅集团成立于 2007 年 3 月，寄托了成都市政府发展大旅游、形成大产业、组建大集团的梦想，也是成都市深化文化旅游体制改革、推动文化旅游产业发展的重要成果之一。公司由成都市国资委全资拥有，注册资金 8 亿元。

自成立以来，成都市政府把西岭雪山运动度假区、熊猫国际旅游度假区等境内 12 家文化旅游企业无偿划入文旅集团，其中 4 个项目已经建成开业，另外 8 个项目还处于开发状态，旗下共有 19 家子公司。为进一步开发西岭雪山运动度假区项目，急需 2.65 亿元资金投入。为此，总经理李某（化名）召开了由财务副总经理王某（化名）、营销副总经理张某（化名）、某信托投资公司金融专家赵某（化名）及某高校财务专业教授陈某（化名）组成的专家研讨会，讨论该集团筹资问题。下面摘要他们的发言和有关资料如下。

营销副总经理张某（化名）发言："西岭滑雪场现配套有 5 条索道和 3 家酒店，其中主要收入来自门票和索道收入，2013 年全年收入为 1.69 亿元，其中门票收入 0.59 亿元，索道收入为 0.62 亿元，滑雪等娱乐项目收入为 0.3 亿元。项目追加投资后，营业额将同比例升高，可以向银行借款，偿还利息和本金不成问题。"

财务副总经理王某（化名）指出，"集团目前多数项目处于开发或培育期，前期开发投入大，赢利能力有限，使得整个集团处于高负债和现金流不足的状况；另外，由于种种原因，成都文旅旗下大量闲置土地资源无法及时变现，资金短缺和闲置资源之间难以形成互补。在短期内主业还不具备赢利能力，集团还背负着数十亿元的负债，2014 年三季报显示，集团短期借款为 2.34 亿元，长期借款和债券高达 43.32 亿元，其中 2012 年年底到 2014 年 3 月份累计发行 22 亿元债券。在这种状况下，如果继续借款或发行债券，会加大财务风险，恶化财务状况。因此建议采取股权筹资。"

某高校财务专业教授陈某（化名）认为，"基于两个公司副总分析的情况，对西岭雪山运动度假区项目的筹资，还是以股权筹资方式筹集为妥。相对于银行贷款、发行债券等筹资方式，股权筹资虽然筹资成本较高，但是可以降低财务风险，还可以扩大筹资规模。但是集团目前尚未上市，不能以间接公开发行股票的方式筹集资金，只能考虑吸收直接投资的方式筹资，投资对象的选择要慎重。"

某信托投资公司金融专家赵某（化名）表示，"在选择投资对象时，一般民营企业注重短期商业利益，对于前期投入大回报周期长的文化旅游项目，往往用开发房地产项目来维持收支平衡，这显然不是成都市政府所乐见的。最好选择文化旅游开发经验丰富，资金比较雄厚的企业，最好是央企，引进它政府也比较放心；如果是上市公司更好，可以为今后集团上市搭建平台，拓宽筹资渠道。"

（资料来源：王棣华.财务管理案例精析［M］.北京：中国市场出版社，2014.）

辩证性思考：

1. 归纳一下这次筹资研讨会上提出哪几种筹资方案？

2. 对会上的几种筹资方案进行评价。

3. 你若在场的话，听了与会同志的发言后，应该如何做出决策？

资金是企业从事生产经营活动的基本条件。企业无论是新设，还是扩大规模，引进新项目，提高市场竞争力，都离不开资金。旅游企业也不例外。因此，筹集资金就成为旅游企业生存、发展的首要问题，也是旅游企业财务管理的重要内容。

第一节　旅游企业筹资概述

教学目标：

（1）理解旅游企业筹资动机；

（2）掌握旅游企业筹资管理的内容；

（3）了解旅游企业筹资方式、分类；

（4）理解旅游企业筹资管理的原则。

一、旅游企业筹资动机

旅游企业筹资是指旅游企业为了满足经营活动、投资活动、资本结构管理和其他需要，运用一定的筹资方式，通过一定的筹资渠道，筹措和获取所需资金的一种财务行为。

旅游企业筹资最基本的目的是为了企业经营的维持和发展，为企业的经营活动提供资金保障，但每次具体的筹资行为，往往受特定动机的驱动。如为开发新的旅游项目而筹资，为解决资金周转临时需要而筹资等。各种具体的筹资原因，归纳起来表现为 4 类筹资动机：创立性筹资动机、支付性筹资动机、扩张性筹资动机和调整性筹资动机。

（一）创立性筹资动机

创立性筹资动机是指旅游企业设立时，为取得资本金并形成开展经营活动的基本条件而产生的筹资动机。旅游企业创建时，要按照企业经营规模核定长期资本需要量和流动资金需要量，购建或租用营业场所，安排铺底流动资金，形成企业的经营能力。这样，就需要筹措创立性资金。

 案例 3-1

中国国旅投资设立"中国海外旅游投资管理有限公司"

中国国旅（601888）2015 年 12 月 16 日晚间发布公告称，公司下属全资子公司中国免税品（集团）有限责任公司和中国国际旅行社总社有限公司拟分别使用自有资金 1 350 万港元、675 万港元，合计占股 45%，与国内 4 家出境游旅行社共同出资 4 500 万元港币在香港投资设立"中国海外旅游投资管理有限公司"（暂定名）。

公告披露，4 家出境游旅行社包括众信旅游（002707）、竹园国际旅行社有限公司、恺撒同盛（北京）投资有限公司、北京凤凰假期国际旅行社股份有限公司。其中，众信旅游、竹园国旅分别出资 562.5 万港元，恺撒同盛和凤凰假期分别出资 675 万港元。

中国国旅表示，海外投资公司设立后，公司将在中国公民出境旅游目的地投资和管理海外旅游零售商店等旅游产业链上游资源，拓展海外旅游零售市场。

（资料来源：中国就业培训技术指导中心. 理财规划师专业能力［M］. 北京：中国财政经济出版社，2015.）

此案例中，中国国旅和 4 家出境游旅行社包括众信旅游（002707）、竹园国际旅行社有限公司、恺撒同盛（北京）投资有限公司、北京凤凰假期国际旅行社股份有限公司共同出资设立了"中国海外旅游投资管理有限公司"，所筹集资金 2 025 万港元全部为自有资金，属于创立性筹资动机。

（二）支付性筹资动机

支付性筹资动机是指为了满足经营业务活动的正常波动所形成的支付需要而产生的筹资动机。旅游企业在开展经营活动过程中，经常会出现超出维持正常经营活动资金需求的季节性、临时性的交易支付需要，如员工工资的集中发放、旅游旺季资金的提前垫付、银行借款的提前偿还、股东股利的发放等。这些情况要求除了正常经营活动的资金投入以外，还需要通过经常的临时性筹资来满足经营活动的正常波动需求，维持旅游企业的支付能力。

（三）扩张性筹资动机

扩张性筹资动机是指旅游企业因扩大经营规模或对外投资需要而产生的筹资动机。企业维持简单再生产所需要的资金是稳定的，通常不需要或很少追加筹资。一旦企业扩大再生产，经营规模扩张、开展对外投资，就需要大量追加筹资。具有良好发展前景、处于成长期的企业，往往会产生扩张性的筹资动机。扩张性的筹资活动，在筹资的时间和数量上都要服从于投资决策和投资计划的安排，避免资金的闲置和投资时机的贻误。扩张性筹资的直接结果，往往是企业资产总规模的增加和资本结构的明显变化。

（四）调整性筹资动机

调整性筹资动机是指旅游企业因调整资本结构而产生的筹资动机。资本结构调整的目的在于降低资本成本，控制财务风险，提升企业价值。企业产生调整性筹资动机的具体原因有两个：一是优化资本结构，合理利用财务杠杆效应。企业现有资本结构不尽合理的原因有债务资本比例过高，有较大的财务风险；股权资本比例较大，企业的资本成本负担较重。这样可以通过筹资增加股权或债务资金，达到调整、优化资本结构的目的。二是偿还到期债务，债务结构内部调整。如流动负债比例过大，使得企业近期偿还债务的压力较大，可以举借长期债务来偿还部分短期债务。又如一些债务即将到期，企业虽然有足够的偿债能力，但为了保持现有的资本结构，可以举借新债以偿还旧债。调整性筹资的目的是为了调整资本结构，而不是为企业经营活动追加资金，这类筹资通常不会增加企业的资本总额。

 案例 3-2

西藏旅游经营遇困 实控人称欢迎各路投资者

经过近 20 年的发展，西藏旅游（600749）早已从原来的"圣地股份"脱胎进化，并形成以景区资源开发经营为主导，同时以旅行社、酒店、旅游客运等旅游业务为辅助，文化传媒为补充的综合性现代旅游企业。然而，在天灾人祸的夹击之下，公司经营业绩持续不振，净利润频频亏损。

近日，在上交所主办的"我是股东——中小投资者走进上市公司系列活动"中，西藏旅游董事长欧阳旭表示，"西藏旅游已制定了内延、外延并重发展的策略，将积极寻找战略合作伙伴或并购重组对象，我们对公司未来的发展充满信心。"此外，欧阳旭也接受了证券时报记者采访，首次向外界表明对胡氏兄弟举牌的看法。

在活动现场，欧阳旭指出，公司 1996 年上市，是西藏自治区本土第一家，也是区内旅游业唯一一家上市公司。目前，西藏旅游拥有雅鲁藏布大峡谷、巴松措、鲁朗花海牧场、阿里神山圣湖、苯日神山等极具特色的旅游景区，以及 5 家喜马拉雅主题酒店。长期以来，西藏旅游都致力于旅游景区资源的开发建设，同时促进边疆、民族地区的经济社会发展。2002 年至今，西藏旅游主营业务收入增长 4.93 倍，总资产增长 7.15 倍，公司市值增长 8.99 倍。其中，公司对景区业务累计投资超过 10 亿元，带动社会经济效益超过 4 亿元；公司重视藏族本土员工的聘用和培养，现有 1 600 多名员工，基层藏族员工比例达到 72%，中层 41%，高层 21%。

但实际上，西藏旅游近年来日子并不好过，先是 2013 年净利润下滑 30%，再到 2014 年亏损 3 346 万元。2015 年前三季度，西藏旅游再度巨亏 3 271 万元，并且全年预亏。

针对上述情况，欧阳旭表示，受经济形势、政策变动、突发事件等多方因素影响，2014 年以来西藏旅游也面临着巨大的经营压力和挑战。其中，阿里景区受"限入政策"影响，客流量远低于预期；"8·09""8·18"两起交通事故引发"两限一警"出台，导致景区收入锐减、成本攀升；2015 年，尼泊尔大地震、限流政策持续，继续使西藏旅游面临从未遭遇过的经营困难，现已进入旅游淡季，全年形势不容乐观。面对困境，西藏旅游正积极通过各种途径努力增收减支，同时抓住中央第六次西藏工作会议带来的政策性机遇，根据实际经营状况对发展策略做出调整，争取早日走出困境。

对西藏旅游而言，公司遭遇的不仅仅是经营困境，同时还需应对资产负债率的持续攀升。证券时报记者注意到，九华旅游、峨眉山 A、丽江旅游等 9 家 A 股上市公司均与西藏旅游主营业务相近，它们之间具备一定的可比性。2012 年至 2015 年上半年，可比上市公司资产负债率均值分别为 31%、32%、30% 和 26%，然而同期西藏旅游的资产负债率却高达 41%、42%、53% 和 54%，远高于同行。

"近年来，西藏旅游所属的主要景区及酒店项目处于改造升级阶段，上市公司主要通过长期银行借款的融资方式为项目升级改造提供资金，这就使得公司负债规模逐年上涨，阻碍了公司盈利能力提升。同时，受制于西藏自治区基础设施建设普遍落后、自然环境相对恶劣等客观因素，西藏旅游在经营过程中通常需要自行投入大量的建设资金。"欧阳旭解释。

截至今年 9 月 30 日，西藏旅游货币资金仅有 2 357 万元，而负债合计高达 3.28 亿元。也正是基于此，西藏旅游已启动定增 5 485 万股、募集 5.6 亿元的融资计划，募集资金将全部用于偿还银行贷款和补充流动性。

根据西藏旅游的财务规划，此次定增融资拟偿还的贷款为 2015 年、2016 年到期的银行借款，占其借款总额近 30%，存在较大的集中偿债压力。具体来看，2015 年年底之前，西藏旅游需偿还的银行借款为 1.38 亿元，2016 年则需偿还 7 100 万元。

欧阳旭透露，目前公司已经向中国证监会递交反馈意见的回复报告，拿到定增批文的速度应该不会太慢。若此次定增融资成功完成，那么西藏旅游资产负债率将降至 30%。届时，公司的财务风险将显著降低，财务安全性将大幅提升，未来融资能力和盈利能力均将得到增强。

（资料来源：中国就业培训技术指导中心.理财规划师专业能力［M］.北京：中国财政经济出版社，2015.）

西藏旅游的筹资动机主要是调整性筹资动机，是为了偿还到期债务，属于债务结构内部调整。

在实务中，旅游企业筹资的目的可能不是单纯的、唯一的，通过追加筹资，既满足了经营活动、投资活动的资金需要，又达到了调整资本结构的目的。这类情况很多，可以归纳称之为混合性的筹资动机。如企业对外投资需要大额资金，其资金来源通过增加长期贷款或发行公司债券解决，这种情况既扩张了企业规模，又使得企业的资本结构有较大的变化。混合性筹资动机一般是基于企业规模扩张和调整资本结构两种目的，兼具扩张性筹资动机和调整性筹资动机的特性，同时增加了企业的资产总额和资本总额，也导致企业的资产结构和资本结构同时变化。

二、旅游企业筹资管理的内容

筹资活动是旅游企业资金流转运动的起点，筹资管理要求解决企业为什么要筹资、需要筹集多少资金、从什么渠道、以什么方式筹集，以及如何协调财务风险和资本成本，合理安排资本结构等问题。

（一）科学预计资金需要量

资金是旅游企业的血液，是旅游企业设立、生存和发展的财务保障，是旅游企业开展生产经营业务活动的基本前提。任何一个企业，为了形成生产经营能力、保证生产经营正常运行，必须持有一定数量的资金。在正常情况下，旅游企业资金的需求，来源于两个基本目的：满足经营运转的资金需要，满足投资发展的资金需要。旅游企业创立时，要按照规划的生产经营规模，核定长期资本需要量和流动资金需要量；旅游企业正常营运时，要根据年度经营计划和资金周转水平，核定维持营业活动的日常资金需求量；旅游企业扩张发展时，要根据扩张规模或对外投资对大额资金的需求，安排专项资金。

（二）合理安排筹资渠道、选择筹资方式

有了资金需求后，旅游企业要解决的问题是资金从哪里来、并以什么方式取得，这就是筹资渠道的安排和筹资方式的选择问题。

 知识拓展 3-1

潘功胜：拓宽企业融资渠道 提高直接融资比重

"建立包括场外、场内市场的分层有序、品种齐全、功能互补、规则统一的多层次资本市场体系，拓宽企业融资渠道，提高直接融资比重。"央行副行长潘功胜在近日召开的"中国金融学会 2015 学术年会暨 2015 中国金融论坛"上指出。

《证券日报》记者获悉，本届年会的主题是"中国金融业未来改革和发展"，潘功胜在年会开幕式发表演讲。潘功胜指出，在未来五年的金融改革与发展中，有几个方面值得认真研究和思考。一是完善金融安全网，提高金融运行的安全水平；二是改进金融服务薄弱环节，增强金融服务实体的能力；三是建设更加富有弹性和深度的现代化金融市场体系，丰富金融市场层次。协同推进外汇市场、票据市场、黄金市场、保险市场等发展，更好地匹配不同经济主体的风险偏好、投资偏好和收益要求；四是创新和完善金融宏观调控，提高调控的有效性；五是扩大金融业双向开放，积极参与国际货币体系改革和国际金融监管改革。

（资料来源：《证券日报》记者.潘功胜：拓宽企业融资渠道 提高直接融资比重［N］.证券日报，2015-11-16.）

筹资渠道是指企业筹集资金的来源方向与通道。一般来说，旅游企业最基本的筹资渠道有两条：直接筹资和间接筹资。直接筹资是指旅游企业与投资者协议或通过发行股票、债券等方式直接从社会取得资金；间接筹资是指旅游企业通过银行等金融机构以信贷关系间接从社会取得资金。具体来说，旅游企业的筹资渠道主要有：国家财政投资和财政补贴、银行与非银行金融机构信贷、资本市场筹集、其他法人单位与自然人投入、企业自身积累等。

对于不同渠道的资金，旅游企业可以通过不同的筹资方式来取得。筹资方式是企业筹集资金所采取的具体方式。旅游企业筹资，总体来说是从旅游企业外部和内部取得的。外

部筹资是指从企业外部筹措资金；内部筹资主要依靠企业的利润留存积累。外部筹资主要有两种方式：股权筹资和债务筹资。股权筹资是指旅游企业通过吸收直接投资、发行股票等方式从股东投资者那里取得资金；债务筹资是指企业通过向银行借款、发行债券、利用商业信用、融资租赁等方式从债权人那里取得资金。

安排筹资渠道和选择筹资方式是一项重要的财务工作，直接关系到企业所能筹措资金的数量、成本和风险，因此，需要深刻认识各种筹资渠道和筹资方式的特征、性质以及与企业融资要求的适应性。在权衡不同性质资金的数量、成本和风险的基础上，按照不同的筹资渠道合理选择筹资方式，有效筹集资金。

（三）降低资本成本、控制财务风险

资本成本是旅游企业筹集和使用资金所付出的代价，包括资金筹集费用和使用费用。在资金筹集过程中，要发生股票发行费、借款手续费、证券印刷费、公证费、律师费等费用，这些属于资金筹集费用。在企业生产经营和对外投资活动中，要发生利息支出、股利支出、融资租赁的资金利息等费用，这些属于资金使用费用。

按不同方式取得的资金，其资本成本是不同的。一般来说，债务资金比股权资金的资本成本要低，而且其资本成本在签订债务合同时就已确定，与企业的经营业绩和盈亏状况无关。即使同是债务资金，由于借款、债券和租赁的性质不同，其资本成本也有差异。企业筹资的资本成本，需要通过资金使用所取得的收益与报酬来补偿，资本成本的高低，决定了企业资金使用的最低投资报酬率要求。因此，旅游企业在筹资管理中，要权衡债务清偿的财务风险，合理利用资本成本较低的资金种类，努力降低企业的资本成本率。

尽管债务资金的资本成本较低，但由于债务资金有固定合同还款期限，到期必须偿还，因此旅游企业承担的财务风险比股份资金要大一些。财务风险，是指旅游企业无法足额偿付到期债务的本金和利息、支付股东股利的风险，主要表现为偿债风险。由于无力清偿债权人的债务，可能会导致企业的破产。旅游企业筹集资金在降低资本成本的同时，要充分考虑财务风险，防范企业破产的财务危机。

三、旅游企业筹资方式

旅游企业筹资方式是指旅游企业筹集资金所采取的具体形式，它受到法律环境、经济体制、融资市场等筹资环境的制约，特别是受国家对金融市场和融资行为方面的法律法规制约。

一般来说，旅游企业最基本的筹资方式就是两种：股权筹资和债务筹资。股权筹资形成企业的股权资金，通过吸收直接投资、公开发行股票等方式取得；债务筹资形成企业的债务资金，通过向银行借款、发行公司债券、利用商业信用等方式取得。至于发行可转换债券等筹集资金的方式，属于兼有股权筹资和债务筹资性质的混合筹资方式。

（一）吸收直接投资

吸收直接投资是指旅游企业以投资合同、协议等形式定向地吸收国家、法人单位、自

然人等投资主体资金的筹资方式。这种筹资方式不以股票这种融资工具为载体，通过签订投资合同或投资协议规定双方的权利和义务，主要适用于非股份制公司筹集股权资本。吸收直接投资，是一种股权筹资方式。

（二）发行股票

发行股票是指旅游企业以发售股票的方式取得资金的筹资方式，只有股份有限公司才能发行股票。股票是股份有限公司发行的，表明股东按其持有的股份享有权益和承担义务的可转让的书面投资凭证。股票的发售对象，可以是社会公众，也可以是定向的特定投资主体。这种筹资方式只适用于股份有限公司，而且必须以股票作为载体。发行股票，是一种股权筹资方式。

 案例 3-3

首旅酒店 110 亿元收购如家酒店集团 100%股权

首旅酒店 2015 年 12 月 7 日晚间发布重组预案，公司拟通过现金及发行股份购买资产方式，直接及间接持有如家酒店集团 100%股权，交易金额合计约 110.5 亿元；同时拟采用询价发行方式非公开发行股份募集配套资金，总金额不超过 38.74 亿元。

首旅酒店表示，此次交易完成后，如家酒店集团将从美国纳斯达克市场退市，并正式回归 A 股证券市场。此外，由于上交所将对相关文件进行事后审核，公司股票将继续停牌。

上海社科院旅游研究中心特约研究员赵焕焱在接受《证券日报》记者采访时表示，"首旅收购如家酒店集团，从资本层面来看，实现了混合所有制，机制进一步市场化。但也存在合并的困难，原因在于二者风格不一样，首旅原来以高端酒店为主，集团多为不动产；而如家则主要以有限服务为主，以租赁经营为特征。因此，二者在管理平台、管理风格方面都需要逐步整合。"

具体来看，根据首旅酒店发布的《重大现金购买及发行股份购买资产并募集配套资金暨关联交易报告书》显示，公司拟通过设立境外子公司，以合并方式向如家酒店集团非主要股东支付现金对价，获得如家酒店集团 65.13%股权，实现如家酒店集团的私有化。交易价格为每股普通股 17.90 美元及每股 ADS（每股 ADS 为两股普通股）35.80 美元，交易总对价为 11.24 亿美元，约合 71.78 亿元人民币。

此外，公司拟以 15.69 元/股非公开发行合计 2.47 亿股，合计作价 38.73 亿元收购首旅集团等 8 名交易对象持有的 Poly Victory 100%股权和如家酒店集团 19.60%股权，交易价格分别为 17.14 亿元和 21.60 亿元。由于 Poly Victory 主要资产为如家酒店集团 15.27%股权，因此，此次股份交易后公司将通过直接及间接方式持有如家酒店集团 34.87%股权。

同时，为提高重组效率，缓解后续公司偿债压力，首旅酒店拟采用询价发行方式向不超过 10 名符合条件的特定对象非公开发行股份募集配套资金，总金额不超过 38.74 亿元，发行价格不低于 15.69 元/股，预计发行数量不超过 2.47 亿股。

（资料来源：中国就业培训技术指导中心.理财规划师专业能力［M］.北京：中国财政经济出版社，2015.）

首旅酒店主要采用向特定投资主体非公开发行股份的方式募集的资金。本次筹资的动机主要是满足扩张性的需要。

（三）发行债券

发行债券是指旅游企业以发售公司债券的方式取得资金的筹资方式。按我国《公司法》《证券法》等法律法规规定，只有股份有限公司、国有独资公司、由两个以上的国有企业或者两个以上的国有投资主体投资设立的有限责任公司，才有资格发行公司债券。公司债券是公司依照法定程序发行、约定还本付息期限、标明债权债务关系的有价证券。发行公司债券适用于向法人单位和自然人两种渠道筹资。发行债券是一种债务筹资方式。

（四）向金融机构借款

向金融机构借款是指旅游企业根据借款合同从银行或非银行金融机构取得资金的筹资方式。这种筹资方式广泛适用于各类企业，它既可以筹集长期资金，也可以用于短期融通资金，具有灵活、方便的特点。向金融机构借款，是一种债务筹资方式。

（五）融资租赁

融资租赁也称为资本租赁或财务租赁，是指旅游企业与租赁公司签订租赁合同，从租赁公司取得租赁物资产，通过对租赁物的占有、使用取得资金的筹资方式。融资租赁方式不直接取得货币性资金，通过租赁信用关系，直接取得实物资产，快速形成生产经营能力，然后通过向出租人分期交付租金方式偿还资产的价款。融资租赁是一种债务筹资方式。

（六）商业信用

商业信用是指旅游企业之间在商品或劳务交易中，由于延期付款或延期提供劳务所形成的借贷信用关系。商业信用是由于业务供销活动而形成的，它是企业短期资金的一种重要的和经常性的来源。利用商业信用，是一种债务筹资方式。

（七）留存收益

留存收益是指企业从税后净利润中提取的盈余公积金以及从企业可供分配利润中留存的未分配利润。留存收益是企业将当年利润转化为股东对企业追加投资的过程，是一种股权筹资方式。

四、旅游企业筹资的分类

旅游企业采用不同方式所筹集的资金，按照不同的分类标准，可分为不同的筹资类别。

（一）股权筹资、债务筹资及混合筹资

按旅游企业所取得资金的权益特性不同，旅游企业筹资分为股权筹资、债务筹资及混合筹资3类。

股权资本是指股东投入的、企业依法长期拥有、能够自主调配运用的资本。股权资本在企业持续经营期间内，投资者不得抽回，因而也称之为企业的自有资本、主权资本或权益资本。股权资本是企业从事生产经营活动和偿还债务的基本保证，是代表企业基本资信状况的一个主要指标。企业的股权资本通过吸收直接投资、发行股票、内部积累等方式取得。股权资本一般不用偿还本金，形成了企业的永久性资本，因而财务风险小，但付出的资本成本相对较高。

股权资本包括实收资本（股本）、资本公积、盈余公积和未分配利润。其中：实收资本（股本）和其溢价部分形成的资本公积是外部投资者原始投入的；盈余公积、未分配利润和部分资本公积是原始投入资本在企业持续经营中形成的经营积累。通常，盈余公积、未分配利润共称为留存收益。股权资本在经济意义上形成了企业的所有者权益。所有者权益是指投资者在企业资产中享有的经济利益，其金额等于企业资产总额减去负债后的余额。

债务资本是指旅游企业按合同向债权人取得的，在规定期限内需要清偿的债务。企业通过债务筹资形成债务资金，债务资金通过向金融机构借款、发行债券、融资租赁等方式取得。由于债务资金到期要归还本金和支付利息，债权人对企业的经营状况不承担责任，因而债务资金具有较大的财务风险，但付出的资本成本相对较低。从经济意义上来说，债务资金是债权人对企业的一种投资，债权人依法享有企业使用债务资金所取得的经济利益，因而债务资金形成了企业的债权人权益。

 知识拓展 3-2

美国老太太与中国老太太

有一位美国老太太和一位中国老太太，她们年轻的时候都希望自己有朝一日可以拥有一套房子。

为了买房子，美国老太太在自己大学一毕业时，就迫不及待向银行贷款。虽然是贷款买的房子，但总算实现了她的梦想。

在以后的日子里，美国老太太再逐月用一部分薪水偿还银行贷款。但因为拥有了房子，生活也没太大的压力，日子也过得优哉游哉。到她 60 岁的那一天，她还清了贷款，同时也享受了生活。

而这位中国老太太，日子就不好过了。为了实现她的梦想，她压力特别大。她努力工作，打算赚够了买房子的钱才去买。她把工资的一大部分存入银行，剩下的一点钱仅仅可以维持生计。

自力更生，艰苦奋斗，中国老太太终于实现了她的梦想，买上了一套房子。但是她没能好好地享受生活，因为她是在60岁的那一天，才赚够了买房子的钱。

美国老太太年轻时就实现买房子的目标，而中国老太太没有贷款消费，直到晚年才实现目标。对企业来说，扩大经营规模，实现企业价值的变化，适度、合理地负债经营是明智的选择。

（资料来源：曾建斌.看故事学财务管理［M］.广州：广东经济出版社，2004.）

混合筹资兼具股权与债务筹资性质。我国上市公司目前最常见的混合筹资方式是发行可转换债券和发行认股权证。

（二）直接筹资与间接筹资

按是否借助于金融机构为媒介来获取社会资金，旅游企业筹资分为直接筹资和间接筹资两种类型。

直接筹资是指企业直接与资金供应者协商融通资金的筹资活动。直接筹资不需要通过金融机构来筹措资金，是企业直接从社会取得资金的方式。直接筹资方式主要有发行股票、发行债券、吸收直接投资等。直接筹资方式既可以筹集股权资金，也可以筹集债务资金。相对来说，直接筹资的筹资手续比较复杂，筹资费用较高；但筹资领域广阔，能够直接利用社会资金，有利于提高企业的知名度和资信度。

 知识拓展 3-3

楼继伟：大力发展直接融资 尽快修复证券市场功能

财政部部长楼继伟2016年1月1日在《求是》杂志发表题为《中国经济最大潜力在于改革》的署名文章提出，加快结构性改革激发经济增长潜力。

文章表示，积极推进财税金融改革。全面推进落实财税改革方案。深化利率和汇率改革。允许实体企业、财务公司等组建不同规模、多元化的金融机构，有效解决小微企业融资难问题。

健全多层次资本市场体系，大力发展直接融资。尽快修复证券市场功能，提高资本利用效率。大力推广政府和社会资本合作，进一步完善相关法律制度和政策体系，引导各地规范推进，更好地吸引社会资本，提高投资效率。

（资料来源：楼继伟.中国经济最大潜力在于改革［N］.求是，2016-01-01.）

间接筹资是指旅游企业借助于银行和非银行金融机构而筹集资金。在间接筹资方式下，银行等金融机构发挥中介作用，预先集聚资金，然后提供给企业。间接筹资的基本方式是银行借款，此外还有融资租赁等方式。间接筹资形成的主要是债务资金，主要用于满足企业资金周转的需要。间接筹资手续相对比较简便，筹资效率高，筹资费用较低，但容易受金融政策的制约和影响。

（三）内部筹资与外部筹资

按资金的来源范围不同，旅游企业筹资分为内部筹资和外部筹资两种类型。内部筹资是指旅游企业通过利润留存而形成的筹资来源。内部筹资数额大小主要取决于企业可分配利润的多少和利润分配政策，一般无须花费筹资费用，从而降低了资本成本。

外部筹资是指旅游企业向外部筹措资金而形成的筹资来源。处于初创期的企业，内部筹资的可能性是有限的；处于成长期的企业，内部筹资往往难以满足需要，这就需要企业广泛地开展外部筹资，如发行股票、债券，取得商业信用、银行借款等。企业向外部筹资大多需要花费一定的筹资费用，从而提高了筹资成本。

（四）长期筹资与短期筹资

按所筹集资金的使用期限不同，旅游企业筹资分为长期筹资和短期筹资两种类型。

长期筹资是指旅游企业筹集使用期限在 1 年以上的资金。长期筹资的目的主要在于形成和更新企业的经营能力，或扩大企业经营规模，或为对外投资筹集资金。长期筹资通常采取吸收直接投资、发行股票、发行债券、长期借款、融资租赁等方式，所形成的长期资金主要用于购建固定资产、形成无形资产、进行对外长期投资、垫支铺底流动资金等。从资金权益性质来看，长期资金可以是股权资金，也可以是债务资金。

短期筹资是指旅游企业筹集使用期限在 1 年以内的资金。短期资金主要用于企业的流动资产和资金日常周转，一般在短期内需要偿还。短期筹资经常利用商业信用、短期借款等方式来筹集。

五、旅游企业筹资管理的原则

旅游企业筹资管理的基本要求，是要在严格遵守国家法律法规的基础上，分析影响筹资的各种因素，权衡资金的性质、数量、成本和风险，合理选择筹资方式，提高筹资效果。

（一）筹措合法

筹措合法原则是指旅游企业筹资要遵循国家法律法规，合法筹措资金。不论是直接筹资还是间接筹资，企业最终都通过筹资行为向社会获取了资金。旅游企业的筹资活动不仅为自身的生产经营提供了资金来源，也会影响投资者的经济利益，影响着社会经济秩序。企业的筹资行为和筹资活动必须遵循国家的相关法律法规，依法履行法律法规和投资合同约定的责任，合法合规筹资，依法披露信息，维护各方的合法权益。

（二）规模适当

规模适当原则是指旅游企业要根据生产经营及其发展的需要，合理安排资金需求。旅游企业筹集资金，要合理预测确定资金的需要量。筹资规模与资金需要量应当匹配一致，既要避免因筹资不足，影响正常的经营活动；又要防止筹资过多，造成资金闲置。

（三）取得及时

取得及时原则是指旅游企业要合理安排筹资时间，适时取得资金。旅游企业筹集资金，需要合理预测确定资金需要的时间。要根据资金需求的具体情况，合理安排资金的筹集到位时间，使筹资与用资在时间上相衔接。既避免过早筹集资金形成的资金投放前的闲置，又防止取得资金的时间滞后，错过资金投放的最佳时间。

（四）来源经济

来源经济原则是指旅游企业要充分利用各种筹资渠道，选择经济、可行的资金来源。旅游企业所筹集的资金都要付出资本成本的代价，进而给旅游企业的资金使用提出了最低报酬要求。不同筹资渠道和方式所取得的资金，其资本成本各有差异。旅游企业应当在考虑筹资难易程度的基础上，针对不同来源资金的成本，认真选择筹资渠道，并选择经济、可行的筹资方式，力求降低筹资成本。

（五）结构合理

结构合理原则是指筹资管理要综合考虑各种筹资方式，优化资本结构。企业筹资要综合考虑股份资金与债务资金的关系、长期资金与短期资金的关系、内部筹资与外部筹资的关系，合理安排资本结构，保持适当偿债能力，防范企业财务危机。

评估练习

一、单项选择题

1. 下列各种筹资方式中，属于间接筹资的是（　　　）。

　　A. 发行股票　　　　　　　　　　B. 银行借款

　　C. 发行债券　　　　　　　　　　D. 吸收直接投资

2. 下列有关筹资管理原则的表述中，不正确的是（　　　）。

　　A. 企业筹资必须遵循国家法律法规

　　B. 筹资规模要较资金需要量大，以充分满足企业资金需要

　　C. 要合理预测确定资金需要的时间

　　D. 要选择经济、可行的资金来源

3. 公司在创立时首先选择的筹资方式是（　　　）。

　　A. 融资租赁　　　　　　　　　　B. 向银行借款

　　C. 吸收直接投资　　　　　　　　D. 发行企业债券

4. 某企业鉴于目前短期借款较多，严重加重了企业短期偿债负担，因此决定举借长期债务来偿还部分短期债务，由此表现出来的筹资动机属于（　　　）。

　　A. 创立性筹资动机　　　　　　　B. 支付性筹资动机

　　C. 扩张性筹资动机　　　　　　　D. 调整性筹资动机

二、多项选择题

1. 筹资活动是企业资金流转运动的起点。筹资管理要求企业解决的问题包括（　　）。

   A. 为什么要筹资　　　　　　　　B. 需要筹集多少资金
   C. 合理安排资本结构　　　　　　D. 筹集资金如何使用

2. 混合筹资兼具股权与债务筹资性质。下列选项中属于我国上市公司目前最常见的混合筹资方式的是（　　）。

   A. 发行可转换债券　　　　　　　B. 吸收直接投资
   C. 发行认股权证　　　　　　　　D. 发行债券

三、简答题

1. 旅游企业筹资的动机有哪些？
2. 旅游企业筹资管理的内容是什么？
3. 旅游企业筹资管理的原则有哪些？

第二节　资金需要量预测

教学目标：

（1）了解旅游企业常用的资金需要量的预测方法；

（2）掌握因素分析法的预测方法；

（3）掌握营业百分比法的预测方法。

资金的需要量是筹资的数量依据，应当科学合理地进行预测。筹资数量预测的基本目的是保证筹集的资金既能满足旅游企业经营活动的需要，又不会产生资金多余而闲置。

一、因素分析法

因素分析法又称分析调整法，是以有关项目基期年度的平均资金需要量为基础，根据预测年度的经营任务和资金周转加速的要求，进行分析调整，来预测资金需要量的一种方法。这种方法计算简便，容易掌握，但预测结果不太精确。它通常用于种类繁多、资金用量较小的项目。因素分析法的计算公式为

资金需要量 ＝(基期资金平均占用额 – 不合理资金占用额)×(1±预测期营业增减率)

×(1– 预测期资金周转速度增长率)

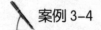 案例 3-4

甲旅游企业上年度资金平均占用额为 3 300 万元，经分析，其中不合理部分 300 万元，预计本年度营业额增长 6%，资金周转加速 1%。则本年度资金需要量预测为

预测本年度资金需要量＝（3 300−300）×（1＋6%）×（1−1%）＝3 148.2（万元）

（资料来源：财政部会计资格评价中心.财务管理［M］.北京：中国财政经济出版社，2015.）

二、营业百分比法

（一）基本原理

营业百分比法是指首先假设某些资产和负债与营业额存在稳定的百分比关系，然后根据这个假设预计外部资金需要量的方法。企业的营业规模扩大时，要相应增加流动资产；如果营业规模增加很多，还必须增加长期资产。为取得扩大营业额所需增加的资产，企业需要筹措资金。这些资金一部分来自随营业收入同比例增加的流动负债，还有一部分来自预测期的收益留存，另一部分通过外部筹资取得。

营业百分比法将反映经营规模的营业额因素与反映资金占用的资产因素连接起来，根据营业额与资产之间的数量比例关系，来预计企业的外部筹资需要量。营业百分比法首先假设某些资产与营业额存在稳定的百分比关系，根据营业额与资产的比例关系预计资产额，根据资产额预计相应的负债和所有者权益，进而确定筹资需求量。

（二）基本步骤

1. 确定随营业额而变动的资产和负债项目

随着营业额的变化，经营性资产项目将占用更多的资金。同时，随着经营性资产的增加，相应的经营性短期债务也会增加，如存货增加会导致应付账款增加，此类债务称之为"自动性债务"，可以为企业提供暂时性资金。经营性资产与经营性负债的差额通常与营业额保持稳定的比例关系。这里，经营性资产项目包括库存现金、应收账款、存货等项目；而经营负债项目包括应付票据、应付账款等项目，不包括短期借款、短期融资券、长期负债等筹资性负债。

2. 确定有关项目与营业额的稳定比例关系

如果旅游企业资金周转的营运效率保持不变，经营性资产项目与经营性负债项目将会随营业额的变动而呈正比例变动，保持稳定的百分比关系。旅游企业应当根据历史资料和同业情况，剔除不合理的资金占用，寻找与营业额的稳定百分比关系。

3. 确定需要增加的筹资数量

预计由于营业额增长而需要的资金需求增长额，扣除利润留存后，即为所需要的外部筹资额。

$$外部融资需求量＝资产增加−敏感负债增加−留存收益增加$$

$$=\frac{A}{S_1}\cdot\Delta S-\frac{B}{S_1}\cdot\Delta S-P\cdot E\cdot S_2$$

式中：A 为随营业而变化的敏感性资产；B 为随营业而变化的敏感性负债；S_1 为基期营业额；S_2 为预测期营业额；ΔS 为营业变动额；P 为营业净利率；E 为利润留存率；$\frac{A}{S_1}$ 为敏

感资产与营业额的关系百分比；$\dfrac{B}{S_1}$ 为敏感负债与营业额的关系百分比。

需要说明的是，如果非敏感性资产增加，则外部筹资需要量也应相应增加。

案例 3-5

春光旅游公司 2014 年 12 月 31 日的简要资产负债及相关信息如表 3-1 所示。假定春光旅游公司 2014 年营业额为 10 000 万元，营业净利率为 10%，利润留存率 40%。2015 年营业额预计增长 20%，公司有足够的营业能力，无须追加固定资产投资。

表 3-1　春光旅游公司资产负债表（2014 年 12 月 31 日）

资　产	金额/万元	与营业额关系/%	负债与权益	金额/万元	与营业额关系/%
现金	500	5	短期借款	2 500	N
应收账款	1 500	15	应付账款	1 000	10
存货	3 000	30	预提费用	500	5
固定资产	3 000	N	公司债券	1 000	N
			实收资本	2 000	N
			留存收益	1 000	N
合　计	8 000	50	合　计	8 000	15

首先，确定有关项目及其与营业额的关系百分比。在表 3-1 中，N 表示不变动，是指该项目不随营业额的变化而变化。

其次，确定需要增加的资金量。从表 3-1 可以看出，营业收入每增加 100 元，必须增加 50 元的资金占用，但同时自动增加 15 元的资金来源，两者差额的 35%产生了资金需求。因此，每增加 100 元的营业收入，公司必须取得 35 元的资金来源，营业额从 10 000 万元增加到 12 000 万元，增加了 2 000 万元，按照 35%的比率可预测将增加 700 万元的资金需求。

最后，确定外部融资需求的数量。2015 年的净利润为 1 200 万元（12 000×10%），利润留存率 40%，则将有 480 万元利润被留存下来，还有 220 万元的资金必须从外部筹集。

根据春光旅游公司的资料，可求得对外融资的需求量如下：

外部融资需求量＝50%×2 000-15%×2 000-10%×40%×12 000＝220（万元）

（资料来源：财政部会计资格评价中心.财务管理［M］.北京：中国财政经济出版社，2015.）

营业百分比法的优点是，能为筹资管理提供短期预计的财务报表，以适应外部筹资的需要，且易于使用。但在有关因素发生变动的情况下，必须相应地调整原有的营业百分比。

知识拓展 3-4

资金习性预测法

资金习性预测法是指根据资金习性预测未来资金需要量的一种方法。所谓资金习性，是指资金的变动同产销量变动之间的依存关系。按照资金同产销量之间的依存关系，可以把资金区分为不变资金、变动资金和半变动资金。

不变资金是指在一定的产销量范围内，不受产销量变动的影响而保持固定不变的那部分资金。也就是说，产销量在一定范围内变动，这部分资金保持不变。这部分资金包括：为维持营业而占用的最低数额的现金，原材料的保险储备，必要的成品储备，厂房、机器设备等固定资产占用的资金。

变动资金是指随产销量的变动而同比例变动的那部分资金。它一般包括直接构成产品实体的原材料、外购件等占用的资金。另外，在最低储备以外的现金、存货、应收账款等也具有变动资金的性质。

半变动资金是指虽然受产销量变化的影响，但不成同比例变动的资金，如一些辅助材料上占用的资金。半变动资金可采用一定的方法划分为不变资金和变动资金两部分。

这种方法主要适用于生产企业，对于旅游企业可以考虑投入与产出的关系参考对待。

（资料来源：财政部会计资格评价中心.财务管理［M］.北京：中国财政经济出版社，2015.）

评估练习

一、单项选择题

1. 采用销售百分比法预测资金需要量时，下列各项中，属于非敏感性项目的是（　　）。

A. 现金　　　　　　B. 存货　　　　　　C. 长期借款　　　　　　D. 应付账款

2. 某公司 2014 年预计营业收入为 50 000 万元，预计营业净利率为 10%，利润留存率为 40%。据此可以测算出该公司 2014 年内部资金来源的金额为（　　）万元。

A. 2 000　　　　　　B. 3 000　　　　　　C. 5 000　　　　　　D. 8 000

二、简答题

旅游企业常用的资金需要量的预测方法有哪些？

三、计算分析题

A 旅游公司 2014 年营业额为 20 000 万元，2014 年 12 月 31 日的资产负债表（简表）如表 3-2 所示。

该公司 2015 年计划营业额比上年增长 20%，据历年财务数据分析，公司流动资产与流

动负债随营业额同比率增减。假定该公司 2015 年的营业净利率可达到 10%，净利润的 60%
分配给投资者。

表 3-2　资产负债表（简表） 单位：万元

资　产	期末余额	负债及所有者权益	期末余额
货币资金	1 000	应付账款	1 000
应收账款	3 000	应付票据	2 000
存货	6 000	长期借款	9 000
固定资产	7 000	实收资本	4 000
无形资产	1 000	留存收益	2 000
资产总计	18 000	负债与所有者权益合计	18 000

要求：

（1）计算 2015 年流动资产增加额。

（2）计算 2015 年流动负债增加额。

（3）计算 2015 年公司需增加的营运资金。

（4）计算 2015 年的留存收益。

（5）预测 2015 年需要对外筹集的资金量。

第三节　资　本　成　本

教学目标：

（1）理解资本成本的含义、性质、作用；

（2）掌握各种个别资本成本、平均资本成本的计算。

　　资本成本是衡量资本结构优化程度的标准，也是对投资获得经济效益的最低要求，通
常用资本成本率表示。旅游企业所筹得的资本付诸使用以后，只有项目的投资报酬率高于
资本成本率，才能表明所筹集的资本取得了较好的经济效益。

一、资本成本概述

（一）资本成本的含义

　　资本成本是指旅游企业为筹集和使用资本而付出的代价，包括筹资费用和占用费用。
资本成本是资本所有权与资本使用权分离的结果。对出资者而言，由于让渡了资本使用
权，必须要求取得一定的补偿，资本成本表现为让渡资本使用权所带来的投资报酬。对筹
资者而言，由于取得了资本使用权，必须支付一定代价，资本成本表现为取得资本使用权
所付出的代价。资本成本可以用绝对数表示，也可以用相对数表示。用绝对数表示的资本
成本，主要由以下两个部分构成。

1. 筹资费

筹资费是指旅游企业在资本筹措过程中为获取资本而付出的代价，如向银行支付的借款手续费，因发行股票、公司债券而支付的发行费等。筹资费用通常在资本筹集时一次性发生，在资本使用过程中不再发生，因此，视为筹资数额的一项扣除。

2. 占用费

占用费是指旅游企业在资本使用过程中因占用资本而付出的代价，如向银行等债权人支付的利息，向股东支付的股利等。占用费是因为占用了他人资金而必须支付的，是资本成本的主要内容。

（二）资本成本的性质

资本成本在商品经济条件下，是由于资金所有权和使用权分离而形成的一种财务范畴，是资金使用者向资金所有者或中介人支付的占用费和筹资费。资金作为一种特殊的商品也有其使用价值，即既能保证生产经营活动顺利进行，又能与其他生产要素相结合而使自己增值。

在具体核算里，资本成本不同于账面成本，它是企业根据各种因素确定的，其中一部分计入财务费用，另一部分则作为利润的分配额。

资本成本同资金时间价值既有联系，又有区别。资本成本的基础是资金的时间价值，但两者在数量上是不一致的。资本成本（如利率）既包括资金的时间价值，又包括投资风险价值。资金时间价值是以资金所有者牺牲他现在使用资金的权利而获得的收益，如利息收入，而资本成本是资金使用者的开支，如利息支出。直接影响的因素也不尽相同。资金时间价值是时间的函数，资本成本是资金占用额的函数。两者的基本作用也不同，运用资金时间价值主要是比较将来价值、现值而决定投资项目的取舍；而资本成本主要是比较预计收益率和资本成本率来决定投资项目的取舍，是企业必须达到的最低目标资金收益率。

（三）资本成本的作用

1. 资本成本是比较筹资方式、选择筹资方案的依据

各种资本的资本成本率，是比较、评价各种筹资方式的依据。在评价各种筹资方式时，一般会考虑的因素包括对企业控制权的影响、对投资者吸引力的大小、融资的难易和风险、资本成本的高低等，而资本成本是其中的重要因素。在其他条件相同时，企业筹资应选择资本成本率最低的方式。

2. 平均资本成本是衡量资本结构是否合理的重要依据

企业财务管理目标是企业价值最大化，企业价值是企业资产带来的未来现金流的贴现值。计算企业价值时，经常采用企业的平均资本成本作为贴现率，当平均资本成本最小时，企业价值最大，此时的资本结构是企业理想的资本结构。

3. 资本成本是评价投资项目可行性的主要标准

任何投资项目，如果它预期的投资报酬率超过该项目使用资金的资本成本率，则该项目在经济上就是可行的。因此，资本成本率是企业用以确定项目要求达到的投资报酬率的

最低标准。

4. 资本成本是评价企业整体业绩的重要依据

一定时期旅游企业资本成本率的高低，不仅反映旅游企业筹资管理的水平，还可作为评价旅游企业整体经营业绩的标准。旅游企业的生产经营活动，实际上就是所筹集资本经过投放后形成资产的营运，企业的总资产税后报酬率应高于其平均资本成本率，这样才能带来剩余收益。

（四）影响资本成本的因素

1. 总体经济环境

一个国家或地区的总体经济环境状况，表现在国民经济发展水平、预期的通货膨胀等方面，这些都会对企业筹资的资本成本产生影响。如果国民经济保持健康、稳定、持续增长，整个社会经济的资金供给和需求相对均衡且通货膨胀水平低，资金所有者投资的风险小，预期报酬率低，筹资的资本成本率相应就比较低。相反如果经济过热，通货膨胀持续居高不下，投资者投资的风险大，预期报酬率高，筹资的资本成本率就高。

 知识拓展 3-5

央行启动全面降息　缓解企业融资成本高

2014 年 11 月 21 日，千呼万唤之后，降息靴子终于落地。11 月 21 日，央行宣布，自 11 月 12 日起，金融机构人民币下调贷款和存款基准利率。值得注意的是此次央行采取不对称降息，贷款基准利率的下调幅度大于存款基准利率。其中，金融机构一年期贷款基准利率下调 0.4 个百分点至 5.6%；一年期存款基准利率下调 0.25 个百分点至 2.75%，其他各档次贷款和存款基准利率相应调整。这是央行时隔 28 个月后再次降息。多位经济学家表示，降息意味着货币政策基调已改变，趋于宽松。

央行方面昨日表示，实体经济反映"融资难、融资贵"问题仍比较突出。据悉，尽管 2014 年 7 月国务院推出一系列措施后，而且央行方面也一直通过定向降准、再贷款等方式"放水"，降低融资成本，但实际效果并不明显。

对于降息的目的，央行昨日指出，"融资难、融资贵"在一些地区和领域呈现缓解趋势，但在经济增长有下行压力、结构调整处于爬坡时期、企业经营困难有所加大的情况下，部分企业特别是小微企业对融资成本的承受能力有所降低。

央行方面称，此次利率调整的重点是要发挥基准利率的引导作用，有针对性地引导市场利率和社会融资成本下行，促进实际利率逐步回归合理水平，缓解企业融资成本高这一突出问题，为经济持续健康发展提供中性适度的货币金融环境。

（资料来源：中国就业培训技术指导中心. 理财规划师专业能力 [M]. 北京：中国财政经济出版社，2015.）

2. 资本市场条件

资本市场条件包括资本市场的效率和风险。如果资本市场缺乏效率，证券的市场流动性低，投资者投资风险大，要求的预期报酬率高，那么通过资本市场融通的资本其成本水平就比较高。

3. 企业经营状况和融资状况

旅游企业的经营风险和财务风险共同构成旅游企业总体风险。如果旅游企业经营风险高，财务风险大，则旅游企业总体风险水平高，投资者要求的预期报酬率高，旅游企业筹资的资本成本相应就大。

4. 企业对筹资规模和时限的需求

在一定时期内，国民经济体系中资金供给总量是一定的，资本是一种稀缺资源。因此企业一次性需要筹集的资金规模大、占用资金时限长，资本成本就高。当然，融资规模、时限与资本成本的正向相关性并非线性关系，一般来说，融资规模在一定限度内，并不引起资本成本的明显变化，当融资规模突破一定限度时，才引起资本成本的明显变化。

二、资本成本计算

（一）个别资本成本计算

个别资本成本是指单一融资方式本身的资本成本，包括银行借款资本成本、公司债券资本成本、融资租赁资本成本、普通股资本成本和留存收益成本等，其中前三类是债务资金成本，后两类是权益资本成本。个别资本成本的高低，用相对数即资本成本率表达。企业筹集和使用资金所负担的费用同筹集资金净额的比率，称为资本成本率，其基本计算式可表示如下：

$$资本成本率 = \frac{年资金占用费}{筹资总额-筹资费率} \times 100\%$$

或

$$资本成本率 = \frac{年资金占用费}{筹资总额 \times （1-筹资费用率）} \times 100\%$$

应当注意，资本成本率只是一个预测的估计值，而不是精确的计算值，因为据以测定资金成本的各项因素都不是按过去实现的数字确定的，而是根据现在和未来的情况确定，是一个近似值。

对于金额大、时间超过一年的长期资本，更准确的资本成本计算方式是贴现模式，即将债务未来还本付息或股权未来股利分红的贴现值与目前筹资净额相等时的贴现率作为资本成本率。由

$$筹资净额现值-未来资本清偿额现金流量现值 = 0$$

得 资本成本率 = 所采用的贴现率

不同筹资方式取得的资本，影响资本成本的具体因素不同，其资金成本也就高低不等。下面介绍几种主要筹资方式下的个别资本成本。

1. 银行借款的资本成本率

银行借款资本成本包括借款利息和借款手续费，手续费是筹资费用的具体表现。利息费用在税前支付，可以起抵税作用，一般计算税后资本成本率，以便与权益资本成本率比较。银行借款的资本成本率一般如下：

$$资本成本率 = \frac{年利率 \times （1-所得税率）}{1-手续费率}$$

对于长期借款，考虑货币时间价值，还可以用贴现模式计算。

案例 3-6

A 旅游公司取得 5 年期长期借款 200 万元，年利率 10%，每年付息一次，到期一次还本，借款费用率 0.2%，企业所得税税率 20%，该项借款的资本成本率计算如下：

$$资本成本率 = \frac{10\% \times （1-20\%）}{1-0.2\%} = 8.02\%$$

考虑时间价值，该项长期借款的资本成本计算如下（K 为贴现率，也为资本成本率）：

$200 \times （1-0.2\%）= 200 \times 10\% \times （1-20\%）\times （P/A，K，5）+ 200 \times （P/F，K，5）$

按插值法计算，得：$K = 8.05\%$。

（资料来源：财政部会计资格评价中心.财务管理［M］.北京：中国财政经济出版社，2015.）

2. 公司债券的资本成本率

公司债券资本成本包括债券利息和借款发行费用。债券可以溢价发行，也可以折价发行，其资本成本率按一般模式计算如下：

$$资本成本率 = \frac{年利息 \times （1-所得税税率）}{债券筹资总额 \times （1-手续费率）}$$

案例 3-7

某旅游企业以 1 100 元的价格，溢价发行面值为 1 000 元、期限 5 年、票面利率为 7% 的公司债券一批。每年付息一次，到期一次还本，发行费用率 3%，所得税税率 20%，该批债券的资本成本率计算如下：

$$资本成本率 = \frac{1\ 000 \times 7\% \times （1-20\%）}{1\ 100 \times （1-3\%）} = 5.25\%$$

考虑时间价值，该项公司债券的资本成本计算如下：

$1\ 100 \times （1-3\%）= 1\ 000 \times 7\% \times （1-20\%）\times （P/A，K，5）+ 1\ 000 \times （P/F，K，5）$

按插值法计算，得：$K=4.09\%$。

（资料来源：财政部会计资格评价中心.财务管理［M］.北京：中国财政经济出版社，2015.）

3. 普通股的资本成本率

普通股资本成本主要是向股东支付的各期股利。由于各期股利并不一定固定，随企业各期收益波动，因此普通股的资本成本只能按贴现模式计算，并假定各期股利的变化呈一定规律性。如果是上市公司普通股，其资本成本还可以根据该公司股票收益率与市场收益率的相关性，按资本资产定价模型法估计。

（1）股利增长模型法。假定资本市场有效，股票市场价格与价值相等。则普通股资本成本计算：

$$资本成本率=\frac{本期支付股利×（1+预期股利增长率）}{目前股票市场价格×（1-筹资费用率）}+预期股利增长率$$

案例 3-8

B 旅游公司普通股市价 30 元，筹资费用率 2%，本年发放现金股利每股 0.6 元，预期股利年增长率为 10%。则资本成本率如下：

$$\frac{0.6×（1+10\%）}{30×（1-2\%）}+10\%=12.24\%$$

（资料来源：财政部会计资格评价中心.财务管理［M］.北京：中国财政经济出版社，2015.）

（2）资本资产定价模型法。假定资本市场有效，股票市场价格与价值相等。则普通股资本成本率计算如下：

资本成本率＝无风险报酬率＋某股票贝塔系数×（市场平均报酬率－无风险报酬率）

案例 3-9

C 旅游公司普通股贝塔系数为 1.5，此时一年期国债利率 5%，市场平均报酬率 15%，则该普通股资本成本率计算如下：

资本成本率＝5%＋1.5×（15%-5%）＝20%

（资料来源：财政部会计资格评价中心.财务管理［M］.北京：中国财政经济出版社，2015.）

4. 留存收益的资本成本率

留存收益是由企业税后净利润形成的，是一种所有者权益，其实质是所有者向企业的追加投资。企业利用留存收益筹资无须发生筹资费用。如果企业将留存收益用于再投资，所获得的收益率低于股东自己进行一项风险相似的投资项目的收益率，企业就应该将其分配给股东。留存收益的资本成本率，表现为股东追加投资要求的报酬率，其计算与普通股成本相同，也分为股利增长模型法和资本资产定价模型法，不同点在于不考虑筹资费用。

（二）平均资本成本的计算

平均资本成本是指多元化融资方式下的综合资本成本，反映着企业资本成本整体水平的高低。在衡量和评价单一融资方案时，需要计算个别资本成本；在衡量和评价企业筹资总体的经济性时，需要计算企业的平均资本成本。平均资本成本用于衡量企业资本成本水平，确立企业理想的资本结构。

企业平均资本成本，是以各项个别资本在企业总资本中的比重为权数，对各项个别资本成本率进行加权平均而得到的总资本成本率。计算公式如下：

$$K_m = \sum_{j=1}^{n} K_j W_j$$

式中：K_m 为平均资本成本；K_j 为第 j 种个别资本成本率；W_j 为第 j 种个别资本在全部资本中的比重。

平均资本成本率的计算，存在着权数价值的选择问题，即各项个别资本按什么权数来确定资本比重。通常可供选择的价值形式有账面价值、市场价值、目标价值等。

1. 账面价值权数

账面价值权数即以各项个别资本的会计报表账面价值为基础来计算资本权数，确定各类资本占总资本的比重。其优点是资料容易取得，可以直接从资产负债表中得到，而且计算结果比较稳定。其缺点是当债券和股票的市价与账面价值差距较大时，导致按账面价值计算出来的资本成本不能反映目前从资本市场上筹集资本的现时机会成本，不适合评价现时的资本结构。

2. 市场价值权数

市场价值权数即以各项个别资本的现行市价为基础来计算资本权数，确定各类资本占总资本的比重。其优点是能够反映现时的资本成本水平，有利于进行资本结构决策。但现行市价处于经常变动之中，不容易取得，而且现行市价反映的只是现时的资本结构，不适用未来的筹资决策。

3. 目标价值权数

目标价值权数即以各项个别资本预计的未来价值为基础来确定资本权数，确定各类资本占总资本的比重。目标价值是目标资本结构要求下的产物，是公司筹措和使用资金对资本结构的一种要求。对于公司筹措新资金，需要反映期望的资本结构来说，目标价值是有益的，适用于未来的筹资决策，但目标价值的确定难免具有主观性。

以目标价值为基础计算资本权重，能体现决策的相关性。目标价值权数的确定，可以选择未来的市场价值，也可以选择未来的账面价值。选择未来的市场价值，与资本市场现状联系比较紧密，能够与现时的资本市场环境状况结合起来，目标价值权数的确定一般以现时市场价值为依据。但市场价值波动频繁，可行方案是选用市场价值的历史平均值，如30 日、60 日、120 日均值等。总之，目标价值权数是主观愿望和预期的表现，依赖于财务经理的价值判断和职业经验。

案例 3-10

春光旅行社本年末长期资本账面价值总额为 1 000 万元，其中：银行长期贷款400 万元，占 40%；长期债券 150 万元，占 15%；普通股 1 600 万元（共 200 万股，每股市价 8 元），占 45%。个别资本成本分别为：5%、6%、9%。则该公司的平均资本成本计算如下。

按账面价值计算：

$$K_m = 5\% \times 40\% + 6\% \times 15\% + 9\% \times 45\% = 6.95\%$$

按市场价值计算：

$$K_m = \frac{5\% \times 400 + 6\% \times 150 + 9\% \times 1\,600}{400 + 150 + 1\,600} = 8.05\%$$

（资料来源：财政部会计资格评价中心. 财务管理［M］. 北京：中国财政经济出版社，2015.）

（三）边际资本成本的计算

边际资本成本是企业追加筹资的成本。企业的个别资本成本和平均资本成本，是企业过去筹集的单项资本的成本或目前使用全部资本的成本。然而，企业在追加筹资时，不能仅仅考虑目前所使用资本的成本，还要考虑新筹集资金的成本，即边际资本成本。边际资本成本，是企业进行追加筹资的决策依据。筹资方案组合时，边际资本成本的权数采用目标价值权数。

 案例 3-11

某旅游公司设定的目标资本结构为：银行借款 20%、公司债券 15%、普通股 65%。现拟追加筹资 300 万元，按此资本结构来筹资。个别资本成本率预计分别为：银行借款 7%，公司债券 12%，普通股权益 15%。追加筹资 300 万元的边际资本成本如表 3-3 所示。

表 3-3　边际资本成本计算表

资本种类	目标资本结构/%	追加筹资额/万元	个别资本成本/%	边际资本成本/%
银行借款	20	60	7	1.4
公司债券	15	45	12	1.8
普通股	65	195	15	9.75
合　计	100	300	34	12.95

（资料来源：财政部会计资格评价中心. 财务管理［M］. 北京：中国财政经济出版社，2015.）

 评估练习

一、单项选择题

1. 下列各项中，通常不会导致企业资本成本增加的是（　　）。

　　A. 通货膨胀加剧　　　　　　　　　　B. 投资风险上升

　　C. 经济持续过热　　　　　　　　　　D. 证券市场流动性增强

2. 甲公司长期借款的筹资净额为 95 万元，筹资费用为筹资总额的 5%，年利率为 4%，所得税税率为 25%，假设不考虑货币时间价值，则该长期借款的筹资成本为（　　）。

　　A. 3%　　　　　　B. 3.16%　　　　　　C. 4%　　　　　　D. 4.21%

3. 某企业发行了期限为 5 年的长期债券 10 000 万元，年利率为 8%，每年年末付息一

次，到期一次还本，债券发行费率为 1.5%，企业所得税税率为 25%，该债的资本成本率为（　　）。

    A. 6%   B. 6.09%   C. 8%   D. 8.12%

    4. 某公司普通股目前的股价为 10 元/股，筹资费用率为 6%，刚刚支付的每股股利为 2 元，股利固定增长率 2%，则该企业利用留存收益的资本成本率为（　　）。

    A. 22.40%   B. 22.00%   C. 23.70%   D. 23.28%

    5. 为反映现时资本成本水平，计算平均资本成本最适宜采用的价值权数是（　　）。

    A. 账面价值权数   B. 目标价值权数

    C. 市场价值权数   D. 历史价值权数

二、简答题

简述资本成本的含义、性质和作用。

三、计算分析题

甲旅游公司拟投资一项新的旅游项目，需要筹集 6 000 万元的资金。现有两个筹资方案可供选择（假定各方案均不考虑筹资费用）。

（1）发行普通股。该公司普通股的 β 系数为 2，一年期国债利率为 4%，市场平均报酬率为 10%。

（2）发行债券。该债券期限 10 年，票面利率 8%，按面值发行。公司适用的所得税税率为 25%。

要求：

（1）利用资本资产定价模型计算普通股资本成本。

（2）计算债券资本成本。（不考虑货币时间价值）

（3）根据以上计算结果，为甲旅游公司选择筹资方案。

第四节　股权筹资

教学目标：

（1）了解股权筹资的基本形式；

（2）理解不同的股权筹资形式的特点；

（3）掌握股权筹资的优缺点。

股权筹资形成企业的股权资金，是企业最基本的筹资方式。吸收直接投资、发行股票和利用留存收益是股权筹资的三种基本形式。

一、吸收直接投资

吸收直接投资是指企业按照"共同投资、共同经营、共担风险、共享收益"的原则，直接吸收国家、法人、个人和外商投入资金的一种筹资方式。吸收直接投资是非股份制企业筹集权益资本的基本方式，采用吸收直接投资的企业，资本不分为等额股份、无须公开发行股票。吸收直接投资的实际出资额中，注册资本部分，形成实收资本；超过注册资本的部分，属于资本溢价，形成资本公积。

（一）吸收直接投资的种类

1. 吸收国家投资

国家投资是指有权代表国家投资的政府部门或机构，以国有资产投入公司，这种情况下形成的资本叫国有资本。根据《公司国有资本与公司财务暂行办法》的规定，在公司持续经营期间，公司以盈余公积、资本公积转增实收资本的，国有公司和国有独资公司由公司董事会或经理办公会决定，并报主管财政机关备案；股份有限公司和有限责任公司由董事会决定，并经股东大会审议通过。吸收国家投资一般具有以下特点：①产权归属国家；②资金的运用和处置受国家约束较大；③在国有公司中采用比较广泛。

2. 吸收法人投资

法人投资是指法人单位以其依法可支配的资产投入公司，这种情况下形成的资本叫作法人资本。吸收法人投资一般具有以下特点：①发生在法人单位之间；②以参与公司利润分配或控制为目的；③出资方式灵活多样。

3. 合资经营

合资经营是指两个或者两个以上的不同国家的投资者共同投资，创办企业，并且共同经营、共担风险、共负盈亏、共享利益的一种直接投资方式。在我国，中外合资经营企业亦称股权式合营企业，它是外国公司、企业和其他经济组织或个人同中国的公司、企业或其他经济组织在中国境内共同投资举办的企业。中外合资经营一般具有如下特点：①合资经营企业在中国境内，按中国法律规定取得法人资格，为中国法人；②合资经营企业为有限责任公司；③注册资本中，外方合营者的出资比例一般不低于 25%；④合资经营期限一般项目为 10～30 年，最长可到 50 年，经国务院特批的可 50 年以上；⑤合资经营企业的注册资本与投资总额之间应依法保持适当比例关系，投资总额是指按照合营企业合同和章程规定的生产规模需要投入的基本建设资金和生产流动资金的总和。

中外合资经营企业和中外合作经营企业都是中外双方共同出资、共同经营、共担风险和共负盈亏的企业。两者的区别主要是：①合作企业可以依法取得中国法人资格，也可以办成不具备法人条件的企业，而合资企业必须是法人；②合作企业属于契约式的合营，它不以合营各方投入的资本数额、股权作为利润分配的依据，而是通过签订合同具体规定各方的权利和义务，而合资企业属于股权式企业，即以投资比例来作为确定合营各方权利和义务的依据；③合作企业在遵守国家法律的前提下，可以通过合作合同来约定收益或产品的分配，以及风险和亏损的分担，而合资企业则是根据各方注册资本的比例进行分配的。

4. 吸收社会公众投资

社会公众投资是指社会个人或本公司职工以个人合法财产投入公司，这种情况下形成的资本称为个人资本。吸收社会公众投资一般具有以下特点：①参加投资的人员较多；②每人投资的数额相对较少；③以参与公司利润分配为目的。

（二）吸收直接投资的出资方式

1. 以货币资产出资

以货币资产出资是吸收直接投资中最重要的出资方式。企业有了货币资产，便可以获取其他物质资源，支付各种费用，满足企业创建开支和随后的日常周转需要。

2. 以实物资产出资

实物资产出资是指投资者以房屋、建筑物、设备等固定资产，和材料、燃料、商品、产品等流动资产所进行的投资。实物投资应符合以下条件：①适合企业生产、经营、研发等活动的需要；②技术性能良好；③作价公平合理。

实物出资中实物的作价，可以由出资各方协商确定，也可以聘请专业资产评估机构评估确定。国有及国有控股企业接受其他企业的非货币资产出资，必须委托有资格的资产评估机构进行资产评估。

3. 以土地使用权出资

土地使用权是指土地经营者对依法取得的土地在一定期限内有进行建筑、生产经营或其他活动的权利。土地使用权具有相对的独立性，在土地使用权存续期间，包括土地所有者在内的其他任何人和单位，不能任意收回土地和非法干预使用权人的经营活动。企业吸收土地使用权投资应符合以下条件：①适合企业、生产、经营、研发等活动的需要；②地理、交通条件适宜；③作价公平合理。

4. 以工业产权出资

工业产权通常是指专有技术、商标权、专利权、非专利技术等无形资产。投资者以工业产权出资应符合以下条件：①有助于企业研究、开发和生产出新的高科技产品；②有助于企业提高生产效率，改进产品质量；③有助于企业降低生产消耗、能源消耗等各种消耗；④作价公平合理。

吸收工业产权等无形资产出资的风险较大。因为以工业产权投资，实际上是把技术转化为资本，使技术的价值固定化了，而技术具有强烈的时效性，会因其不断老化落后而导致实际价值不断减少甚至完全丧失。

此外，《公司法》对无形资产出资方式另有限制，股东或者发起人不得以劳务、信用、自然人姓名、商誉、特许经营权或者设定担保的财产等作价出资。

《公司法》对无形资产出资的比例要求没有明确限制，但《外资企业法实施细则》另有规定，外资企业的工业产权、专有技术的作价应与国际上通常的作价原则相一致，且作价金额不得超过注册资本的20%。

5. 以特定债权出资

特定债权是指企业依法发行的可转换债券以及按照国家有关规定可以转作股权的债权。在实践中，企业可以将特定债权转为股权的情形主要有：①上市公司依法发行的可转换债券；②金融资产管理公司持有的国有及国有控股企业债权；③企业实行公司制改建时，经银行以外的其他债权人协商同意，可以按照有关协议和企业章程的规定，将其债权转为股权；④根据《利用外资改组国有企业暂行规定》，国有企业的境内债权人将持有的债权转给外国投资者，企业通过债转股改组为外商投资企业；⑤按照《企业公司制改建有关国有资本管理与财务处理的暂行规定》，国有企业改制时，账面原有应付工资余额中欠发职工工资部分，在符合国家政策、职工自愿的条件下，依法扣除个人所得税后可转为个人投资，未退还职工的集资款也可转为个人投资。

（三）吸收直接投资的程序

1. 确定筹资数量

企业在新建或扩大经营时，要先确定资金的需要量。资金的需要量根据企业的生产经营规模和供销条件等来核定，筹资数量与资金需要量应当相适应。

2. 寻找投资单位

企业既要广泛了解有关投资者的资信、财力和投资意向，又要通过信息交流和宣传，使出资方了解企业的经营能力、财务状况以及未来预期，以便于公司从中寻找最合适的合作伙伴。

3. 协商和签署投资协议

找到合适的投资伙伴后，双方进行具体协商，确定出资数额和出资方式及出资时间。企业应尽可能吸收货币投资，如果投资方确有先进而适合需要的固定资产和无形资产，亦可采取非货币投资方式。对实物投资、工业产权投资、土地使用权投资等非货币资产投资，双方应按公平合理的原则协商定价。当出资数额、资产作价确定后，双方签署投资的协议或合同，以明确双方的权利和责任。

4. 取得所筹集的资金

签署投资协议后，企业应按规定或计划取得资金。如果采取现金投资方式，通常还要编制拨款计划，确定拨款期限、每期数额及划拨方式，有时投资者还要规定拨款的用途，如把拨款区分为固定资产投资拨款、流动资金拨款、专项拨款等。如果为实物、工业产权、非专利技术、土地使用权投资，一个重要的问题就是核实财产。财产数量是否准确，特别是价格有无高估低估情况，关系到投资各方的经济利益，必须认真处理，必要时可聘请资产评估机构来评定，然后办理产权的转移手续取得资产。

（四）吸收直接投资的筹资特点

1. 能够尽快形成生产能力

吸收直接投资不仅可以取得一部分货币资金，而且能够直接获得所需的先进设备和技术，尽快形成生产经营能力。

2. 容易进行信息沟通

吸收直接投资的投资者比较单一，股权没有社会化、分散化，投资者甚至于直接担任公司管理层职务，公司与投资者易于沟通。

3. 资本成本较高

相对于股票筹资方式来说，吸收直接投资的资本成本较高。当企业经营较好，盈利较多时，投资者往往要求将大部分盈余作为红利分配，因为向投资者支付的报酬是按其出资数额和企业实现利润的比率来计算的。然而，吸收投资的手续相对比较简便，筹资费用较低。

4. 公司控制权集中，不利于公司治理

采用吸收直接投资方式筹资，投资者一般都要求获得与投资数额相适应的经营管理权。如果某个投资者的投资额比例较大，则该投资者对企业的经营管理就会有相当大的控制权，容易损害其他投资者的利益。

5. 不易进行产权交易

吸收投入资本由于没有证券为媒介，不利于产权交易，难以进行产权转让。

二、发行股票

股票是股份有限公司为筹措股权资本而发行的有价证券，是公司签发的证明股东持有公司股份的凭证。股票作为一种所有权凭证，代表着对发行公司净资产的所有权。股票只能由股份有限公司发行。

 知识拓展 3-6

股票的来历

众所周知，资本主义萌芽最早出现在荷兰。由于贸易的发展，荷兰人在 17 世纪中期，就开始动脑筋想：做生意一定要冒风险，但谁做生意的时候，也不愿意把家产全搭进去，于是就出现了股份制。大家都拿一点钱，而责任就仅仅限于拿出的这点钱，如果亏了，就亏掉这部分钱，自己家的房子、粮食、酱油、醋的钱都还有，不影响家庭和个人生活。这是荷兰人的聪明才智，也是有限股份公司的雏形。这之后，为了一些公司的转让或者继续发展，就创造了凭证，就是股票，这就是股票的由来。

（资料来源：李秀霞. 投资学一本全 [M]. 北京：中国华侨出版社，2013.）

（一）股票的特征与分类

1. 股票的特点

（1）永久性。公司发行股票所筹集的资金属于公司的长期自有资金，没有期限，无须归还。换而言之，股东在购买股票之后，一般情况下不能要求发行企业退还股金。

（2）流通性。股票作为一种有价证券，在资本市场上可以自由流通，也可以继承、赠送或作为抵押品。股票特别是上市公司发行的股票具有很强的变现能力，流动性很强。

（3）风险性。由于股票的永久性，股东成了企业风险的主要承担者。风险的表现形式

有：股票价格的波动性、红利的不确定性、破产清算时股东处于剩余财产分配的最后顺序等。

（4）参与性。股东作为股份公司的所有者，拥有参与企业管理的权利，包括重大决策权、经营者选择权、财务监控权、公司经营的建议和质询权等。此外，股东还有承担有限责任、遵守公司章程等义务。

2. 股东的权利

股东最基本的权利是按投入公司的股份额，依法享有公司收益获取权、公司重大决策参与权和选择公司管理者的权利，并以其所持股份为限对公司承担责任。

（1）公司管理权。股东对公司的管理权主要体现在重大决策参与权、经营者选择权、财务监控权、公司经营的建议和质询权、股东大会召集权等方面。

（2）收益分享权。股东有权通过股利方式获取公司的税后利润，利润分配方案由董事会提出并经过股东大会批准。

（3）股份转让权。股东有权将其所持有的股票出售或转让。

（4）优先认股权。原有股东拥有优先认购本公司增发股票的权利。

（5）剩余财产要求权。当公司解散、清算时，股东有对清偿债务、清偿优先股股东以后的剩余财产索取的权利。

3. 股票的种类

（1）按股东权利和义务，分为普通股股票和优先股股票。

普通股股票简称普通股，是公司发行的代表着股东享有平等的权利、义务，不加特别限制的，股利不固定的股票。普通股是最基本的股票，股份有限公司通常情况只发行普通股。

优先股股票简称优先股，是公司发行的相对于普通股具有一定优先权的股票。其优先权利主要表现在股利分配优先权和分取剩余财产优先权上。优先股股东在股东大会上无表决权，在参与公司经营管理上受到一定限制，仅对涉及优先股权利的问题有表决权。

（2）按票面是否无记名，分为记名股票和无记名股票。

记名股票是在股票票面上记载有股东姓名或将名称记入公司股东名册的股票；无记名股票不登记股东名称，公司只记载股票数量、编号及发行日期。我国《公司法》规定，公司向发起人、国家授权投资机构、法人发行的股票，为记名股票；向社会公众发行的股票，可以为记名股票，也可以为无记名股票。

（3）按发行对象和上市地点，分为 A 股、B 股、H 股、N 股和 S 股等。

A 股即人民币普通股票，由我国境内公司发行，境内上市交易，它以人民币标明面值，以人民币认购和交易。B 股即人民币特种股票，由我国境内公司发行，境内上市交易，它以人民币标明面值，以外币认购和交易。H 股是注册地在内地、在香港上市的股票，以此类推，在纽约和新加坡上市的股票，就分别称为 N 股和 S 股。

（二）股份有限公司的设立、股票的发行与上市

1. 股份有限公司的设立

设立股份有限公司，应当有 2 人以上 200 人以下为发起人，其中须有半数以上的发起人在中国境内有住所。股份有限公司的设立，可以采取发起设立或者募集设立的方式。发起设立是指由发起人认购公司应发行的全部股份而设立公司。募集设立是指由发起人认购公司应发行股份的一部分，其余股份向社会公开募集或者向特定对象募集而设立公司。

以募集设立方式设立股份有限公司的，发起人认购的股份不得少于公司股份总数的 35%；法律、行政法规另有规定的，从其规定。

股份有限公司的发起人应当承担下列责任：①公司不能成立时，对设立行为所产生的债务和费用负连带责任；②公司不能成立时，对认股人已缴纳的股款，负返还股款并加算银行同期存款利息的连带责任；③在公司设立过程中，由于发起人的过失致使公司利益受到损害的，应当对公司承担赔偿责任。

2. 股份有限公司首次发行股票的一般程序

（1）发起人认足股份、交付股资。发起设立方式的发起人认购公司全部股份；募集设立方式的公司发起人认购的股份不得少于公司股份总数的 35%。发起人可以用货币出资，也可以用非货币资产作价出资。发起设立方式下，发起人交付全部股资后，应选举董事会、监事会，由董事会办理公司设立的登记事项；募集设立方式下，发起人认足其应认购的股份并交付股资后，其余部分向社会公开募集或者向特定对象募集。

（2）提出公开募集股份的申请。募集方式设立的公司，发起人向社会公开募集股份时，必须向国务院证券监督管理部门递交募股申请，并报送批准设立公司的相关文件，包括公司章程、招股说明书等。

（3）公告招股说明书，签订承销协议。公开募集股份申请经国家批准后，应公告招股说明书。招股说明书应包括公司章程、发起人认购的股份数、本次每股票面价值和发行价格、募集资金的用途等。同时，与证券公司等证券承销机构签订承销协议。

（4）招认股份，缴纳股款。发行股票的公司或其承销机构一般用广告或书面通知的办法招募股份。认股者一旦填写了认股书，就要承担认股书中约定缴纳股款的义务。如果认股者总股数超过发起人拟招募总股数，可以采取抽签的方式确定哪些认股者有权认股。认股者应在规定的期限内向代收股款的银行缴纳股款，同时交付认股书。股款收足后，发起人应委托法定的机构验资，出具验资证明。

（5）召开创立大会，选举董事会、监事会。发行股份的股款募足后，发起人应在规定期限内（法定 30 天内）主持召开创立大会。创立大会由发起人、认股人组成，应有代表股份总数半数以上的认股人出席方可举行。创立大会通过公司章程，选举董事会和监事会成员，并有权对公司的设立费用进行审核，对发起人用于抵作股款的财产的作价进行审核。

（6）办理公司设立登记，交割股票。经创立大会选举的董事会，应在创立大会结束后30天内，办理申请公司设立的登记事项。登记成立后，即向股东正式交付股票。

3．股票的发行方式

（1）公开间接发行。公开间接发行股票是指股份公司通过中介机构向社会公众公开发行股票。采用募集设立方式成立的股份有限公司，向社会公开发行股票时，必须由有资格的证券经营中介机构，如证券公司、信托投资公司等承销。这种发行方式的发行范围广，发行对象多，易于足额筹集资本。公开发行股票，同时还有利于提高公司的知名度，扩大其影响力。但公开发行方式审批手续复杂严格，发行成本高。

（2）非公开直接发行。非公开直接发行股票是指股份公司只向少数特定对象直接发行股票，不需要中介机构承销。用发起设立方式成立和向特定对象募集方式发行新股的股份有限公司，向发起人和特定对象发行股票，采用直接将股票营业给认购者的自销方式。这种发行方式弹性较大，企业能控制股票的发行过程，节省发行费用。但发行范围小，不易及时足额筹集资本，发行后股票的变现性差。

4．股票的上市交易

（1）股票上市的目的。公司股票上市的目的主要包括3个方面。①便于筹措新资金。证券市场是一个资本商品的买卖市场，证券市场上有众多的资金供应者。同时，股票上市经过了政府机构的审查批准并接受严格的管理，执行股票上市和信息披露的规定，容易吸引社会资本投资者。另外，公司上市后，还可以通过增发、配股、发行可转换债券等方式进行再融资；②促进股权流通和转让。股票上市后便于投资者购买，提高了股权的流动性和股票的变现力，便于投资者认购和交易；③便于确定公司价值。股票上市后，公司股价有市价可循，便于确定公司的价值。对于上市公司来说，即时的股票交易行情，就是对公司价值的市场评价。同时，市场行情也能够为公司收购、兼并等资本运作提供询价基础。

但股票上市也有对公司不利影响的一面，这主要有：上市成本较高，手续复杂严格；公司将负担较高的信息披露成本；信息公开的要求可能会暴露公司商业机密；股价有时会歪曲公司的实际情况，影响公司声誉；可能会分散公司的控制权，造成管理上的困难。

（2）股票上市的条件。公司公开发行的股票进入证券交易所交易，必须受严格的条件限制。我国《证券法》规定，股份有限公司申请股票上市，应当符合下列条件：①股票经国务院证券监督管理机构核准己公开发行；②公司股本总额不少于人民币3 000万元；③公开发行的股份达到公司股份总数的25%以上；公司股本总额超过人民币4亿元的，公开发行股份的比例为10%以上；④公司最近3年无重大违法行为，财务会计报告无虚假记载。

5．股票上市的暂停、终止与特别处理

当上市公司出现经营情况恶化、存在重大违法违规行为或其他原因导致不符合上市条件时，就可能被暂停或终止上市。

上市公司出现以下情形之一的，由交易所暂停其上市：①公司股本总额、股权分布等发生变化不再具备上市条件；②公司不按规定公开其财务状况，或者对财务会计报告虚假记载；③公司有重大违法行为；④公司最近 3 年连续亏损。公司出现前 3 条情形之一的，证券交易所根据中国证监会的决定暂停其股票上市，出现第 4 条情形则由交易所决定。对于社会公众持股低于总股本 25%的上市公司，或股本总额超过人民币 4 亿元，社会公众持股比例低于 10%的上市公司，如连续 20 个交易日不高于以上条件，交易所将决定暂停其股票上市交易。12 个月内仍不达标的，交易所将终止其股票上市交易。

上市公司出现下列情形之一的，由交易所终止其股票上市：①未能在法定期限内披露其暂停上市后第一个半年度报告的；②在法定期限内披露了恢复上市后的第一个年度报告，但公司仍然出现亏损的；③未能在法定期限内披露恢复上市后的第一个年度报告的；④恢复上市申请未被受理的或者申请未被核准的。

上市公司出现财务状况或其他状况异常的，其股票交易将被交易所特别处理。所谓"财务状况异常"，是指以下几种情况：① 2 个会计年度的审计结果显示的净利润均为负值；②最近 1 个会计年度的审计结果显示其股东权益低于注册资本；③最近 1 个会计年度经审计的股东权益扣除注册会计师、有关部门不予确认的部分，低于注册资本；④注册会计师对最近 1 个会计年度的财产报告出具无法表示意见或否定意见的审计报告；⑤最近 1 份经审计的财务报告对上年度利润进行调整，导致连续两个会计年度亏损。

在上市公司的股票交易被实行特别处理期间，其股票交易遵循下列规则：①股票报价日涨跌幅限制为 5%；②股票名称改为原股票名前加"ST"；③上市公司的中期报告必须经过审计。

（三）上市公司的股票发行

上市的股份有限公司在证券市场上发行股票包括公开发行和非公开发行两种类型。公开发行股票又分为首次上市公开发行股票和上市公开发行股票，非公开发行即向特定投资者发行，也叫定向发行。

1. 首次上市公开发行股票（IPO）

首次上市公开发行股票是指股份有限公司对社会公开发行股票并上市流通和交易。实施 IPO 的公司，自股份有限公司成立后，持续经营时间应当在 3 年以上（经国务院特别批准的除外），应当符合中国证监会《首次公开发行股票并上市管理办法》规定的相关条件，并经中国证监会核准。

实施 IPO 发行的基本程序是：①公司董事会应当依法就本次股票发行的具体方案、本次募集资金使用的可行性及其他事项作出决议，并提请股东大会批准；②公司股东大会就本次发行股票作出决议；③由保荐人保荐并向证监会申报；④证监会受理，并审批核准；⑤自证监会核准发行之日起，公司应在 6 个月内公开发行股票；超过 6 个月未发行的，核准失效，须经证监会重新核准后方可发行。

2. 上市公开发行股票

上市公开发行股票是指股份有限公司已经上市后，通过证券交易所在证券市场上对社会公开发行股票。上市公开发行股票，包括增发和配股两种方式。增发是指上市公司向社会公众发售股票的再融资方式；配股是指上市公司向原有股东配售股票的再融资方式。

3. 非公开发行股票

上市公司非公开发行股票是指上市公司采用非公开方式，向特定对象发行股票的行为，也叫定向募集增发。定向增发的对象可以是老股东，也可以是新投资者，但发行对象不超过 10 名，发行对象为境外战略投资者的，应当经国务院相关部门事先批准。

上市公司定向增发优势在于：①有利于引入战略投资者和机构投资者；②有利于利用上市公司的市场化估值溢价，将母公司资产通过资本市场放大，从而提升母公司的资产价值；③定向增发是一种主要的并购手段，特别是资产并购型定向增发，有利于集团企业整体上市，并同时减轻并购的现金流压力。

（四）引入战略投资者

1. 战略投资者的概念与要求

我国在新股发行中引入战略投资者，允许战略投资者在公司发行新股中参与配售。按中国证监会的规则解释，战略投资者是指与发行人具有合作关系或有合作意向和潜力，与发行公司业务联系紧密且欲长期持有发行公司股票的法人。从国外风险投资机构对战略投资者的定义来看，一般认为战略投资者是指能够通过帮助公司融资、提供营销与营业支持的业务或通过个人关系增加投资价值的公司或个人投资者。

一般来说，作为战略投资者的基本要求是：①要与公司的经营业务联系紧密；②要出于长期投资目的而较长时期地持有股票；③要具有相当的资金实力，且持股数量较多。

2. 引入战略投资者的作用

战略投资者具有资金、技术、管理、市场、人才等方面优势，能够增强企业核心竞争力和创新能力。上市公司引入战略投资者，能够和上市公司之间形成紧密的、伙伴式的合作关系，并由此增强公司经营实力、提高公司管理水平、改善公司治理结构。因此，对战略投资者的基本资质条件要求是：拥有比较雄厚的资金、核心的技术、先进的管理等，有较好的实业基础和较强的投融资能力。

（1）提升公司形象，提高资本市场认同度。战略投资者往往都是实力雄厚的境内外大公司、大集团，甚至是国际、国内 500 强，他们对公司股票的认购，是对公司潜在未来价值的认可和期望。

（2）优化股权结构，健全公司法人治理。战略投资者占一定股权份额并长期持股，能够分散公司控制权，吸引战略投资者参与公司管理，改善公司治理结构。战略投资者带来的不仅是资金和技术，更重要的是能带来先进的管理水平和优秀的管理团队。

（3）提高公司资源整合能力，增强公司的核心竞争力。战略投资者往往都有较好的实业基础，能够带来先进的工艺技术和广阔的产品营销市场，并致力于长期投资合作，能促进公司的产品结构、产业结构的调整升级，有助于形成产业集群，整合公司的经营资源。

（4）达到阶段性的融资目标，加快实现公司上市融资的进程。战略投资者具有较强的资金实力，并与发行人签订有关配售协议，长期持有发行人股票，能够给新上市的公司提供长期稳定的资本，帮助上市公司用较低的成本融得较多的资金，提高了公司的融资效率。

从现有情况来看，目前我国上市公司确定战略投资者还处于募集资金最大化的实用原则阶段。谁的申购价格高，谁就能够成为战略投资者，管理型、技术型的战略投资者还很少见。资本市场中的战略投资者，目前多是追逐持股价差、有较大承受能力的股票持有者，一般都是大型证券投资机构。

（五）发行普通股股票的筹资特点

1. 两权分离，有利于公司自主经营管理

公司通过对外发行股票筹资，公司的所有权与经营权相分离，分散了公司控制权，有利于公司自主管理、自主经营。普通股筹资的股东众多，公司日常经营管理事务主要由公司的董事会和经理层负责。但公司的控制权分散，公司也容易被经理人控制。

2. 资本成本较高

由于股票投资的风险较大，收益具有不确定性，投资者就会要求较高的风险补偿。因此，股票筹资的资本成本较高。

3. 能增强公司的社会声誉，促进股权流通和转让

普通股筹资，股东的大众化，为公司带来了广泛的社会影响。特别是上市公司，其股票的流通性强，有利于市场确认公司的价值。普通股筹资以股票作为媒介，便于股权的流通和转让，便于吸收新的投资者。但是，流通性强的股票交易，也容易在资本市场上被恶意收购。

4. 不易及时形成生产能力

普通股筹资吸收的一般都是货币资金，还需要通过购置和建造形成生产经营能力。相对吸收直接投资方式来说，不易及时形成生产能力。

 知识拓展 3-7

中国的第一支股票

我国股票证券市场起始于春秋战国时期，国家的举贷和王侯的放债，形成了中国最早的债券。明后清前，在一些收益高的高风险行业，采用了"招商集资、合股经营"的经营方式，参与者之间签订的契约，成为中国最早的股票雏形。19世纪40年代外国在华企业发行外资证券。1872年，中国第一家股份制企业和中国人自己发行的第一张股票诞生。证券的出现促进了证券交易的发展。最早的证券交易也只是在外商之间进行，后来才出现华商证券交易。1869年中国第一家从事股票买卖的证券公司成立。1882年9月上海平准股票公司成立，制定了相关章程，使证券交易无序发展变得更加规范。

1990 年 12 月 19 日，上海证券交易所正式开业，1991 年 7 月 3 日，深圳证券交易所正式开业。这两所交易所的成立标志着中华人民共和国证券市场的形成。1992 年中国开始向境外发行股票，同年 2 月，第一支 B 股（上海真空电子器件股份有限公司 B 股）在上海证券交易所挂牌交易。1996 年 12 月，股票交易实行涨跌停制度（即涨跌幅一旦超过前日收市价的 10%，该股票将于当天停止交易）。1988 年，深圳特区尝试对一些企业进行股份制改制，选择了 5 家企业作为股票发行上市的试点，其中包括一家由深圳几家农村信用社改组而成的股份制银行，这就是后来让无数股民爱恨交织的深发展（深圳发展银行，股票交易代码为 000001），由此产生了经人民银行批准公开发行上市的中国第一支股票。

（资料来源：李秀霞.投资学一本全［M］.北京：中国华侨出版社，2013.）

三、留存收益

（一）留存收益的性质

从性质上看，企业通过合法有效地经营所实现的税后净利润，都属于企业的所有者。因此，属于所有者的利润包括分配给所有者的利润和尚未分配留存于企业的利润。企业将本年度的利润部分甚至全部留存下来主要有以下原因：①收益的确认和计量是建立在权责发生制基础上的，企业有利润，但企业不一定有相应的现金净流量增加，因而企业不一定有足够的现金将利润全部或部分派给所有者。②法律法规从保护债权人利益和要求企业可持续发展等角度出发，限制企业将利润全部分配出去。《公司法》规定，企业每年的税后利润，必须提取 10%的法定盈余公积金。③企业基于自身的扩大再生产和筹资需求，也会将一部分利润留存下来。

（二）留存收益的筹资途径

1. 提取盈余公积金

盈余公积金是指有指定用途的留存净利润，其提取基数是抵减年初累计亏损后的本年度净利润。盈余公积金主要用于企业未来的经营发展，经投资者审议后也可以用于转增股本（实收资本）和弥补以前年度经营亏损。盈余公积金不得用于以后年度的对外利润分配。

2. 未分配利润

未分配利润是指未限定用途的留存净利润。未分配利润有两层含义：①这部分净利润本年没有分配给公司的股东投资者；②这部分净利润未指定用途，可以用于企业未来经营发展、转增股本（实收资本）、弥补以前年度经营亏损、以后年度利润分配。

（三）留存收益的筹资特点

（1）不用发生筹资费用。企业从外界筹集长期资本，与普通股筹资相比较，留存收益筹资不需要发生筹资费用，资本成本较低。

（2）维持公司的控制权分布。利用留存收益筹资，不用对外发行新股或吸收新投资者，由此增加的权益资本不会改变公司的股权结构，不会稀释原有股东的控制权。

（3）筹资数额有限。当期留存收益的最大数额是当期的净利润，不如外部筹资一次性可以筹集大量资金。如果企业发生亏损，当年没有利润留存。另外，股东和投资者从自身期望出发，往往希望企业每年发放一定股利，保持一定的利润分配比例。

四、股权筹资的优缺点

（一）股权筹资的优点

（1）股权筹资是企业稳定的资本基础。股权资本没有固定的到期日，无须偿还，是企业的永久性资本，除非企业清算时才有可能予以偿还。这对于保障企业对资本的最低需求，促进企业长期持续稳定经营具有重要意义。

（2）股权筹资是企业良好的信誉基础。股权资本作为企业最基本的资本，代表了公司的资本实力，是企业与其他单位组织开展经营业务，进行业务活动的信誉基础。同时，股权资本也是其他方式筹资的基础，尤其可为债务筹资，包括银行借款、发行公司债券等提供信用保障。

（3）企业的财务风险较小。股权资本不用在企业正常营运期内偿还，没有还本付息的财务压力。相对于债务资金而言，股权资本筹资限制少，资本使用上也无特别限制。另外，企业可以根据其经营状况和业绩的好坏，决定向投资者支付报酬的多少，资本成本负担比较灵活。

（二）股权筹资的缺点

（1）资本成本负担较重。一般而言，股权筹资的资本成本要高于债务筹资。这主要是由于投资者投资于股权特别是投资于股票的风险较高，投资者或股东相应要求得到较高的报酬率。从企业成本开支的角度来看，股利、红利从税后利润中支付，而使用债务资金的资本成本允许税前扣除。此外，普通股的发行、上市等方面的费用也十分庞大。

（2）控制权变更可能影响企业长期稳定发展。利用股权筹资，由于引进了新的投资者或出售了新的股票，必然会导致公司控制权结构的改变，而控制权变更过于频繁，又势必要影响公司管理层的人事变动和决策效率，影响公司的正常经营。

（3）信息沟通与披露成本较大。投资者或股东作为企业的所有者，有了解企业经营业务、财务状况、经营成果等的权利。企业需要通过各种渠道和方式加强与投资者的关系管理，保障投资者的权益。特别是上市公司，其股东众多而分散，只能通过公司的公开信息披露了解公司状况，这就需要公司花更多的精力，有些公司还需要设置专门的部门，进行公司的信息披露和投资者关系管理。

五、股权筹资案例

(一) 公司简介

上海锦江国际酒店发展股份有限公司 (以下简称"公司") 是中国较大的酒店、餐饮业上市公司。公司于 1994 年在上海证券交易所上市，A 股股票代码为 600754，B 股股票代码为 900934。

2003 年 11 月 11 日，公司 2003 年第一次临时股东大会审议通过了《关于本公司与锦江国际进行资产置换的议案》，确立了公司以酒店业、餐饮业为核心的产业架构。

2009 年 10 月 23 日，公司 2009 年第一次临时股东大会审议通过了《关于公司重大资产置换及购买暨关联交易方案的议案》；2010 年 5 月 12 日，公司重大资产置换及购买暨关联交易方案获得中国证券监督管理委员会批复核准。根据本公司于 2009 年 8 月 28 日与上海锦江国际酒店 (集团) 股份有限公司签署的《资产置换暨重组协议》的约定，双方资产交割日为"中国证监会核准本协议所述之资产重组及置换的当月的最末日"，即 2010 年 5 月 31 日。在此交割日，公司通过上海联合产权交易所完成了与锦江酒店集团的相关置换资产的产权交割。通过重大资产置换，本公司主营业务由"酒店投资营运、星级酒店管理和连锁餐饮投资"变更为"经济型酒店业务和连锁餐饮投资业务"。

2013 年 3 月，根据公司控股股东锦江酒店集团进行的品牌梳理和业务定位，锦江酒店集团酒店业务涵盖全服务酒店和有限服务酒店，其中，锦江股份将致力于有限服务酒店 (含经济型酒店和有限服务商务酒店) 业务的发展。

(二) 上海锦江国际酒店发展股份有限公司融资事项

2015 年 10 月，上海锦江国际酒店发展股份有限公司做出非公开发行 A 股股票预案，预案重要内容如下。

(1) 本次非公开发行相关事项已经在公司第八届董事会第五次会议上审议通过，本预案已经在公司第八届董事会第五次会议上审议通过。本次发行方案尚需公司股东大会审议通过以及上海市国资委、商务部的批准。本次非公开发行相关事项尚需获得中国证监会的核准。

(2) 本次非公开发行对象为锦江酒店集团、弘毅投资基金、国盛投资、长城资管、华安资管、上海国际资管，发行对象全部以现金认购本次发行的股票。

(3) 本次非公开发行 A 股股票的定价基准日为公司第八届董事会第五次会议决议公告日，即 2015 年 10 月 31 日。本次非公开发行 A 股股票的发行价格参照定价基准日前 20 个交易日公司股票交易均价的 90% (定价基准日前 20 个交易日股票交易均价=定价基准日前 20 个交易日股票交易总额/定价基准日前 20 个交易日股票交易总量)，经本公司与发行对象协议确定为 29.93 元/股。

(4) 本次非公开发行 A 股股票数量为 150 958 260 股，其中向锦江酒店集团发行 75 958 260 股，向弘毅投资基金发行 20 000 000 股，向国盛投资发行 15 000 000 股，向长城资管发行 15 000 000 股，向华安资管发行 15 000 000 股，向上海国际资管发行 10 000 000 股。

（5）若本公司股票在定价基准日至发行日期间发生除权除息事项，本次非公开发行价格及发行数量将相应调整，由公司董事会根据股东大会授权具体办理。本次非公开发行的最终股票数量以中国证监会实际核准的为准。

（6）锦江酒店集团、弘毅投资基金、国盛投资、长城资管、华安资管、上海国际资管认购本次非公开发行的股份自本次发行结束之日起 36 个月内不得转让。

（7）本次非公开发行股票拟募集资金总额不超过 451 818.08 万元，扣除发行费用后的募集资金净额，将全部用于偿还本公司借款，其中 430 000.00 万元用于偿还银行借款，剩余大约 21 818.08 万元用于偿还锦江财务公司借款，以增强公司持续盈利能力，提高资产质量，改善财务状况。

（8）本次非公开发行 A 股股票不会导致本公司控制权发生变化。

（9）根据中国证监会《关于进一步落实上市公司现金分红有关事项的通知》（证监发〔2012〕37 号）、中国证监会上海监管局《关于进一步做好上海辖区上市公司现金分红有关工作的通知》（沪证监公司字〔2012〕145 号）和《上海证券交易所上市公司现金分红指引》等相关文件的要求，2013 年 3 月，本公司对《公司章程》中利润分配及现金分红条款进行修订和完善，明确现金分红政策，并已经在 2013 年 5 月 28 日召开的 2012 年年度股东大会上审议通过。

《公司章程》关于利润分配政策的规定如下。

1. 利润分配原则

公司缴纳所得税后的利润，按下列顺序分配。

（1）弥补上一年度的亏损。

（2）提取法定公积金的 10%。

（3）提取任意公积金。

（4）支付股东股利。

公司利润分配应当重视对投资者的合理投资回报，同时兼顾公司的长远利益、全体股东的整体利益及公司的可持续发展，利润分配政策应当保持连续性和稳定性。

2. 利润分配形式

公司可以采取现金、股票、现金与股票相结合的方式或者法律、法规允许的其他方式分配利润。

3. 利润分配条件和要求

（1）现金分红的条件：公司累计可分配利润（即公司弥补亏损、提取公积金后所余的税后利润）为正值，且现金流充裕，不存在影响利润分配的重大投资计划或现金支出事项，实施现金分红不会影响公司后续持续经营和长期发展。

（2）现金分红的期间间隔：在满足上述现金分红条件时，公司原则上按照年度进行利润分配。在有条件的情况下，董事会可以根据公司的经营情况提议公司进行中期现金分红。

（3）现金分红的比例：当公司满足现金分红条件时，公司年度内分配的现金红利总额（包括中期已分配的现金红利）占当年度合并报表中归属于上市公司股东的净利润之比不低于 50%，且现金红利与当年度归属于上市公司股东的净资产之比不低于同期中国人民银行公布的一年期人民币定期存款基准利率。

境内上市外资股的分红和其他合法收入一律以人民币计价，若以外币支付，在依法纳税后可汇出境外。

境内上市外资股的利润分配按照《境内上市外资股规定实施细则》中的有关规定执行。

（4）股票股利分配的条件：在确保现金分红最低比例和公司股本规模、股权结构合理的前提下，若公司营业收入和净利润保持持续稳定增长，公司可以另行采取股票或现金与股票相结合的方式进行利润分配。

（5）公司应在年度报告中披露利润分配方案及其执行情况。公司历年利润分配情况如表 3-4 所示。

表 3-4 公司历年利润分配情况

时 间	利润分配方案
2009 年度	股利 0.36 元/股
2010 年度	股利 0.38 元/股
2011 年度	股利 0.36 元/股
2012 年度	股利 0.37 元/股
2013 年度	股利 0.38 元/股
2014 年度	股利 0.40 元/股
2015 年上半年	股利 0.30 元/股

（资料来源：闫华红. 中级财务管理［M］. 北京：北京大学出版社，2015.）

（三）筹资成本计算与分析

1. 关键数据

本次非公开发行 A 股股票数量＝ 150 958 260 股

发行价格＝29.93 元/股

募集资金净额＝430 000.00＋21 818.08＝451 818.08（万元）

2014 年股利增长率＝$\dfrac{0.4-0.38}{0.38}\times100\%＝5.26\%$（保留 2 位小数）

2014 年每股股利＝0.40 元

（假设 2015 年股利增长率仍保持 5.26%不变，筹资费用忽略不计。）

2. 计算

$$资本成本 = \frac{本期支付股利 \times (1 + 预期股利增长率)}{目前股票市场价格 \times (1 - 筹资费用率)} + 预期股利增长率$$

$$= \frac{0.40 \times (1 + 5.26\%)}{29.93} + 5.26\%$$

$$= 6.67\%$$

3. 案例分析

本案例是股权筹资案例，由于是定向增发，筹资费用比公开发行会低一些，筹资费用无从考证，因此本案例选择了忽略不计，如果考虑筹资费用的话，资本成本会提高。本次定向增发的目的是将全部筹集资金用于偿还公司借款，其中 430 000.00 万元用于偿还银行借款，剩余大约 21 818.08 万元用于偿还锦江财务公司借款，以增强公司持续盈利能力，提高资产质量，改善财务状况。2015 年，随着公司完成对法国卢浮集团以及战略投资铂涛集团，公司截至 2015 年 9 月 30 日的资产负债率已经高达 69.22%，财务风险加大，因此需要募集资金，降低资产负债率，降低财务风险。通过定向增发付出的资本成本是可以接受的。

评估练习

一、单项选择题

1. 与发行公司债券相比，吸收直接投资的优点是 （   ）。

   A. 资本成本较低
   B. 产权流动性较强
   C. 能够提升企业市场形象
   D. 易于尽快形成生产能力

2. 下列各项中，不能作为资产出资的是 （   ）。

   A. 存货
   B. 固定资产
   C. 可转换债券
   D. 特许经营权

3. 企业下列吸收直接投资的筹资方式中，潜在风险最大的是 （   ）。

   A. 吸收货币资产
   B. 吸收实物资产
   C. 吸收专有技术
   D. 吸收土地使用权

4. 下列各项中，不属于普通股股东拥有的权利是 （   ）。

   A. 优先认股权
   B. 优先分配收益权
   C. 股份转让权
   D. 剩余财产要求权

5. 下列关于留存收益筹资的表述中，错误的是 （   ）。

   A. 留存收益筹资可以维持公司的控制权结构
   B. 留存收益筹资不会发生筹资费用，因此没有资本成本
   C. 留存收益来源于提取的盈余公积金和留存于企业的利润
   D. 留存收益筹资有企业的主动选择，也有法律的强制要求

6. 与股票筹资相比，下列各项中，属于留存收益筹资特点的是 （   ）。

A. 资本成本较高 　　　　　　　　B. 筹资费用较高

C. 稀释原有股东控制权 　　　　　D. 筹资数额有限

7. 下列各项中，属于"吸收直接投资"与"发行普通股"筹资方式相比的缺点的有（　　）。

A. 限制条件多 　　　　　　　　　B. 财务风险大

C. 控制权分散 　　　　　　　　　D. 资本成本高

二、多项选择题

1. 上市公司引入战略投资者的主要作用有（　　）。

A. 优化股权结构 　　　　　　　　B. 提升公司形象

C. 提高资本市场认同度 　　　　　D. 提高公司资源整合能力

2. 留存收益是企业内源性股权筹资的主要方式，下列各项中，属于该种筹资方式特点的有（　　）。

A. 筹资数额有限 　　　　　　　　B. 不存在资本成本

C. 不发生筹资费用 　　　　　　　D. 改变控制权结构

三、简答题

1. 简述股权筹资的几种方法。

2. 简述股权筹资的优缺点。

第五节 债 务 筹 资

教学目标：

（1）了解债务筹资的基本方式；

（2）理解各种基本债务筹资方式的特点；

（3）掌握债务筹资的优缺点。

　　企业股权筹资，只是企业核定的资本金，是承担经济责任的基础保证。但企业仅依靠股本资金远不能满足其经营发展的需要，即除股权筹资外，仍会有长短期、大额度的资金需要，对此，企业可通过债务筹资予以弥补。

　　债务筹资形成企业的债务资金，债务资金是企业通过银行借款、向社会发行公司债券、融资租赁等方式筹集和取得的资金。银行借款、发行债券和融资租赁是债务筹资的三种基本形式。商业信用也是一种债务资金，但它是企业间的商品或劳务交易形成的，故在营运资金管理一章中予以介绍。

一、银行借款

　　银行借款是指企业向银行或其他非银行金融机构借入的、需要还本付息的款项，包括偿还期限超过 1 年的长期借款和不足 1 年的短期借款，主要用于企业购建固定资产和满足流动资金周转的需要。

（一）银行借款的种类

（1）按提供贷款的机构，分为政策性银行贷款、商业性银行贷款和其他金融机构贷款。

政策性银行贷款是指执行国家政策性贷款业务的银行向企业发放的贷款，通常为长期贷款。如国家开发银行贷款，主要满足企业承建国家重点建设项目的资金需要；中国进出口信贷银行贷款，主要为大型设备的进出口提供买方信贷或卖方信贷；中国农业发展银行贷款，主要用于确保国家对粮、棉、油等政策性收购资金的供应。

商业性银行贷款是指由各商业银行，如中国工商银行、中国建设银行、中国农业银行、中国银行等，向工商企业提供的贷款，用以满足企业生产经营的资金需要，包括短期贷款和长期贷款。

其他金融机构贷款，如从信托投资公司取得实物或货币形式的信托投资贷款，从财务公司取得的各种中长期贷款，从保险公司取得的贷款等。其他金融机构贷款一般较商业银行贷款的期限要长，要求的利率较高，对借款企业的信用要求和担保的选择比较严格。

（2）按机构对贷款有无担保要求，分为信用贷款和担保贷款。

信用贷款是指以借款人的信誉或保证人的信用为依据而获得的贷款。企业取得这种贷款，无须以财产做抵押。对于这种贷款，由于风险较高，银行通常要收取较高的利息，往往还附加一定的限制条件。

担保贷款是指由借款人或第三方依法提供担保而获得的贷款。担保包括保证责任、财产抵押、财产质押，由此，担保贷款包括保证贷款、抵押贷款和质押贷款三种基本类型。

保证贷款是指按《担保法》规定的保证方式，以第三方作为保证人承诺在借款人不能偿还借款时，按约定承担一定保证责任或连带责任而取得的贷款。

抵押贷款是指按《担保法》规定的抵押方式，以借款人或第三方的财产作为抵押物而取得的贷款。抵押是指债务人或第三方并不转移对财产的占有，只将该财产作为对债权人的担保。债务人不能履行债务时，债权人有权将该财产折价或者以拍卖、变卖的价款优先受偿。作为贷款担保的抵押品，可以是不动产、机器设备、交通运输工具等实物资产，可以是依法有权处分的土地使用权，也可以是股票、债券等有价证券等，它们必须是能够变现的资产。如果贷款到期，借款企业不能或不愿偿还贷款，银行可取消企业对抵押品的赎回权。抵押贷款有利于降低银行贷款的风险，提高贷款的安全性。

质押贷款是指按《担保法》规定的质押方式，以借款人或第三方的动产或财产权利作为质押物而取得的贷款。质押是指债务人或第三方将其动产或财产权利移交给债权人占有，将该动产或财产权利作为债权的担保。债务人不履行债务时，债权人有权以该动产或财产权利折价或者以拍卖、变卖的价款优先受偿。作为贷款担保的质押品，可以是汇票、支票、债券、存款单、提单等信用凭证，可以是依法可以转让的股份、股票等有价证券，也可以是依法可以转让的商标专用权、专利权、著作权中的财产权等。

（3）按企业取得贷款的用途，分为基本建设贷款、专项贷款和流动资金贷款。

基本建设贷款是指企业因从事新建、改建、扩建等基本建设项目需要资金而向银行申请借入的款项。

专项贷款是指企业因为专门用途而向银行申请借入的款项，包括更新改造技改贷款、大修理贷款、研发和新产品研制贷款、小型技术措施贷款、出口专项贷款、引进技术转让费周转金贷款、进口设备外汇贷款、进口设备人民币贷款及国内配套设备贷款等。

流动资金贷款是指企业为满足流动资金的需求而向银行申请借入的款项，包括流动资金借款、生产周转借款、临时借款、结算借款和卖方信贷。

（二）银行借款的程序

（1）提出申请，银行审批。企业根据筹资需求向银行提出书面申请，按银行要求的条件和内容填报借款申请书。银行按照有关政策和贷款条件，对借款企业进行信用审查，核准公司申请的借款金额和用款计划。银行审查的主要内容包括：公司的财务状况、信用情况、盈利的稳定性、发展前景、借款投资项目的可行性、抵押品和担保情况。

（2）签订合同，取得借款。借款申请获批准后，银行与企业进一步协商贷款的具体条件，签订正式的借款合同，规定贷款的数额、利率、期限和一些约束性条款。借款合同签订后，企业在核定的贷款指标范围内，根据用款计划和实际需要，一次或分次将贷款转入公司的存款结算户，以便使用。

（三）长期借款的保护性条款

长期借款的金额高、期限长、风险大，除借款合同的基本条款之外，债权人通常还在借款合同中附加各种保护性条款，以确保企业按要求使用借款和按时足额偿还借款。保护性条款一般有以下三类。

1. 例行性保护条款

例行性保护条款作为例行常规，在大多数借款合同中都会出现。主要包括：①定期向提供贷款的金融机构提交公司财务报表，以使债权人随时掌握公司的财务状况和经营成果；②保持存货储备量，不准在正常情况下出售较多的非产成品存货，以保持企业正常生产经营能力；③及时清偿债务，包括到期清偿应缴纳税金和其他债务，以防被罚款而造成不必要的现金流失；④不准以资产作其他承诺的担保或抵押；⑤不准贴现应收票据或出售应收账款，以避免或有负债等。

2. 一般性保护条款

一般性保护条款是对企业资产的流动性及偿债能力等方面的要求条款，这类条款应用于大多数借款合同，主要包括：①保持企业的资产流动性，要求企业需持有一定最低额度的货币资金及其他流动资产，以保持企业资产的流动性和偿债能力，一般规定了企业必须保持的最低营运资金数额和最低流动比率数值；②限制企业非经营性支出，如限制支付现金股利、购入股票和职工加薪的数额规模，以减少企业资金的过度外流；③限制企业资本支出的规模。控制企业资产结构中的长期性资产的比例，以减少公司日后不得不变卖固定资产以偿还贷款的可能性；④限制公司再举债规模。目的是防止其他债权人取得对公司资产的优先索偿权；⑤限制公司的长期投资。如规定公司不准投资于短期内不能收回资金的项目，不能未经银行等债权人同意而与其他公司合并等。

3. 特殊性保护条款

特殊性保护条款是针对某些特殊情况而出现在部分借款合同中的条款，只有在特殊情况下才能生效。主要包括：要求公司的主要领导人购买人身保险；借款的用途不得改变；违约惩罚条款；等等。

上述各项条款结合使用，将有利于全面保护银行等债权人的权益。但借款合同是经双方充分协商后决定的，其最终结果取决于双方谈判能力的大小，而不是完全取决于银行等债权人的主观愿望。

（四）银行借款的筹资特点

（1）筹资速度快。与发行公司债券、融资租赁等债务筹资方式相比，银行借款的程序相对简单，所花时间较短，公司可以迅速获得所需资金。

（2）资本成本较低。利用银行借款筹资，一般都比发行债券和融资租赁的利息负担要低。而且，无须支付证券发行费用、租赁手续费用等筹资费用。

（3）筹资弹性较大。在借款之前，公司根据当时的资本需求与银行等贷款机构直接商定贷款的时间、数量和条件。在借款期间，若公司的财务状况发生某些变化，也可与债权人再协商，变更借款数量、时间和条件，或提前偿还本息。因此，借款筹资对公司具有较大的灵活性，特别是短期借款更是如此。

（4）限制条款多。与发行公司债券相比较，银行借款合同对借款用途有明确规定，通过借款的保护性条款，对公司资本支出额度、再筹资、股利支付等行为有严格的约束，以后公司的生产经营活动和财务政策必将受到一定程度的影响。

（5）筹资数额有限。银行借款的数额往往受到贷款机构资本实力的制约，难以像发行公司债券、股票那样一次筹集到大笔资金，无法满足公司大规模筹资的需要。

二、发行公司债券

公司债券又称企业债券，是企业依照法定程序发行的、约定在一定期限内还本付息的有价证券。债券是持券人拥有公司债权的书面证书，它代表债券持券人与发债公司之间的债权债务关系。

 知识拓展 3-8

债券的来历

债券的历史比股票悠久，其中最早的债券形式是在奴隶制时代产生的公债券。据文献记载，古希腊和古罗马在公元前 4 世纪就开始出现国家向商人、高利贷者和寺院借债的情况。进入封建社会之后，公债得到进一步的发展，许多封建主、帝王和共和国每当遇到财政困难、特别是发生战争时便发行公债。12 世纪末期，在当时经济最发达的意大利城市佛罗伦萨，政府曾向金融业者募集公债。其后热那亚、威尼斯等城市相继仿效。15 世纪末16 世纪初，美洲新大陆被发现，欧洲和印度之间的航路开通，贸易进一步扩大。

为争夺海外市场而进行的战争使得荷兰、英国等竞相发行公债，筹措资金。在1600 年设立的东印度公司，是历史上最古老的股份公司，它除了发行股票之外，还发行短期债券，并进行买卖交易。美国在独立战争时期，也曾发行多种中期债券和临时债券，这些债券的发行和交易便形成了美国最初的证券市场。19 世纪 30 年代后，美国各州大量发行州际债券。

19 世纪四五十年代由政府担保的铁路债券迅速增长，有力地推动了美国的铁路建设。19 世纪末到 20 世纪，欧美资本主义各国相继进入垄断阶段，为确保原料来源和产品市场，建立和巩固殖民统治，加速资本的积聚和集中，股份公司发行大量的公司债券，并不断创造出新的债券种类，这样就组建形成了今天多品种、多样化的债券体系。

（资料来源：李秀霞.投资学一本全［M］.北京：中国华侨出版社，2013.）

（一）发行债券的条件

在我国，根据《公司法》的规定，股份有限公司和有限责任公司，具有发行债券的资格。

根据《证券法》规定，公开发行公司债券，应当符合下列条件：①股份有限公司的净资产不低于人民币 3 000 万元，有限责任公司的净资产不低于人民币 6 000 万元；②累计债券余额不超过公司净资产的 40%；③最近 3 年平均可分配利润足以支付公司债券 1 年的利息；④筹集的资金投向符合国家产业政策；⑤债券的利率不超过国务院限定的利率水平。

公开发行公司债券筹集的资金，必须用于核准的用途，不得用于弥补亏损和非生产性支出。

根据《证券法》规定，公司债券要上市交易，应当进一步符合下列条件：①公司债券的期限为 1 年以上；②公司债券实际发行额不少于人民币 5 000 万元；③公司申请债券上市时仍符合法定的公司债券发行条件。

（二）公司债券的种类

（1）按是否记名，分为记名公司债券和无记名公司债券。

记名公司债券应当在公司债券存根簿上载明债券持有人的姓名及住所、债券持有人取得债券的日期及债券的编号等信息。记名公司债券由债券持有人以背书方式或者法律、行政法规规定的其他方式转让；转让后由公司将受让人的姓名或者名称及住所记载于公司债券存根簿。无记名公司债券应当在公司债券存根簿上载明债券总额、利率、偿还期限和方式、发行日期及债券的编号。无记名公司债券的转让，由债券持有人将该债券交付给受让人后即发生转让的效力。

（2）按是否能够转换成公司股权，分为可转换债券与不可转换债券。

可转换债券是指债券持有者可以在规定的时间内按规定的价格转换为发债公司股票的

一种债券。这种债券在发行时，对债券转换为股票的价格和比率等都做了详细规定。《公司法》规定，可转换债券的发行主体是股份有限公司中的上市公司。不可转换债券是指不能转换为发债公司股票的债券，大多数公司债券属于这种类型。

（3）按有无特定财产担保，分为担保债券和信用债券。

担保债券是指以抵押方式担保发行人按期还本付息的债券，主要是指抵押债券。抵押债券按其抵押品的不同，又分为不动产抵押债券、动产抵押债券和证券信托抵押债券。

信用债券是无担保债券，是仅凭公司自身的信用发行的、没有抵押品作抵押担保的债券。在公司清算时，信用债券的持有人因无特定的资产做担保品，只能作为一般债权人参与剩余财产的分配。

（三）公司债券发行的程序

（1）作出发债决议。拟发行公司债券的公司，需要由公司董事会制订公司债券发行的方案，并由公司股东大会批准，做出决议。

（2）提出发债申请。根据《证券法》规定，公司申请发行债券由国务院证券监督管理部门批准。公司申请应提交公司登记证明、公司章程、公司债券募集办法、资产评估报告和验资报告等正式文件。

（3）公告募集办法。企业发行债券的申请经批准后，要向社会公告公司债券的募集办法。公司债券募集分为私募发行和公募发行。私募发行是以特定的少数投资者为指定对象发行债券，公募发行是在证券市场上以非特定的广大投资者为对象公开发行债券。

（4）委托证券经营机构发售。按照《公司债券发行试点办法》规定，公司债券的公募发行采取间接发行方式。在这种发行方式下，发行公司与承销团签订承销协议。承销团由数家证券公司或投资银行组成，承销方式有代销和包销两种。代销是指承销机构代为推销债券，在约定期限内未售出的余额可退还发行公司，承销机构不承担发行风险。包销是由承销团先购入发行公司拟发行的全部债券，然后再售给社会上的投资者，如果约定期限内未能全部售出，余额要由承销团负责认购。

（5）交付债券，收缴债券款。债券购买人向债券承销机构付款购买债券，承销机构向购买人交付债券。然后，债券发行公司向承销机构收缴债券款，登记债券存根簿，并结算发行代理费。

（四）债券的偿还

债券偿还时间按其实际发生与规定的到期日之间的关系，分为提前偿还与到期偿还两类，其中后者又包括分批偿还和一次偿还两种。

1. 提前偿还

提前偿还又称提前赎回或收回，是指在债券尚未到期之前就予以偿还。只有在公司发行债券的契约中明确规定了有关允许提前偿还的条款，公司才可以进行此项操作。提前偿还所支付的价格通常要高于债券的面值，并随到期日的临近而逐渐下降。有提前偿还条款的债券可使公司筹资有较大的弹性。当公司资金有结余时，可提前赎回债券；当预测利率下降时，也可提前赎回债券，而后以较低的利率来发行新债券。

2. 到期分批偿还

如果一个公司在发行同一种债券的当时就为不同编号或不同发行对象的债券规定了不同的到期日，这种债券就是分批偿还债券。因为各批债券的到期日不同，它们各自的发行价格和票面利率也可能不相同，从而导致发行费较高。但由于这种债券便于投资人挑选最合适的到期日，因而便于发行。

3. 到期一次偿还

多数情况下，发行债券的公司在债券到期日，一次性归还债券本金，并结算债券利息。

（五）发行公司债券的筹资特点

（1）一次筹资数额大。利用发行公司债券筹资，能够筹集大额的资金，满足公司大规模筹资的需要。这是与银行借款、融资租赁等债务筹资方式相比，企业选择发行公司债券筹资的主要原因，大额筹资能够适应大型公司经营规模的需要。

（2）募集资金的使用限制条件少。与银行借款相比，发行债券募集的资金在使用上具有相对灵活性和自主性。特别是发行债券所筹集的大额资金，能够用于流动性较差的公司长期资产上。从资金使用的性质来看，银行借款一般期限短、额度小，主要用途为增加适量存货或增加小型设备等。反之，期限较长、额度较大，用于公司扩展、增加大型固定资产和基本建设投资的需求多采用发行债券方式筹资。

（3）资本成本负担较高。相对于银行借款筹资，发行债券的利息负担和筹资费用都比较高。而且债券不能像银行借款一样进行债务展期，加上大额的本金和较高的利息，在固定的到期日，将会对公司现金流量产生巨大的财务压力。不过，尽管公司债券的利息比银行借款高，但公司债券的期限长、利率相对固定。在预计市场利率持续上升的金融市场环境下，发行公司债券筹资，能够锁定资本成本。

（4）提高公司的社会声誉。公司债券的发行主体，有严格的资格限制。发行公司债券，往往是股份有限公司和有实力的有限责任公司所为。通过发行公司债券，一方面筹集了大量资金，另一方面也扩大了公司的社会影响。

融资租赁的方式对于旅游企业很少用到，在这里不做叙述。

三、债务筹资的优缺点

（一）债务筹资的优点

（1）筹资速度较快。与股权筹资比，债务筹资不需要经过复杂的审批手续和证券发行程序，如银行借款、融资租赁等，可以迅速地获得资金。

（2）筹资弹性较大。发行股票等股权筹资，一方面需要经过严格的政府审批；另一方面从企业的角度出发，由于股权不能退还，股权资本在未来永久性地给企业带来了资本成本的负担。利用债务筹资，可以根据企业的经营情况和财务状况，灵活地商定债务条件，控制筹资数量安排取得资金的时间。

（3）资本成本负担较轻。一般来说，债务筹资的资本成本要低于股权筹资。原因是：①取得资金的手续费用等筹资费用较低；②利息、租金等用资费用比股权资本要低；③利息等资本成本可以在税前支付。

（4）可以利用财务杠杆。债务筹资不改变公司的控制权，因而股东不会出于控制权稀释的原因而反对公司举债。债权人从企业那里只能获得固定的利息或租金，不能参加公司剩余收益的分配。当企业的资本报酬率（息税前利润率）高于债务利率时，会增加普通股股东的每股收益，提高净资产报酬率，提升企业价值。

（5）稳定公司的控制权。债权人无权参加企业的经营管理，利用债务筹资不会改变和分散股东对公司的控制权。在信息沟通与披露等公司治理方面，债务筹资的代理成本也较低。

（二）债务筹资的缺点

（1）不能形成企业稳定的资本基础。债务资本有固定的到期日，到期需要偿还，只能作为企业的补充性资本来源。再加上取得债务往往需要进行信用评级，没有信用基础的企业和新创企业，往往难以取得足额的债务资本。现有债务资本在企业的资本结构中达到一定比例后，往往由于财务风险而不容易再取得新的债务资金。

（2）财务风险较大。债务资本有固定的到期日，有固定的债息负担，抵押、质押等担保方式取得的债务，资本使用上可能会有特别地限制。这些都要求企业必须要保证有一定的偿债能力，要保持资产流动性及其资产报酬水平，作为债务清偿的保障，对企业的财务状况提出了更高的要求，否则会带来企业的财务危机，甚至导致企业的破产。

（3）筹资数额有限。债务筹资的数额往往受到贷款机构资本实力的制约，除发行债券方式外，一般难以像发行股票那样一次筹集到大笔资金，无法满足公司大规模筹资的需要。

四、债务筹资案例

（一）公司简介

云南旅游股份有限公司（股票代码 002059），是云南世博旅游控股集团有限公司控股企业，公司注册资本 3.65 亿元。2000 年 12 月由云南世博集团有限公司作为发起人并联合其他单位共同发起设立昆明世博园股份有限公司，2006 年 8 月 10 日股份公司在深交所中小板上市（股票代码 002059，简称：云南旅游）。2010 年 9 月 16 日，根据企业战略转型、产业发展的需要，股份公司更名为云南旅游股份有限公司，进一步延伸了企业品牌文化内涵，扩大了品牌深度和广度。

中国昆明世界园艺博览会筹备和展出期间，公司承担着昆明世博园的园区维护管理、经营管理工作，会期接待了上千万来自世界各地的游客和参观者。世博会结束后，公司按照"城市生态文化旅游发展商，现代服务产业运营商"的企业定位，在"一个核心、主业突出、相关多元"的业务结构和发展模式下，以打造城市生态文化旅游综合体为核心，以产融结合、产业重构为战略起点，通过模式打造与业务协同、快速增长与区域扩张两条战略路径，努力做到将公司实力做强、规模做大，提升赢利能力，实现从资源依赖型企业向能力竞争型企业的转变。

公司业务范围包括旅游景区、旅游地产、旅游交通、会议酒店、旅行社、园艺物业等 6 大业务板块，涵盖旅游全产业链。拥有云南世博兴云房地产有限公司、云南旅游汽车有限公司、云南世博旅游景区投资管理有限公司、云南世博花园酒店有限公司、江南园林有限公司、昆明世博会议中心有限公司、云南世博出租汽车有限公司、云南世博园艺有限公司、云南旅游酒店管理有限公司、丽江中国国际旅行社有限责任公司、昆明世博园物业服务有限公司、昆明世博运动休闲有限公司等 12 家控股和全资公司。

（二）云南旅游股份有限公司筹资事项

2014 年 5 月 8 日，云南旅游股份有限公司第二次临时股东大会通过了《关于公司发行债券方案的议案》，于 2014 年 12 月获批，并于 2015 年 5 月公布公开发行公司债券募集说明书。重要内容如下。

（1）云南旅游股份有限公司（以下简称"发行人""本公司""公司"或"云南旅游"）公开发行不超过人民币 4 亿元的公司债券（以下简称"本次债券"）已获得中国证券监督管理委员会证监许可〔2014〕1315 号文核准。本次债券发行规模为 4 亿元，每张面值为 100 元，共计 400 万张，发行价格为 100 元/张。

（2）根据 2015 年 1 月 15 日证监会令第 113 号公布《公司债券发行与交易管理办法》第十八条规定，本期债券发行时评级低于 AAA 级，不符合该条款中可以面向公众投资者以及合格投资者同时发行的条件，或出现发行后公众投资者只允许卖出、不允许买入的情形，影响本期债券的流动性。特提示欲参与本期债券发行的全体公众投资者关注相关风险、谨慎投资。

（3）本期债券发行人主体评级为 AA−，债券债项评级为 AA 级；截至 2015 年 3 月 31 日，发行人合并口径资产负债率为 46.79%，母公司口径资产负债率为 18.06%；债券上市前，发行人最近一期末未经审计的净资产为 190 622.82 万元（截至 2015 年 3 月 31 日合并报表中所有者权益合计数），母公司口径净资产为 145 584.91 万元；债券上市前，发行人最近三个会计年度实现的年均可分配利润为 6 038.12 万元（2012 年、2013 年及 2014 年合并报表中归属于母公司所有者的净利润平均值。其中，公司 2012 年度业绩系根据《上市公司重大资产重组管理办法》模拟计算的结果）。本次公司债发行前公司近 3 个会计年度实现的年均可分配利润预计不少于本期债券一年利息的 1.5 倍。公司 2015 年第一季度财务报告披露后仍然符合公司债券的发行、上市条件。

（4）本次债券发行完毕后，将申请在深圳证券交易所上市交易。本次公司债券具体上市时间另行公告。公司 2015 年第一季度报告已于 2015 年 4 月 27 日披露，2015 年第一季度报告披露后,本次债券仍然符合在深圳证券交易所集中竞价系统和综合协议交易平台同时挂牌(以下简称"双边挂牌")的上市条件。但本期债券上市前,公司财务状况、经营业绩、现金流和信用评级等情况可能出现重大变化,公司无法保证本期债券双边挂牌的上市申请能够获得深交所同意,若届时本期债券无法进行双边挂牌上市,投资者有权选择在债券上市前将本期债券回售予本公司。因公司经营与收益等情况变化引致的投资风险和流动性风险,由债券投资者自行承担。本次债券不能在除深圳证券交易所以外的其他交易场所上市。

(5)本次债券由控股股东世博旅游集团提供全额无条件不可撤销连带责任保证担保。

(6)债券品种和期限:本次债券的期限为 3 年,第 2 年年末附发行人上调票面利率选择权及投资者回售选择权。

(7)本次债券为固定利率债券,发行人和保荐机构(主承销商)西南证券股份有限公司于 2015 年 5 月 29 日 13:00—15:00 在网下向机构投资者进行了票面利率询价,根据网下向机构投资者询价结果,经发行人和保荐机构西南证券股份有限公司充分协商和审慎判断,最终确定本期债券票面利率为 5.90%。

(8)本期债券按年付息,到期一次还本。利息每年支付一次,最后一期利息随本金一起支付。

(9)起息日:2015 年 6 月 1 日。

(10)本次债券发行采取网上面向持有中国证券登记结算有限责任公司深圳分公司 A 股证券账户的社会公众投资者公开发行和网下面向持有中国证券登记结算有限责任公司深圳分公司 A 股证券账户的机构投资者询价配售相结合的方式。网上申购按"时间优先"的原则实时成交;网下申购由发行人与簿记管理人根据网下询价情况进行配售。具体发行安排将根据深圳证券交易所的相关规定进行。

(11)本次债券网上、网下预设的发行总额分别为 0.10 亿元和 3.90 亿元,占全部发行规模的比例分别为 2.50%和 97.50%。发行人和簿记管理人将在 2015 年 6 月 1 日(T 日)当天网上发行结束后,根据网上发行情况决定是否启动回拨机制,如网上发行数量获得全额认购,则不进行回拨;如网上发行数量认购不足,则将剩余部分全部回拨至网下发行;如网下最终认购不足,则由主承销商余额包销。本次债券采取单向回拨,不进行网下向网上回拨。

(12)网上投资者可通过深交所交易系统参加网上发行的认购,按"时间优先"的原则实时成交。本次债券网上发行代码为"101653",简称为"15 云旅债"。参与本次网上发行的每个证券账户最小认购单位为 1 手(10 张,1 000 元),超过 1 手的必须是 1 手的整数倍。网上认购次数不受限制,申购上限不得超过本次网上发行规模。本次债券发行结束后,网上发行代码"101653"将转换为上市代码"112250"。

(13)网下发行对象为持有中国证券登记结算有限责任公司深圳分公司 A 股证券账户的机构投资者。机构投资者通过向簿记管理人提交《网下利率询价及认购申请表》的方式参与网下询价申购。机构投资者网下最低申购数量为 1 000 手(100 万元),超过 1 000 手的必须是 1 000 手的整数倍，簿记管理人另有规定的除外。

（14）投资者不得非法利用他人账户或资金进行认购，也不得违规融资或替他人违规融资认购。投资者认购并持有本次债券应遵守相关法律法规和中国证监会的有关规定，并自行承担相应的法律责任。

（15）本期债券无质押式回购交易安排。

（16）本期债券的发行费用不超过募集资金的 1.25%。

（17）本次发行的公司债券拟用于补充公司的流动资金。

（资料来源：闫华红. 中级财务管理［M］. 北京：北京大学出版社，2015.）

（三）筹资成本计算与分析

1. 关键数据

本次债券发行规模为 4 亿元，每张面值为 100 元，共计 400 万张，发行价格为 100 元/张。

最终确定本期债券票面利率为 5.90%。

本期债券按年付息，到期一次还本，利息每年支付一次，最后一期利息随本金一起支付。

$$年利息 = 40\ 000 \times 5.90\% = 2\ 360（万元）$$

本期债券的发行费用不超过募集资金的 1.25%。

所得税税率为 25%。

2. 计算

$$资本成本率 = \frac{年利息 \times (1 - 所得税税率)}{债券筹资总额 \times (1 - 手续费率)}$$

$$= \frac{2\ 360 \times (1 - 25\%)}{40\ 000 \times (1 - 1.25\%)}$$

$$= 4.48\%（保留小数点后两位数字）$$

3　案例分析

本案例主要研究债券筹资的计算。本次发行的公司债券拟用于补充公司的流动资金。根据公司未来发展战略，公司规划未来逐步打造"一个核心、主业突出、相关多元"的业务结构和发展模式，扩大规模，持续提升公司竞争力。因此，本次募集资金将为公司未来扩大业务规模提供必要条件。目前公司的营运资金并不宽松需要通过筹集资金对流动资金进行补充。本次发行公司债券对公司财务状况将产生以下影响：①对公司负债结构将产生影响，将筹集资金 4 亿元用于补充公司流动资金后，公司合并报表资产负债率将由发行前的 46.79% 增至发行后的 52.14%，母公司资产负债率将由发行前的 18.06% 增至发行后的 33.12%；②对公司短期偿债能力将产生影响，将筹集资金 4 亿元用于补充公司流动资金后，公司合并报表流动比率将由发行前的 1.51 增至发行后的 1.82，母公司财务报表流动比率将由发行前的 0.48 增至发行后的 1.72，公司短期偿债能力增强；③有利于拓宽公司融资渠道，为公司快速发展增加新的资金来源，进一步提高公司的综合竞争能力。因此，公司以 4.48%的成本代价进行筹资是可行的。

 知识拓展 3-9

<h3 style="text-align:center">混 合 筹 资</h3>

混合筹资筹集的是混合性资金，即兼具股权和债务特征的资金。我国上市公司目前取得的混合性资金的主要方式是发行可转换债券和认股权证。

一、可转换债券

可转换债券是一种混合型证券，是公司普通债券与证券期权的组合体。可转换债券的持有人在一定期限内，可以按照事先规定的价格或者转换比例，自由地选择是否转换为公司普通股。

二、认股权证

认股权证是一种由上市公司发行的证明文件，持有人有权在一定时间内以约定价格认购该公司发行的一定数量的股票。广义的权证（Warrant），是一种持有人有权于某一特定期间或到期日，按约定的价格认购或沽出一定数量的标的资产的期权。

（资料来源：财政部会计资格评价中心.财务管理［M］.北京：中国财政经济出版社，2015.）

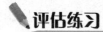 **评估练习**

一、单项选择题

1. 企业可以将某些资产作为质押品向商业银行申请质押贷款。下列各项中，不能作为质押品的是（   ）。

    A. 厂房   B. 股票   C. 汇票   D. 专利权

2. 某企业为了取得银行借款，将其持有的公司债券移交给银行占有，该贷款属于（   ）。

    A. 信用贷款   B. 保证贷款   C. 抵押贷款   D. 质押贷款

3. 长期借款的保护性条款一般有例行性保护条款、一般性保护条款和特殊性保护条款，其中应用于大多数借款合同的条款是（   ）。

    A. 例行性保护条款和特殊性保护条款   B. 例行性保护条款和一般性保护条款

    C. 一般性保护条款和特殊性保护条款   D. 特殊性保护条款

4. 与股票筹资相比，下列各项中，属于债务筹资缺点的是（   ）。

    A. 财务风险较大   B. 资本成本较高

    C. 稀释股东控制权   D. 筹资灵活性较小

二、多项选择题

1. 下列属于银行借款的一般性保护条款的有（   ）。

A. 保持企业的资产流动性　　　　B. 限制企业非经营性支出

C. 限制公司再举债规模　　　　　D. 借款的用途不得改变

2. 与银行借款相比，下列各项中，属于发行债券筹资特点的有（　　　）。

A. 资本成本较高　　　　　　　　B. 一次筹资数额较大

C. 扩大公司的社会影响　　　　　D. 募集资金使用限制较多

三、简答题

1. 简述债务筹资的基本方式及其特点。

2. 债务筹资的优缺点有哪些？

第六节　筹资风险与资本结构

教学目标：

（1）了解经营风险和财务风险；

（2）掌握经营杠杆和财务杠杆的计算方法；

（3）理解资本结构的含义及其影响因素；

（4）掌握每股收益分析法和平均资本成本比较法判断最优资本结构的方法。

　　企业的筹资管理，在选择筹资方式的同时，还要合理安排资本结构。优化资本结构是企业筹资管理的基本目标，也会对企业的生产经营安排产生制约性的影响。资本结构优化，要求权衡筹资方案的风险和成本的关系，力求降低平均资本成本率或提高企业价值。

一、筹资风险

 知识拓展 3-10

阿基米德和杠杆原理的故事

　　在埃及，公元前 1500 年左右，就有人用杠杆来抬起重物，不过人们不知道它的道理。阿基米德潜心研究了这个现象并发现了杠杆原理。

　　在阿基米德发现杠杆原理之前，是没有人能够解释的。当时，有的哲学家在谈到这个问题的时候，一口咬定说，这是"魔性"。阿基米德却不承认是什么"魔性"。

　　阿基米德确立了杠杆定律后，就推断说，只要能够取得适当的杠杆长度，任何重量都可以用很小的力量举起来。据说他曾经说过这样的豪言壮语："给我一个支点，我就能撬起地球。"叙拉古国王听说后，对阿基米德说："凭着宙斯起誓，你说的事真是奇怪，阿基米德！"阿基米德向国王解释了杠杆的特性以后，国王说："到哪里去找一个支点，把地球撬起来呢？"

　　"这样的支点是没有的。"阿基米德回答说。

　　"那么，要叫人相信力学的神力就不可能了！"国王说。

"不，不，你误会了，陛下，我能够给你举出别的例子。" 阿基米德说。

国王说："你太吹牛了！你且替我推动一样重的东西，看你讲的话怎样。" 当时国王正有一个困难的问题，就是他替埃及国王造了一艘很大的船。船造好后，动员了叙拉古全城的人，也没法把它推下水。阿基米德说："好吧，我替你来推这一只船吧。"

阿基米德离开国王后，就利用杠杆和滑轮的原理，设计、制造了一套巧妙的机械。把一切都准备好后，阿基米德请国王来观看大船下水。他把一根粗绳的末端交给国王，让国王轻轻拉一下。顿时，那艘大船慢慢移动起来，顺利地滑进了水里，国王和大臣们看到这样的奇迹，好像看耍魔术一样，惊奇不已！于是，国王信服了阿基米德，并向全国发出布告："从此以后，无论阿基米德讲什么，都要相信他……"

（资料来源：[古希腊] 阿基米德.阿基米德全集（修订版）（精）[M]. 朱恩宽，译.西安：陕西科技出版社，2010.）

财务管理中存在着类似于物理学中的杠杆效应，表现为：由于特定固定支出或费用的存在，当某一财务变量以较小幅度变动时，另一相关变量会以较大幅度变动。财务管理中的杠杆效应，包括经营杠杆、财务杠杆和复合杠杆三种效应形式。杠杆效应既可以产生杠杆利益，也可能带来杠杆风险。筹资风险主要指与财务杠杆相关的风险。

（一）经营杠杆

1. 经营风险

经营风险是指企业固有的预期未来经营收益或者利税前收益（EBIT）的不确定性。经营风险是决定企业资本结构的一个重要因素。

经营风险是由许多因素决定的，比较重要的几点如下。

（1）需求的变化。在其他条件不变的情况，对企业的需求越稳定其经营风险越小。

（2）售价的变化。那些产品售价经常变化的企业要比同类的价格稳定的企业承担较高的经营风险。

（3）投入成本的变化。那些投入成本非常不稳定的企业也面临较高的经营风险。

（4）投入成本变化时，企业调整产出价格的能力。当投入成本升高时，相对于其他企业能提高自己的产品价格。在其他条件不变时，相对于成本变化而调节产品价格的能力越强则经营风险越小。

（5）固定成本的比重——经营杠杆。如果企业的成本大部分是固定成本，并且当需求下降时，企业固定成本并不降低，则经营风险较高。这种作用因素称为经营杠杆，在下面我们要详细讨论。

以上每一因素都部分的由企业的产业特点所决定，同时它们在一定程度上也是可以控制的。例如，大多数企业可改变他们的营业政策，采取措施以稳定营业数量和营业价格。但这稳定措施可能需要企业做大量的广告和做出价格方面的让步，以便保证客户在将来能以固定的价格买到固定数量的商品。

2. 经营杠杆的作用

经营风险部分取决于企业投入经营活动中的固定成本的比重，如果固定成本高，即使营业额下降很少，也会导致企业利税前收益的大幅度下降。所以在其他条件不变的情况下，企业固定成本越高则经营风险越大。高固定成本一般是与高自动化程度的资本密集型企业和产业相联系的。同样，有些产业雇用熟练程度较高的工人，即使在不景气的时候也要雇用他们并付给工资，则相对来说这些产业也有较高的固定成本。

经营杠杆的作用程度，通常用经营杠杆系数来表示。它是营业利润的变动率与营业额变动率之比，用公式表示如下：

$$DOL = \frac{\Delta EBIT/EBIT}{\Delta S/S}$$

式中：DOL 为经营杠杆系数；EBIT 为营业收益，指税息前利润；S 为营业额；$\Delta EBIT$ 表示营业收益变动额，ΔS 表示营业变动额。

为了便于计算，还可以将上式作如下推导变换：

因为
$$EBIT = Q(P-V)-F$$
$$\Delta EBIT = \Delta Q(P-V)-F$$

所以
$$DOL_Q = \frac{Q(P-V)}{Q(P-V)-F}$$

或
$$DOL_S = \frac{S-VC}{S-VC-F}$$

式中：DOL_Q 为营业量为 Q 的经营杠杆系数；DOL_S 为营业额为 S 的经营杠杆系数；Q 为营业量；P 为营业项目单价；V 为单位变动成本；F 为固定成本总额；VC 为变动成本总额。

案例 3-12

A 酒店的固定成本为 600 万元，变动成本率为 60%，当营业额分别为 4 500 万元、3 000 万元、1 500 万元时，其相应的经营杠杆系数可以计算如下。

（1）当营业额为 4 500 万元时，经营杠杆系数为
$$DOL_1 = \frac{4\,500 - 4\,500 \times 60\%}{4\,500 - 4\,500 \times 60\% - 600} = 1.5$$

（2）当营业额为 3 000 万元时，经营杠杆系数为
$$DOL_2 = \frac{3\,000 - 3\,000 \times 60\%}{3\,000 - 3\,000 \times 60\% - 600} = 2.0$$

（3）当营业额为 1 500 万元时，经营杠杆系数为
$$DOL_3 = \frac{1\,500 - 1\,500 \times 60\%}{1\,500 - 1\,500 \times 60\% - 600} = \infty$$

（资料来源：财政部会计资格评价中心. 财务管理［M］. 北京：中国财政经济出版社，2015.）

由上面计算可见，在一定的营业额和固定成本总额的范围内，营业额越多，经营杠杆越小，当营业额处于平衡状态时，DOL 达到最大值，这时如果营业额稍有增加，企业就能取得利润，同样，如果营业额稍有减少，企业就会发生亏损。

(二)财务杠杆

1. 财务风险

财务风险是指企业由于筹资原因产生的资本成本负担而导致的普通股收益波动的风险。引起企业财务风险的主要原因是资产报酬的不利变化和资本成本的固定负担。由于财务杠杆的作用，当企业的息税前利润下降时，企业仍然需要支付固定的资本成本，导致普通股剩余收益以更快的速度下降。财务杠杆放大了资产报酬变化对普通股收益的影响，财务杠杆系数越高，表明普通股收益的波动程度越大，财务风险也就越大。现举例说明。

案例 3-13

某旅游公司期望的息税前收益是 800 万元，需要资产 4 000 万元，税率为零，则全部资产收益率为 800/4 000＝20%。如果企业不使用债务，则预期股本收益率等于全部资产收益率，即为 20%。

现假定企业决定发行 2 000 万元利率为 15% 的债务来改变其资本结构，以这 2 000 万元债务取代其中的 2 000 万元的资本，则预期的股本收益率从 20% 上升到 25%。

预期息税前收益	8 000 000
利息	3 000 000
普通股收益	5 000 000

预期股本收益率＝5 000 000/20 000 000×100%＝25%

财务杠杆增加了风险，也增加了投资者的预期股本收益率。

假如实际的息税前收益是 400 万元，全部资产收益率将是 400/4000×100%＝10%，如果企业不举债，股本收益率等于全部资产收益率，即由 20% 下降到 10%；如举债，则股本收益率由 25% 下降到 5%。

预期息税前收益	4 000 000
利息	3 000 000
普通股收益	1 000 000

预期股本收益率＝1 000 000/20 000 000×100%＝5%

（资料来源：财政部会计资格评价中心.财务管理 [M]. 北京：中国财政经济出版社，2015.）

由此可见，财务杠杆的作用，增加了股本收益率的风险，即财务风险。为了衡量财务风险，我们引入财务杠杆系数这一概念。

2. 财务杠杆的作用

财务杠杆是指由于固定性资本成本的存在，而使得企业的普通股收益（或每股收益）变动率大于息税前利润变动率的现象。财务杠杆反映了权益资本报酬的波动性，用以评价企业的财务风险。财务杠杆的波动程度，通常用财务杠杆系数来衡量。

财务杠杆系数是每股利润的变动率相当于息税前利润变动率的倍数。用公式表示如下：

$$DFL = \frac{\Delta EPS/EPS}{\Delta EBIT/EBIT}$$

式中：DFL 为财务杠杆系数；ΔEPS 为每股利利润变动额；EPS 为每股利润。

为了便于计算，可将上式变换如下：

$$EPS = (EBIT-I)(I-T)/N$$

式中：I 为利息；T 为税率；N 为流通在外普通股份数。有

$$\Delta EPS = \Delta EBIT(1-T)/N$$

因此

$$\frac{\Delta EPS}{EPS} = \frac{\Delta EBIT(1-T)/N}{(EBIT-I)(1-T)/N} = \frac{\Delta EBIT}{EBIT-I}$$

所以

$$\frac{\Delta EPS/EPS}{\Delta EBIT/EBIT} = \frac{\Delta EBIT}{EBIT-I} \div \frac{\Delta EBIT}{EBIT}$$

即

$$DEL = \frac{EBIT}{EBIT-I}$$

案例 3-14

甲旅行社全部资本为 3 000 万元，负债比率为 45%。负债利率为 14%，当营业额为 3 000 万元时，息税前利润为 600 万元，则财务杠杆系数为

$$DEL = \frac{600}{600 - 3\,000 \times 45\% \times 14\%} = 1.46$$

（资料来源：财政部会计资格评价中心. 财务管理 [M]. 北京：中国财政经济出版社，2015.）

上面情况表明，当该公司的税息利润增加 1 倍时，每股利润提高 1.46 倍。如果公司负债为零，则财务杠杆系数为 1，即税息前利润增加 1 倍，则每股利利润也增加 1 倍。

（三）复合杠杆

从前述分析可知，经营杠杆是通过扩大营业额影响息税前利润，而财务杠杆则通过扩大息税前利润影响每股利润，两者最终都影响普通股的收益。如果企业同时利用经营杠杆和财务杠杆，这种影响就会更大。

经营杠杆和财务杠杆共同作用的结果，称之为复合杠杆系数（用 DTL 表示）。它是经营杠杆系数与财务杠杆系数的乘积。用公式表示如下：

$$DTL = DOL \times DFL$$

$$= \frac{\Delta EBIT/EBIT}{\Delta S/S} \cdot \frac{\Delta EPS/EPS}{\Delta EBIT/EBIT}$$

$$= \frac{\Delta EPS/EPS}{\Delta S/S}$$

或
$$=\frac{\Delta \text{EPS}/\text{EPS}}{\Delta Q/Q}$$

上述公式表示，复合杠杆系数是每股利润变动相当于营业额（或营业量）变动率的倍数。

✎ 案例 3-15

某旅游公司的营业额是 300 000 万元，经营杠杆系数为 2.0，财务杠杆系数为 1.46，则复合杠杆系数计算如下：

$$\text{DTL}=2.0\times1.46=2.92$$

（资料来源：财政部会计资格评价中心.财务管理［M］.北京：中国财政经济出版社，2015.）

复合杠杆系数反映了经营杠杆和财务杠杆之间的关系，用以评价企业的整体风险水平。在复合杠杆系数一定的情况下，经营杠杆系数与财务杠杆系数此消彼长。复合杠杆效应的意义在于：①能够说明业务量变动对普通股收益的影响，据以预测未来的每股收益水平；②揭示了财务管理的风险管理策略，即要保持一定的风险状况水平，需要维持一定的总杠杆系数，经营杠杆和财务杠杆可以有不同的组合。

一般来说，固定资产比重较大的资本密集型企业，经营杠杆系数高，经营风险大，企业筹资主要依靠权益资本，以保持较小的财务杠杆系数和财务风险；变动成本比重较大的劳动密集型企业，经营杠杆系数低，经营风险小，企业筹资主要依靠债务资金，以保持较小的财务杠杆系数和财务风险。

一般来说，在企业初创阶段，市场占有率低，业务量小，经营杠杆系数大，此时企业筹资主要依靠权益资本，在较低程度上使用财务杠杆；在企业扩张成熟期，市场占有率高，业务量大，经营杠杆系数小，此时，企业资本结构中可扩大债务资本比重，在较高程度上使用财务杠杆。

二、资本结构

资本结构及其管理是企业筹资管理的核心问题。如果企业现有资本结构不合理，应通过筹资活动优化调整资本结构，使其趋于科学合理。

（一）资本结构的含义

筹资管理中，资本结构有广义和狭义之分。广义资本结构是指全部债务与股东权益的构成比例；狭义资本结构则是指长期负债与股东权益的构成比例。狭义资本结构下，短期债务作为营运资金来管理。本书所指的资本结构是指狭义资本结构。

资本结构是在企业多种筹资方式下筹集资金形成的，各种筹资方式不同的组合决定着企业资本结构及其变化。企业筹资方式虽然很多，但总的来看分为债务资本和权益资本两大类。权益资本是企业必备的基础资本，因此资本结构问题实际上也就是债务资本的比例问题，即债务资金在企业全部资本中所占的比重。

不同的资本结构会给企业带来不同的后果。企业利用债务资本进行举债经营具有双重作用，既可以发挥财务杠杆效应，也可能带来财务风险。因此企业必须权衡财务风险和资本成本的关系，确定最佳的资本结构。评价企业资本结构最佳状态的标准应该是能够提高股权收益或降低资本成本，最终目的是提升企业价值。股权收益，表现为净资产报酬率或普通股每股收益；资本成本，表现为企业的平均资本成本率。根据资本结构理论，当公司平均资本成本最低时，公司价值最大。所谓最佳资本结构，是指在一定条件下使企业平均资本成本率最低、企业价值最大的资本结构。资本结构优化的目标，是降低平均资本成本率或提高普通股每股收益。

从理论上讲，最佳资本结构是存在的，但由于企业内部条件和外部环境的经常性变化，动态地保持最佳资本结构十分困难。因此在实践中，目标资本结构通常是企业结合自身实际进行适度负债经营所确立的资本结构，是根据满意化原则确定的资本结构。

（二）影响资本结构的因素

资本结构是一个产权结构问题，是社会资本在企业经济组织形式中的资源配置结果。资本结构的变化，将直接影响社会资本所有者的利益。

1. 企业经营状况的稳定性和成长率

企业业务量的稳定程度对资本结构有重要影响：如果业务稳定，企业可较多地负担固定的财务费用；如果业务量和盈余有周期性，则要负担固定的财务费用将承担较大的财务风险。经营发展能力表现为未来产销业务量的增长率，如果业务量能够以较高的水平增长，企业可以采用高负债的资本结构，以提升权益资本的报酬。

2. 企业的财务状况和信用等级

企业财务状况良好，信用等级高，债权人愿意向企业提供信用，企业容易获得债务资金。相反，如果企业财务状况欠佳，信用等级不高，债权人投资风险大，这样会降低企业获得信用的能力，加大债务资金筹资的资本成本。

3. 企业的资产结构

资产结构是企业筹集资本后进行资源配置和使用后的资金占用结构，包括长短期资产构成和比例，以及长短期资产内部的构成和比例。资产结构对企业资本结构的影响主要包括：拥有大量固定资产的企业主要通过长期负债和发行股票融通资金；拥有较多流动资产的企业更多地依赖流动负债融通资金，资产适用于抵押贷款的企业负债较多，以技术研发为主的企业则负债较少。

4. 企业投资人和管理当局的态度

从企业所有者的角度看，如果企业股权分散，企业可能更多地采用权益资本筹资以分散企业风险。如果企业为少数股东控制，股东通常重视企业控股权问题，为防止控股权稀释，企业一般尽量避免普通股筹资，而是采用优先股或债务资金筹资。从企业管理当局的角度看，高负债资本结构的财务风险高，一旦经营失败或出现财务危机，管理当局将面临市场接管的威胁或者被董事会解聘。因此，稳健的管理当局偏好于选择低负债比例的资本结构。

5. 行业特征和企业发展周期

不同行业资本结构差异很大。产品市场稳定的成熟产业经营风险低，因此可提高债务资金比重，发挥财务杠杆作用。高新技术企业产品、技术、市场尚不成熟，经营风险高，因此可降低债务资金比重，控制财务杠杆风险。同一企业不同发展阶段上，资本结构安排不同。企业初创阶段，经营风险高，在资本结构安排上应控制负债比例；企业发展成熟阶段，产品业务量稳定和持续增长，经营风险低，可适度增加债务资金比重，发挥财务杠杆效应；企业收缩阶段上，市场占有率下降，经营风险逐步加大，应逐步降低债务资金比重，保证经营现金流量能够偿付到期债务，保持企业持续经营能力，减少破产风险。

6. 经济环境的税务政策和货币政策

资本结构决策必然要研究理财环境因素，特别是宏观经济状况。政府调控经济的手段包括财政税收政策和货币金融政策，当所得税税率较高时，债务资金的抵税作用大，企业充分利用这种作用以提高企业价值。货币金融政策影响资本供给，从而影响利率水平的变动，当国家执行了紧缩的货币政策时，市场利率较高，企业债务资金成本增大。

（三）资本结构优化

资本结构优化要求企业权衡负债的低资本成本和高财务风险的关系，确定合理的资本结构。资本结构优化的目标，是降低平均资本成本率或提高企业价值。

1. 每股收益分析法

可以用每股收益的变化来判断资本结构是否合理，即能够提高普通股每股收益的资本结构，就是合理的资本结构。在资本结构管理中，利用债权资本筹资的目的之一，就在于债权资本能够带来财务杠杆效应，利用负债筹资的财务杠杆作用来增加股东财富。

每股收益受到经营利润水平、债务资本成本水平等因素的影响，分析每股收益与资本结构的关系，可以找到每股收益无差别点。所谓每股收益无差别点，是指不同筹资方式下每股收益都相等时的息税前利润或业务量水平。根据每股收益无差别点，可以分析判断在什么样的息税前利润水平或业务量水平前提下，适于采用何种筹资组合方式，进而确定企业的资本结构安排。

在每股收益无差别点上，无论是采用债权或股权筹资方案，每股收益都是相等的。当预期息税前利润或业务量水平大于每股收益无差别点时，应当选择债务筹资方案，反之选择股权筹资方案。在每股收益无差别点时，不同筹资方案的每股收益是相等的。用公式表示如下：

$$\frac{\overline{(EBIT-I_1)}\cdot(1-T)-DP_1}{N_1}=\frac{\overline{(EBIT-I_2)}\cdot(1-T)-DP_2}{N_2}$$

式中：$\overline{EBIT}$ 代表息税前利润平衡点，即每股收益无差别点；I_1，I_2 代表两种筹资方式下的债务利息；DP_1，DP_2 代表两种筹资方式下的优先股股利；N_1，N_2 代表两种筹资方式下普通股股数；T 代表所得税税率。

案例 3-16

四季旅行社目前资本结构为：总资本 1 000 万元，其中债务资金 400 万元（年利息 40 万元）；普通股资本 600 万元（600 万股，面值 1 元，市价 5 元）。旅行社决定开发东南亚旅游项目，需要追加筹资 300 万元，有两种筹资方案。

甲方案：增发普通股 100 万股，每股发行价 3 元。

乙方案：向银行取得长期借款 300 万元，利息率 16%。

根据财务人员测算，追加筹资后营业额可望达到 1 200 万元，变动成本率 60%，固定成本为 200 万元，所得税率 20%，不考虑筹资费用因素。

要求：运用每股收益分析法，选择筹资方案。

（1）计算每股收益无差别点。

$$\frac{\overline{(EBIT-40)}\times(1-20\%)}{600+100}=\frac{\overline{(EBIT-40-48)}\times(1-20\%)}{600}$$

$$EBIT=376（万元）$$

（2）计算筹资后的息税前利润。

$$EBIT=1\,200\times(1-60\%)-200=280（万元）$$

（3）决策：由于筹资后的息税前利润小于无差别点，因此应该选择财务风险较小的甲方案。

分析：

筹资后甲方案（股票筹资）下的每股收益计算如下。

$$EPS=(280-40)\times(1-20\%)\div(600+100)=0.274（元/股）$$

筹资后乙方案（债务筹资）下的每股收益计算如下。

$$EPS=(280-40-48)\times(1-20\%)\div600=0.256（元/股）$$

结论：应该选择甲方案。

（资料来源：财政部会计资格评价中心.财务管理［M］.北京：中国财政经济出版社，2015.）

案例 3-17

光明旅游公司目前资本结构为：总资本 1 000 万元，其中债务资金 400 万元（年利息 40 万元）；普通股资本 600 万元（600 万股，面值 1 元，市价 5 元）。公司为开发东欧旅游市场，需要追加筹资 800 万元，所得税率 20%，不考虑筹资费用因素。有三种筹资方案。

甲方案：增发普通股 200 万股，每股发行价 3 元。同时向银行借款 200 万元，利率保持原来的 10%。

乙方案：增发普通股 100 万股，每股发行价 3 元。同时溢价发行 500 万元面值为 300 万元的公司债券，票面利率 15%。

丙方案：不增发普通股，溢价发行 600 万元面值为 400 万元的公司债券，票面利率 15%。由于受债券发行数额的限制，需要补充向银行借款 200 万元，利率 10%。

要求：根据以上资料，对 3 种筹资方案进行选择。

（1）分别计算每股收益无差别点。

甲、乙方案比较：

$$\frac{(\overline{EBIT}-40-20)\times(1-20\%)}{600+200}=\frac{(\overline{EBIT}-40-45)\times(1-20\%)}{600+100}$$

解之得：EBIT＝260（万元）

乙、丙方案比较：

$$\frac{(\overline{EBIT}-40-45)\times(1-20\%)}{600+100}=\frac{(\overline{EBIT}-40-80)\times(1-20\%)}{600}$$

解之得：EBIT＝330（万元）

甲、丙方案比较：

$$\frac{(\overline{EBIT}-40-20)\times(1-20\%)}{600+200}=\frac{(\overline{EBIT}-40-80)\times(1-20\%)}{600}$$

解之得：EBIT＝300（万元）

（2）决策。甲、乙、丙三方案的图形化比较如图 3-1 所示。

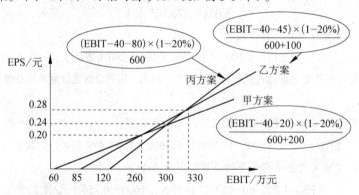

图 3-1　甲、乙、丙三方案的图形化比较

当 EBIT＜260 万元时，应选择甲筹资方案。

当 260＜EBIT＜330 万元时，应选择乙方案筹资。

当 EBIT＜330 万元时，应选择丙方案筹资。

（资料来源：财政部会计资格评价中心. 财务管理［M］. 北京：中国财政经济出版社，2015.）

2. 平均资本成本比较法

通过计算和比较各种可能的筹资组合方案的平均资本成本，选择平均资本成本率最低的方案。

案例 3-18

春光旅游公司需筹集 100 万元长期资本，可以从贷款、发行债券、发行普通股 3 种方式筹集，其个别资本成本率已分别测定，有关资料如表 3-5 所示。

表 3-5　3 种筹资方式资料

筹资方式	资本结构			个别资本成本率/%
	A 方案/%	B 方案/%	C 方案/%	
贷款	40	30	20	6
债券	10	15	20	8
普通股	50	55	60	9
合　计	100	100	100	

要求：分别计算 3 个方案的平均资本成本，并进行方案的选择。

　　　A 方案平均资本成本＝40%×6%＋10%×8%＋50%×9%＝7.7%

　　　B 方案平均资本成本＝30%×6%＋15%×8%＋55%×9%＝7.95%

　　　C 方案平均资本成本＝20%×6%＋20%×8%＋60%×9%＝8.2%

由于 A 方案平均资本成本最低，因此，应当选择 A 方案。

（资料来源：财政部会计资格评价中心.财务管理［M］.北京：中国财政经济出版社，2015.）

3. 公司价值分析法

（1）企业价值计算。公司的市场总价值 V 等于权益资本价值 S 加上债务资本价值 B，即：

$$V=S+B$$

为简化分析，假设公司各期的 EBIT 保持不变，债务资本的价值等于其面值，权益资本的市场价值可通过下式计算（权益资本成本可以采用资本资产定价模型确定）。

$$S=\frac{(\text{EBIT}-I)\cdot(1-T)}{K_s}$$

式中：K_s 为权益资本成本。

（2）加权平均资本成本的计算。

$$K_w=K_b\cdot\frac{B}{V}(1-T)+K_s\cdot\frac{S}{V}$$

式中：K_w 为加权资本成本；K_b 为债务资本成本；K_s 为权益资本成本。

案例 3-19

某旅游公司息税前利润为 400 万元，资本总额账面价值 2 000 万元。假设无风险报酬率为 6%，证券市场平均报酬率为 10%，所得税率为 40%。经测算，不同债务水平下的债务资本成本率和权益资本成本率如表 3-6 所示。

表 3-6 不同债务水平下的债务资本成本率和权益资本成本率

债券的市场价值 $B \times 10^{-3}$/万元	税前债务资本成本 K_b/%	股票 β 系数	权益资本成本率 K_s/%
0	—	1.50	12
200	8.0	1.55	12.2
400	8.5	1.65	12.6
600	9.0	1.80	13.2
800	10.0	2.00	14.0
1 000	12.0	2.30	15.2
1 200	15.0	2.70	16.8

根据表 3-6，可计算出不同资本结构下的企业总价值和平均资本成本，如表 3-7 所示。

表 3-7 公司价值和平均资本成本率

债券市场价值/万元	股票市场价值/万元	公司总价值/万元	债务税后资本成本/%	普通股资本成本/%	平均资本成本/%
0	2 000	2 000	—	12.0	12.0
200	1 889	2 089	4.80	12.2	11.5
400	1 743	2 143	5.1	12.6	11.2
600	1 573	2 173	5.40	13.2	11.0
800	1 371	2 171	6.00	14.0	11.1
1 000	1 105	2 105	7.20	15.2	11.4
1 200	786	1 986	9.00	16.8	12.1

分析：

（1）当债务为 0 时的股票市场价值 S 计算如下：

$$S = 净利润/K_s$$
$$= (400-0) \times (1-40\%)/12\%$$
$$= 2\,000（万元）$$

公司的总市值 $S = 2\,000$ 万元

加权平均资本成本＝权益资本成本＝12%

（2）当债务为 200 万元时的股票市场价值 S 计算如下：

$$S = (400-200 \times 8\%) \times (1-40\%)/12.2\%$$
$$= 1\,889（万元）$$

$$B = 200 万元$$

$$V = 200 + 1\,889 = 2\,089（万元）$$

$$K_w = K_b \times W_b + K_s \times W_s$$
$$= 8\% \times (1-40\%) \times 200/2089 + 12.2\% \times 1889/2089$$
$$= 11.5\%$$

其他以此类推。

（资料来源：财政部会计资格评价中心.财务管理［M］.北京：中国财政经济出版社，2015.）

可以看到，在没有债务的情况下，公司的总价值就是其原有股票的市场价值。当公司用债务资本部分地替换权益资本时，一开始公司总价值上升，加权平均资本成本下降；在债务达到 600 万元时，公司总价值最高，加权平均资本成本最低；债务超过 600 万元后，公司总价值下降，加权平均资本成本上升。因此，债务为 600 万元时的资本结构是该公司的最佳资本结构。

 **评估练习**

一、单项选择题

1. 下列各项中，将会导致经营杠杆效应最大的情况是（　　）。

    A. 实际销售额等于目标销售额　　　　B. 实际销售额大于目标销售额

    C. 实际销售额等于盈亏临界点销售额　　D. 实际销售额大于盈亏临界点销售额

2. 某公司经营风险较大，准备采取系列措施降低杠杆程度，下列措施中，无法达到这一目的的是（　　）。

    A. 降低利息费用　　　　　　　　　　B. 降低固定成本水平

    C. 降低变动成本　　　　　　　　　　D. 提高产品销售单价

3. 在通常情况下，适宜采用较高负债比例的企业发展阶段是（　　）。

    A. 初创阶段　　　　　　　　　　　　B. 破产清算阶段

    C. 收缩阶段　　　　　　　　　　　　D. 发展成熟阶段

4. 下列关于最佳资本结构的表述中，错误的是（　　）。

    A. 最佳资本结构在理论上是存在的

    B. 资本结构优化的目标是提高企业价值

    C. 企业平均资本成本最低时资本结构最佳

    D. 企业的最佳资本结构应当长期固定不变

二、多项选择题

1. 下列各项因素中，影响经营杠杆系数计算结果的有（　　）。

    A. 销售单价　　　　B. 销售数量　　　　C. 资本成本　　　　D. 所得税税率

2. 在其他因素一定，且息税前利润大于 0 的情况下，下列可以导致财务杠杆系数降低的有（　　）。

    A. 提高基期息税前利润　　　　　　　B. 增加基期的有息负债资金

    C. 减少基期的有息负债资金　　　　　D. 降低基期的变动成本

三、简答题

简述资本结构及其影响因素。

第四章

旅游企业投资管理

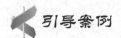

引导案例

西安旅游投资决策

旅游是一种重要的经济活动。在我国，旅游业是从 20 世纪 80 年代开始大发展的。经过 30 多年的发展，旅游业已经完成了其性质变革和功能变革，成为一项在国民经济中占有重要地位的经济产业。旅游活动形式也由单一的观光旅游发展为集观光、商务、度假、考察等功能于一体的综合性旅游。虽然我国旅游事业的发展速度很快，但对于旅游市场的主体——旅游企业而言，近几年却出现了效益滑坡的现象。如何提高旅游企业的经济效益是亟待解决的问题。

投资活动，作为旅游企业最为重要的经济活动之一，其有效性和科学性直接决定了企业的经济效益。这就迫切要求加强旅游企业投资管理的研究，运用投资管理的理论来解决旅游业发展中的现实问题。

旅游企业投资管理是研究旅游企业投资决策活动及其规律性的科学。它建立在旅游学、投资学、证券投资学、管理学等学科的基础上，吸收和借鉴国内外知名旅游企业的投资实践经验，是一门新兴的应用性学科。对于旅游企业而言，证券投资只是一种间接投资渠道，旅游企业大量的投资活动是以直接投资的形式存在的。旅游企业投资与管理侧重研究的是微观经济领域的投资主体——旅游企业在投资决策活动中，对各种直接和间接投资渠道的运用和管理过程。

2015 年 10 月，西安旅游股份有限公司紧抓"一带一路"战略的重大机遇，坚持改革创新，以主业转型升级和项目开发为重点，以深化传统主业变革为创新方向，以"互联网+"信息化新手段，围绕构建旅游全产业链，优化核心业务增长方式，坚定不移地走转型升级的发展道路。10 月底，公司计划投资 47 523.46 万元，其中长期使用的资金3 023.46 万元，自有资金及闲置募集资金44 500 万元，投资方向为收购股权、理财、购买股票和债券。①计划投资西安草堂奥特莱斯购物广场有限责任公司，该公司主要业务：管理、房屋租赁、旅游项目开发（未取得专项许可的项目除外），上市公司占被投资公司权益比例为 51.00%。为公司升级转型、开拓商业领域奠定基础；②计划募集资金投资项目——胜利饭店。对酒店进行重建或改扩建，进一步提升酒店的档次、丰富酒店的配套设施，将带动区域经济的发展；③自有和闲置资金主要用于理财项目。具体有保证收益型、稳健增利型、事务管理类、固定权益类、保本浮动收益、合同约定型，开放型。可投资银行有恒丰银行西安分行、成都银行西安分行、长安国际信托股份有限公司、陕西协和资产管理有限公司、中信银行股份有限公司。考虑风险与报酬，企业投资方向该如何选择。

（资料来源：郝德鸿.新编财务管理［M］.北京：现代教育出版社，2015.）

辩证性思考：

1. 旅游企业投资方式有哪些？哪些属于直接投资？哪些属于间接投资？

2. 西安旅游如何针对企业实际做出投资方向的选择，从而为企业创造更多的投资收益？

既然投资能够提高旅游企业的经济效益，对旅游企业的发展至关重要，那现在我们就来学习一下投资面临的风险，直接投资和间接投资的选择以及投资收益率的测算。

第一节 风险与投资的基本关系

教学目标：

（1）了解风险的概念；

（2）理解旅游企业系统性风险与非系统性风险。

风险是指一项旅游投资所取得的结果和原来预期的结果的差异性。对大多数投资活动来说，都存在风险问题，只是风险的程度不同而已。如果一个投资方案只有一个确定性结果，就称这种投资为确定性投资。确定性投资一般没有什么风险。但是，旅游企业投资所涉及的问题都具有长期性，这些问题关系到未来旅游产品的需求、价格、成本等因素，而这些因素都具有不确定性，某一因素的变化往往会引起投资效果的变化，甚至某些投资项目在投资决策时认为是可行的方案，在实施后由于某些因素的变化而导致其结果发生变化。另外，旅游业具有很强的依赖性、关联性、敏感性和脆弱性，社会的、自然的、经济的、政治的因素都可能对旅游产生一定的影响。可以说，任何一项旅游投资决策都会有风险。因此，在旅游项目建设中引入风险管理，全面分析各种风险因素，采取有效措施来预防、降低、化解风险，对促进我国旅游业稳定、健康、持续、快速发展具有重大意义。

 知识拓展 4-1

"中国最美的湖光山色"——庐山西海为什么游人稀少生意冷清？

庐山西海，位于江西省九江市西南部，原名柘林湖，是由亚洲第一大水电土坝拦河工程所在地——柘林镇而得名；2005 年 12 月 31 日经国务院批准，被列为"中国最美的湖光山色"；已建设成为国际知名、全国一流的天然养颜养生中心、休闲旅游度假中心。但经过上海同济城市规划设计研究院等省内外著名机构的规划设计，经过长达 10 年投入巨资大兴土木的开发，为何至今还是游人稀少门庭冷落呢？盛名之下其实难副！实际上，因水库开发旅游而形成的湖泊型风景区，如：千岛湖、仙女湖、仙人湖、仙岛湖、东江湖、太平湖等景观都存在类似性："山不高不险不漂亮，植物品种比较单一"。充其量只不过是个二流的旅游资源。

金碑银碑不如游客的口碑！回归旅游消费的本质，认认真真研究市场；以游客需求为导向，既因地制宜又大胆创新，努力打造真正对游客有强大吸引力的核心景观和新奇特项目，才能真正获得市场的认可，游客的认可！这比动不动就妄称什么中国之最甚至世界之最、片面追求所谓的"四A五A"，要来得实际得多，有效得多！

（资料来源：陈咏英.旅游企业投资行为研究［M］.北京：中国金融出版社，2015.）

一、旅游投资风险

旅游企业投资是企业为获取未来长期收益而向一定对象投放资金的经济行为。例如，购建设备、兴建旅游景点、购买股票债券等经济行为，均属于投资行为。投资是企业生存与发展的基本前提；投资是获取利润的基本前提；投资是企业风险控制的重要手段。旅游企业投资主要包括证券投资和项目投资。旅游企业通过投资获取投资收益，投资的风险是投资者无法获得预期投资收益的可能性，投资风险按风险性质划分为系统性风险和非系统性风险两大类别。

（一）系统性风险

系统性风险又称市场风险，来自于宏观环境因素，如政治、经济、金融、自然风险等，是投资者无法回避的风险，也具有不确定性，但在具体的项目投资中要尽可能地估计可能发生的系统风险，以避免或者防范可能因此而造成的损失，系统性风险无法通过投资多样化的证券组合而加以避免，也称为不可分散风险。

对于证券投资而言，几乎所有的系统性风险都可以归结为利率风险。利率风险是由于市场利率变动引起证券价值变化的可能性，市场利率反映社会平均报酬率，投资者对证券投资报酬率的预期总是在市场利率基础上进行的，当证券投资报酬率大于市场利率时，证券价值才会高于证券市价。一旦市场利率提高，就会引起证券价值的下降，投资者就不易得到超过社会平均报酬率的超额报酬。系统性风险表现为价格风险、再投资风险和购买力风险。

 知识拓展 4-2

财务管理中的风险意识

古代有一个人造房子，房子造得非常漂亮，雕龙画凤。房子要有灶，有灶就要砌烟囱。砌了个笔直笔直的烟囱，也非常漂亮。新房子落成，亲朋好友都来庆贺乔迁之喜。有一老先生，很有生活经验，说房子很好，但有点隐患。老先生说："烟囱造成笔直笔直的，烟出去了，烧木材的火星也会出去，万一火星出来，飘到旁边的木材上会着火的。"老先生建议房主把烟囱拆掉重造，把烟囱弯曲，凸出来一下。烟不受几何形状限制，而火星由于碰到墙壁，出不来，这样就只有烟，没有火星了。万一有一个火星呢？把木柴移到别处不要放在烟囱旁边，飞出来的火星不会落到木柴上，而是落到地上，自然熄灭了。讲完以后，房主说："老先生言之有理。"老先生一走，房东就不高兴了："人老话多，树老根多，我这个笔直笔直的烟囱造了快半年，天天烧柴，从来没着过火。"春天，条件还不具备，到了秋天，秋高气爽，火星掉下来，房子烧起来了。

这个故事说明了三个问题：一是风险观念，做任何事都要先考虑到方方面面的风险，特别是那些重要可能引起灾难性后果的风险；二是应对风险的措施，就是用什么样的方法可以防止不良后果的发生。例如，屋子内用火可能会引起火灾，这是风险，为防止火灾的发生改造烟囱的结构，将易燃物远离火源就是措施。当然，建一栋房子面临的重大风险肯定不止火灾这一项，比如地震、飓风、雨、雪等，都需要采取不同的应对措施，防患于未然；三是上面两个问题指向的结果，也是我们搞内控的目的，就是为了保护资产安全、完整，让资产效益最大化。把烟囱弯一弯，把木柴迁徙掉，就是这个作用。

（资料来源：曾建斌.看故事学财务管理 [M].广州：广东经济出版社，2004.）

1. 价格风险

价格风险是由于市场利率上升而使证券价格普遍下跌的可能性。资本是一种商品，利率是资本使用权的价格，它受资本供求关系的制约。资本需求量增加，市场利率上升；资本供应量增加，市场利率下降。证券市场是一个资本市场，价格风险来自于证券市场买卖双方供求关系的不平衡。

市场利率上升，资本需求量增加，意味着证券发行量的增加，引起整个证券市场所有证券价格的普遍下降。同时，市场利率的上升，促使投资者将资本投资于银行存款，证券市场资本供应量下降，证券投资者减少，引起证券价格下跌。纯粹利率的变动会造成证券价格的普遍波动，两者呈反向变化：市场利率上升，证券价格下跌；市场利率下降，证券价格上升。不过，这里的价格波动并不是指证券发行者的经营业绩变化而引起的个别证券的价格波动。

当证券持有期间的市场利率上升，证券价格就会下跌，证券期限越长，投资者遭受的损失越大。流动性附加率，是对投资者承担利率变动风险的一种补偿，期限越长的证券，要求的流动性附加率就越大。

2. 再投资风险

再投资风险是由于市场利率下降而造成的无法通过再投资而实现预期收益的可能性。根据流动性偏好理论，长期证券的报酬率应当高于短期证券，这是因为期限越长，不确定性就越强，证券投资者一般喜欢持有短期证券，因为它们较易变现而收回本金。因此，投资者愿意接受短期证券的低报酬率。证券发行者一般喜欢发行长期证券，因为长期证券可以筹集到长期资金，而不必经常面临筹集不到资金的困境。因此，证券发行者愿意为长期证券支付较高的报酬率。

为了避免市场利率上升的价格风险，投资者可能会投资于短期证券，但短期证券又会面临市场利率下降的再投资风险，即无法按预定报酬率进行再投资而实现所要求的预期收益。

3. 购买力风险

购买力风险是由于通货膨胀而使货币购买力下降的可能性。在持续而剧烈的物价波动环境下，货币性资产会产生购买力损益：当物价持续上涨时，货币性资产会遭受购买力损失；当物价持续下跌时，货币性资产会带来购买力收益；当物价上涨和下跌交替进行时，购买力损失与购买力收益可能会相互抵消。

证券资产是一种货币性资产，通货膨胀会使证券投资的本金和收益贬值，名义上报酬率不变而实际报酬率降低。购买力风险对具有收款权利性质的资产影响很大，债券投资的购买力风险远大于股票投资。如果通货膨胀长期延续，投资人会把资本投向实体性资产以求保值，对证券资产的需求量减少，引起证券价格下跌。

 知识拓展 4-3

2015 年旅游市场系统性风险分析

2015 年旅游市场分析情况显示，上半年受国家持续出台"微刺激"的作用，国民经济勉强保住年初制定的目标增速。受经济运行中的各种风险的抑制，国民经济的可持续高速增长面临前所未有考验——受房地产和债务风险的拖累，中国经济爆发局部性危机的可能性不小。由局部风险引发的系统性风险依然存在，不可小觑。改革步伐的缓慢进一步拖累上述问题的及早解决，以不断"刺激"带来的经济增长来对冲危机的延后将是饮鸩止渴。虽然旅游业面临不利的市场环境，但好消息是包括旅游业在内的第三产业连续数个季度超越包括建筑业和制造业在内的第二产业，表明持续的结构调整取得了一定进展。受益于此，上半年旅游业的发展忧中有喜。具体来看，产业方面，上半年传统旅行服务业的景气水平有所回升，一、二季度旅行社业的景气水平处于"稍微景气水平"。受投资创业和互联网创新的驱动，面向大众市场的广义旅行服务业保持繁荣发展态势。区域旅游方面，上半年东、中部等传统的旅游目的地和客源地旅游企业景气水平较高，维持在"相对景气"水平，西部偏低，为"稍微景气"，区域经济合作和交通网络的完善进一步促进区域旅游一体化的进程。

（资料来源：贺志东. 旅游企业财务管理［M］. 广州：广东经济出版社，2011.）

（二）非系统性风险

非系统性风险又称企业风险，来自于对旅游投资项目产生影响的特定因素，如设计、施工、管理等一系列与企业直接有关的意外事故所引起的风险，是投资者可以预见和控制的风险，因此，需要投资者在投资之前和过程中重点识别、防范和化解。非系统性风险是公司特有风险，从公司内部管理的角度考察，主要表现形式是公司经营风险和财务风险，从公司外部的证券市场投资者的角度考察，公司经营风险和财务风险的特征无法明确区分，公司特有风险是以履约风险、变现风险、破产风险等形式表现出来的。

1. 履约风险

履约风险是指证券发行者无法按时兑付证券利息和偿还本金的可能性。有价证券本身就是一种契约性权利资产，经济合同的一方违约都会给另一方造成损失。履约风险是投资于收益固定型有价证券的投资者经常面临的，多发生于债券投资中。履约风险产生的原因可能是公司产品经营不善，也可能是现金周转不灵。

2. 变现风险

变现风险是证券发行者无法在市场上以正常的价格平仓出货的可能性。持有证券的投资者，可能会在证券持有期限内出售现有证券投资于另一项目，但在短期内找不到愿意出合理价格的买主，投资者就会丧失新的投资机会或面临降价出售的损失。在同一证券市场上，各种有价证券的变现力是不同的，交易越频繁的证券，其变现能力越强。

3. 破产风险

破产风险是在证券发行者破产清算时投资者无法收回应得权益的可能性。当证券发行者由于经营管理不善而持续亏损，现金周转不畅而无力清偿债务或其他原因导致难以持续经营时，他可能会申请破产保护。破产保护会导致债务清偿的豁免、有限责任的退资，使得投资者无法取得应得的投资收益，甚至无法收回投资的本金。

 知识拓展 4-4

用投资组合规避非系统性风险

系统性风险是指能对所有证券收益产生相类似的影响的不确定性。对于一个企业来说，这种不确定性是无法控制和回避的。这种不确定性主要是来自社会、政治、经济等宏观方面。具体可以分为市场风险、利率风险和通货膨胀风险。

非系统性风险是指只对少数几种证券收益产生影响的不确定性。它是企业自身能够控制和回避的风险。这种风险主要是来自单个企业内部，是微观层面的不确定性。具体的表现为信用风险和经营风险。

在实际的投资过程中，系统性风险和非系统性风险是交织在一起的，无法具体分开。但是投资者通过持有一定的证券组合，能够避免非系统性风险的。当然要想有效地回避非系统性风险，投资者持有的证券组合要符合一些条件。其中最重要的一条，在建构证券组合过程中，要选择一些业绩不相关，甚至是负相关的证券，而不能选取太多的业绩正相关的证券。在实际操作中，表现为投资的多元化。一个投资者可能既持有股票，也持有债券和基金。而且就是在所持有的股票中也表现为多元化，他可能既持有高科技板块股票，也持有钢铁板块、ST 板块的股票。这样该投资者将会比较有效地分散非系统性风险，如果所持股票跌了，或许债券和基金会涨，从而降低了风险，如果高科技板块的股票跌了，或许钢铁板块和 ST 板块的股票反而涨了，这样同样可以降低由于某一证券的非系统性风险而带来的收益的不确定性。这就是所谓的证券投资组合效应。

（资料来源：李秀霞.投资学一本全［M］.北京：中国华侨出版社，2013.）

二、投资风险衡量

一般而言投资风险都是投资者所不愿承担的，并力求回避的风险。但是，为什么还有人进行风险性投资呢？这是因为风险性投资可得到额外的报酬——风险报酬，且风险越大，风险报酬越高；风险越小，风险报酬越低。投资风险的衡量就是通过一定的方法测算某项投资风险程度的大小，进而计算该项投资的风险报酬。

由于风险和概率有着直接的联系，所以，常用概率方法衡量风险程度。

（一）概率分布

一个事件的概率是指这一事件可能发生的机会。如果把所有可能的事件或结果都列示出来，且每一事件都给予一种概率，把它们列示在一起，便构成了概率分布，概率分布越大，发生的可能性越大。

例如，高泰旅游公司股票的报酬率及其概率分布如表 4-1 所示。

表 4-1　高泰旅游公司股票的报酬率的概率分布

经济情况	可能发生的概率 p_i	报酬率 k_i/%
繁荣	0.20	40
一般	0.60	20
衰退	0.20	0

概率分布必须符合以下两个要求。

（1）可能发生的概率即 p_i 在 0 与 1 之间，即 $0 \leqslant p_i \leqslant 1$。

（2）结果的概率之和应等于 1，即 $\sum_{i=1}^{n} p_i = 1$，这里 n 为可能出现结果的个数。

（二）期望值

期望值是按概率分布计算加权平均值，它是反映集中趋势的一种量度。期望值可按下列公式计算。

$$\bar{k} = \sum_{i=1}^{n} k_i p_i$$

式中：$\bar{k}$ 为期望值；k_i 为第 i 种可能的结果；p_i 为第 i 种可能结果的概率；n 为可能结果的个数。

下面用上例的资料，计算高泰公司的期望报酬率。

$$\bar{k} = 0.2 \times 40\% + 0.6 \times 20\% + 0.2 \times 0 = 20\%$$

（三）标准离差

标准离差表明随机变数在概率分布图中的密集程度，它是一个绝对值，一般用来比较期望值相同的各项投资的风险程度。标准离差越小，概率分布越密集，风险程度越小。

标准离差计算公式如下：

$$\sigma=\sqrt{\sum_{i=1}^{n}(k_i-\bar{k})^2\times p_i}$$

式中：σ 为标准离差。

依上例资料，计算高泰公司的标准离差。

$$\sigma=\sqrt{(40\%-20\%)^2\times0.20+(20\%-20\%)^2\times0.60+(0\%-20\%)^2\times0.20}$$
$$=12.65\%$$

（四）标准离差率

标准离差虽然能表明风险大小，但不能用于比较不同方案的风险程度，因为在标准离差值相同的情况下，由于期望值不同，风险程度也不同。

标准离差率是标准离差同期望值的比值，它是一个相对量，可以用来比较期望报酬率不同的各项投资的风险程度，标准离差率越小，风险越小。

标准离差率的计算公式如下：

$$V=\frac{\sigma}{\bar{k}}\times100\%$$

式中：V 为标准离差率。

依上例资料，计算高泰公司的标准离差率。

$$V=\frac{12.65\%}{20\%}\times100\%=63.25\%$$

（五）计算风险报酬率

风险报酬有两种表示方法：风险报酬额和风险报酬率。所谓风险报酬率，是指投资者因冒风险进行投资而获得的超过时间价值率的那部分额外报酬率，即风险报酬额与原投资额的比率，在财务管理中风险报酬通常用相对数——风险报酬率来加以计量。如果不考虑通货膨胀的因素，投资报酬率就是时间价值率和风险报酬率之和。

前面计算的标准离差率可正确评价投资风险程度的大小，但还不是风险报酬率，计算公式如下：

$$Q=b\times V$$

式中：Q 为风险报酬率；b 为风险报酬系数。

风险报酬系数是指将标准离差率转化为风险报酬的一种系数，风险报酬系数一般可以根据以往的同类项目加以确定或由企业领导组织有关专家确定，或由国家有关部门组织专家确定。

依上例资料，假设高泰公司的风险报酬系数为 5%，则风险报酬率如下：

$$Q=5\%\times63.25\%=3.16\%$$

知识拓展 4-5

投资风险的处理——风险调整贴现率法

在掌握了方案的风险大小之后，如何将这种风险融入方案的收益之中，并对它们进行计量，且在决策中加以考虑呢？这就需要在投资决策时采取一定的风险防范措施，来调整投资项目的某些指标，以便选择出确实最优的投资方案来。

此方法的基本思想是对高风险的项目，采用较高的贴现率去计算净现值，然后根据净现值法的规划来选择方案。这一问题的关键是如何根据风险的大小确定包含了风险因素的风险调整贴现率。

设

$$K = i + b \times V$$

式中：K 为风险调整贴现率；i 为风险贴现率；b 为风险报酬系数；V 为风险程度（标准离差率）。

如果项目风险程度的计算是通过现金流量来进行的，且项目涉及多年的现金流量，为了综合各年的风险，可以用综合标准离差率来描述风险程度。

$$V = 综合标准离差 / 期望值现值$$

风险报酬系数反映的是风险程度变化对风险调整贴现率影响的大小。b 值是经验数据，除了如前面介绍风险报酬率那样确定外，可以根据历史资料用高低点法或直线回归法求出。

$$b = (K_{\min} - i) / V$$

式中：$K_{\min}$ 为要求的最低风险收益率；i 为无风险贴现率；V 为中等风险程度的项目标准离差率。

风险调整贴现率法比较符合逻辑，应用十分广泛，但是，把时间价值和风险价值混在一起，并据此对现金流量进行贴现，意味着风险随着时间的推移推延面加大，有时与事实不符。所以为了克服风险调整贴现率法的缺点，人们提出了肯定当量法。

（资料来源：财政部会计资格评价中心.财务管理 [M]. 北京：中国财政经济出版社，2015.）

 知识拓展 4-6

投资风险的处理——肯定当量法

肯定当量法的基本思路是先用一个系数把有风险的现金收支调整为无风险的现金收支，然后用无风险的贴现率去计算净现值，以便用净现值法的规则判断投资机会的可取程度。

这一方法的关键在于如何合理确定当量系数。肯定当量系数可以由经验丰富的分析人员凭主观判断确定，也可以由其含义来确定。肯定当量系数是指不肯定的一元现金流量期望值相当于使投资者满意的肯定的金额，它可以把各年不肯定的现金流量换算成肯定的现金流量。

肯定当量系数与前面讲过的标准离差率有如表 4-2 所示的经验关系。

表 4-2　肯定当量系数与标准离差率关系

标准离差率	肯定当量系数
0.00～0.07	1
0.08～0.15	0.9
0.16～0.23	0.8
0.24～0.32	0.7
0.33～0.42	0.6
0.43～0.54	0.5
0.55～0.70	0.4

肯定当量法是用调整净现值公式中的分子的办法来考虑风险，风险调整贴现率法是用调整净现值公式中分母的办法来考虑风险，这是二者的重要区别，肯定当量法克服了风险调整贴现率法夸大远期风险的缺点，但如何确定当量系数是个困难问题。

（资料来源：赵德武.财务管理［M］.北京：高等教育出版社，2007.）

评估练习

1. 旅游企业系统性风险包括哪些内容？
2. 旅游企业非系统性风险包括哪些内容？

第二节　认识证券投资

教学目标：

（1）了解证券投资的概念、目的；

（2）掌握债券估价模型及债券到期收益率的计算；

（3）掌握股票估价模型及股票投资收益率的计算；

（4）理解股票投资和债券投资的优缺点。

金融资产投资是企业将暂时闲置的资金投放于金融市场。用于金融资产的买卖与交易，从而优化资源配置，提高资产运用效益，降低经营风险，增加企业收益的一种经济行为。金融资产投资主要包括证券投资、基金投资和期权投资。这里重点介绍证券投资。

一、证券投资概述

（一）证券投资的概念与目的

1. 证券投资的概念

证券是根据有关法律法规的规定而发行的，代表财产所有权或债权的一种信用凭证或金融工具。证券投资是指旅游企业通过购买证券的形式所进行的投资，它是企业金融资产投资的重要组成部分。证券投资是指投资者买卖股票、债券、基金券等有价证券以及这些有价证券的衍生品，以获取差价、利息及资本利得的投资行为和投资过程，是直接投资的重要形式。

 知识拓展 4-7

证券投资的种类

证券投资的分类。证券是证券持有人享有的某种特定权益的凭证，如股票、债券、本票、汇票、支票、保险单、存款单、借据、提货单等各种票证单据都是证券。按其性质不同，证券可以分为有价证券和凭证证券两大类。

有价证券又可分为以下 3 种。

（1）资本证券，如股票、债券等。

（2）货币证券，包括银行券、票据、支票等。

（3）财物证券，如货运单、提单、栈单等。

凭证证券则为无价证券包括存款单、借据、收据等。

有价证券是一种具有一定票面金额，证明持券人有权按期取得一定收入，并可自由转让和买卖的所有权或债权证书，通常简称为证券。主要形式有股票和债券两大类。其中债券又可分为公司债券、国家公债和不动产抵押债券等。有价证券本身并没有价值，只是由于它能为持有者带来一定的股息或利息收入，因而可以在证券市场上自由买卖和流通。

（资料来源：荆新，王化成，刘俊彦. 财务管理学［M］. 北京：中国人民大学出版社，2012.）

2. 证券投资的目的

（1）短期证券投资的目的。短期证券投资是指通过购买计划在 1 年内变现的证券而进行的对外投资。这种投资一般具有操作简便、变现能力强的特点。其目的是：①满足未来财务需求。有时企业为了将来要进行的长期投资，或者将来要偿还债务，或者因为季节性经营等原因，会将目前闲置不用的现金用于购买有价证券，进行短期证券投资，以获取一定的收益，待将来需要现金时再将有价证券出售。这种有价证券实际上是为了满足企业未来对现金的需求之目的。②作为现金的替代品。企业在生产经营过程中，应该拥有一定数量的现金，以满足日常经营的需要。但是现金这种资产不能给企业带来收益，现金余额过多是一种浪费。因此，企业可以利用闲置的现金进行短期证券投资，以获取一定的收益。当企业某一时期的现金流出量超过现金流入量时，就可以随时出售证券，以取得经营所需的现金。这样，短期证券投资实际上就成为现金的替代品，它既能满足企业对现金的需要，也能在一定程度上增加企业的收益。③出于投机。有时，企业进行短期证券投资完全是由于投机的目的，以期获取较高的收益。投机与证券市场是不可分割的，有证券市场必然有证券投机。有些企业为获取投机利润会进行证券投机。证券投机一般风险较大，应当用较长时期闲置不用的资金进行投资，但也必须要控制风险，不能因此而损伤企业整体的利益。

（2）长期证券投资的目的。长期证券投资是指通过购买不准备在 1 年内变现的有价证券而进行的对外投资，长期证券投资一般占用的资金量较大，对企业具有深远的影响。其目的是：①为了对被投资企业取得控制权。有时企业从长远的利益考虑，要求控制某一企业，这时就应对其进行长期股权投资，取得对该企业的控制权。通常这种投资都是通过购买被投资企业的股票。②为了获取较高的投资收益。有的企业拥有大量的闲置资金，而本企业在较长时期内没有大量的现金支出，也没有盈利较高的投资项目，因此，就可以利用这笔资金进行长期证券投资，购买风险较小、投资回报较高的有价证券。

（二）证券投资的一般程序

企业进行证券投资时，必须遵循特定的程序如下。

（1）选择合适的投资对象。投资对象的选择是证券投资收益最关键的一步，它关系到投资的成败，企业应本着"安全、流动、收益"的原则，结合自己的投资目的，认真分析投资对象的收益水平和风险程度，并根据市场变化情况调整证券投资的结构，使其处于合理状态。

（2）确定合适的证券买入价格。证券的价格受各种因素的影响，通常变化较大，尤其是股票价格更是变化无常，人们常把股市比作政治经济的"晴雨表"，一个国家乃至国际上的任何风吹草动都会反映在股票价格上。证券投资的买入价是证券投资成本的主要组成部分，直接关系到投资收益与投资风险，实际上确定证券的买入价格也就是确定证券的买入时间，即使证券选择没错，但如果买点没有"踩好"，同样会增加投资风险，降低收益。

（3）委托买卖。投资者在选定证券并确定了买入价格之后，即可通过电话、柜台、网络等方式委托券商进行证券买卖，券商接受委托后，应通知其在证券交易所的场内代表进行买卖交易，待交易完成由券商向投资者报告，以便投资者办理交割。

（4）进行证券交割和清算。证券交割即买入证券方交付价款领取证券，卖出证券方交出证券收取价款的收交活动，一般在证券成交的第二个工作日即可办理证券交割。但投资者在证券交割过程中并不是逐笔进行的，一般采用清算制度，即将投资者买卖证券的数量、金额相互抵销，然后就其抵销后的净额进行交割。

（5）办理证券过户。证券过户仅限于记名证券。当投资者买卖某种记名证券后，须持成交单及身份证明材料到证券发行公司办理变更持有人姓名的手续，由此才能享受相应的权利。

二、旅游企业债券投资管理

（一）债券投资的管理

债券是债务人依照法律程序发行，承诺按约定的利率和日期支付利息，并在特定的日期偿还本金的书面债务凭证。债券投资是指投资者通过购买各种债券进行的对外投资。

债券投资与股票投资相比具有风险小，投机能力不强的特点，较适合资金性质不宜冒险的投资。旅游企业应根据自身情况正确地进行债券估价，分析投资收益，衡量投资风险，以选择合适的债券进行投资。

1．债券估价

投资者进行债券投资时，首先要确定的问题是债券价值几何？是否值得投资？债券估价就是对债券价值进行评估。在债券投资活动中，现金的流出即企业支付的买价，现金的流入是未来归还的利息和本金。债券未来现金流入的现值，即债券的价值或债券的内在价值。如果债券价值大于或等于债券市场价格，则表明投资于该债券是可行的，达到了投资者要求的投资收益率。因此，债券价值主要由两个因素决定：债券的预期现金流入和投资者要求的必要投资收益率。

（1）债券估价基本模型。典型的债券其利率固定，每年计算并支付利息、到期还本。

$$债券价值 = \sum 各期利息的现值 + 本金现值$$

$$V = I(P/A, i, n) + M(P/F, i, n)$$

式中：V 为债券价值；I 为每年利息；M 为到期本金；i 为贴现率；n 为债券付息期。

✒ 案例 4-1

某旅游企业决定将暂时闲置的一笔资金用于购买公司债券，恰逢市场上有一种面值为 1 000 元，票面利率 8%，期限 5 年，每年付息一次，到期还本的债券出售，当时市场利率为 10%，债券市价 920 元，试分析该企业是否应购入？

$$V = 1\,000 \times 8\% \times (P/A, 10\%, 5) + 1\,000 \times (P/F, 10\%, 5)$$

$$= 80 \times 3.790\,8 + 1\,000 \times 0.620\,9$$

$$= 924.16 \ (元)$$

从计算结果可以看出，该债券内在价值 924.16 元大于市价 920 元，因此，该企业可以购入。

（资料来源：财政部会计资格评价中心.财务管理［M］.北京：中国财政经济出版社，2015.）

（2）一次还本付息的单利债券估价模型。中国很多债券属于到期一次还本付息，单利计息的存单式债券，其估价模型为

$$V = M(1 + i \cdot n) \times (P/F, i, n)$$

式中：V 为债券价值；M 为到期本金；i 为贴现率；n 为债券计息期。

 案例 4-2

市场上有一种面值为 1 000 元，票面利率为 8%，期限 5 年，单利计息到期一次还本付息的债券，市场利率为 10%，市场价格为多少时企业才可以购入？

$$V=1\,000\times(1+8\%\times5)\times(P/F,\ 10\%,\ 5)$$
$$=1\,400\times0.620\,9$$
$$=869.26\ (元)$$

由计算结果得知，该企业购买该债券的前提是该债券的市价低于 869.26 元。

（资料来源：财政部会计资格评价中心.财务管理 [M]. 北京：中国财政经济出版社，2015.）

2. 债券到期收益率

债券到期收益率是指买进债券后，一直持有该债券至到期日可获取的收益率，是按复利计算的能使未来现金流入量现值等于债券买入价格的贴现率（内含报酬率）。用公式表示如下：

$$V=I\,(P/A,\ i,\ n)+M\,(P/F,\ i,\ n)$$

式中：V 为债券价格；M 为到期本金；i 为到期收益率；n 为债券计息期。

到期收益率是指导选购债券的标准，可以反映债券投资按复利计算的真实收益率。如果高于投资者要求的收益率，则应该买进，否则就应放弃。

 案例 4-3

某旅游企业拟购入一批溢价发行的债券，该债券面值为 1 000 元、票面利率为 10%、期限为 5 年、每年付息一次，目前市价 1 020 元，如果该企业预期报酬率为 9%，试判断该企业是否要购入该债券？

$$1\,020=1\,000\times10\%\times(P/A,\ i,\ 5)+1\,000\times(P/F,\ i,\ 5)$$

令 $i=10\%$，

$$1\,000\times10\%\times3.790\,8+1\,000\times0.620\,9-1\,020=-20.02$$

令 $i=9\%$，

$$1\,000\times10\%\times3.889\,7+1\,000\times0.708\,4-1\,020=77.37$$

利用插值法计算：

$$到期收益率=9\%+20.02/(20.02+77.37)\times(10\%-9\%)=9.21\%$$

从计算结果可以看出，该债券到期收益率为 9.21%，高于企业预期报酬率，因此，企业购入该债券作为投资经济上是可行的。

（资料来源：财政部会计资格评价中心.财务管理 [M]. 北京：中国财政经济出版社，2015.）

债券收益率也可以用简便方法求得近似结果。

$$债券收益率＝\frac{I＋(M－P)/n}{(M＋P)/2}×100\%$$

式中：I 为每年的利息；M 为到期归还的本金；P 为债券的市场价格；n 为年限。

将上例中的有关数字代入公式中得到如下计算。

$$债券到期收益率＝\frac{I＋(M－P)/n}{(M＋P)/2}×100\%$$

$$＝\frac{100＋(1\,000－1\,020)/5}{(1\,000＋1\,020)/2}×100\%$$

$$＝9.5\%$$

当债券面值与买价不等时，债券的到期收益率和债券的票面利率也就不同。不仅如此，如果债券采用的不是定期支付利息，即使按面值平价发行，到期收益率与票面利率也可能不同。

案例 4-4

某旅游企业欲购入一批平价发行的债券，该债券面值 1 000 元，票面利率 10%，单利计算，5 年到期，一次还本付息，试计算该债券的到期收益率。

$$1\,000＝1\,000×(1＋10\%×5)×(P/F,\ i,\ n)$$

$$(P/F,\ i,\ n)＝\frac{1\,000}{1\,000×(1＋10\%×5)}＝0.666\,7$$

查 1 元复利现值系数表，在 $n＝5$ 年这一行，与 0.666 7 相邻的两个系数分别是 0.680 6、0.649 9，其对应的利率分别是 8%和 9%，利用插值法计算。

$$该债券的到期收益率＝8\%＋\frac{0.680\,6－0.666\,7}{0.680\,6－0.649\,9}×(9\%－8\%)$$

$$＝8.45\%$$

该债券虽然是平价发行，但因为利息是到期一次支付，所以导致到期收益率 8.45%低于票面利率 10%。

（资料来源：财政部会计资格评价中心.财务管理［M］.北京：中国财政经济出版社，2015.）

（二）债券投资的优缺点

债券投资与股票投资相比具有如下特点。

1. 债券投资的优点

（1）本金安全性高。无论长期债券投资还是短期债券投资都有到期日，债权必须按期还本。

（2）投资收益稳定。债券投资收益通常是事前预定的，这一点尤其体现在一级市场（发行市场）投资的债券。

（3）变现能力强。因为上市公司是受制度和公众监管的，上市公司发行的债券，具有更好的信用，而且上市公司发行的债券受严格的程序限制，资不抵债的情况受限，一般投资者认购的上市公司的债券变现流动性有保证，所以更能吸引投资者。

2. 债券投资的缺点

（1）没有经营管理权。债券投资者权利较小，无权参与被投资企业的经营管理，只有按约定取得利息和到期收回本金的权利。

（2）购买力风险高。债券投资一般能够保证按时还本付息，收益稳定，投资风险较低。但在通货膨胀的情况下，购买力风险较高。

 知识拓展 4-8

投资者评价和购买债券的风险

投资者在评价和购买本期债券时，应认真考虑下述各项风险因素。

1. 利率风险

受国民经济总体运行状况、国家宏观经济、金融政策、资金供求关系以及国际经济环境变化等多种因素的影响，在本期债券存续期内，可能跨越多个利率调整周期，市场利率存在波动的可能性，投资者持有债券的实际收益具有不确定性。

2. 流动性风险

由于本期债券具体交易流通的审批事宜需要在本期债券发行结束后进行，发行人将在本期债券发行结束后及时向深交所办理上市交易流通事宜，但发行人无法保证本期债券上市交易的申请一定能够获得交易所的同意，亦无法保证本期债券会在债券二级市场有活跃的交易。如果交易所不同意本期债券上市交易的申请，或本期债券上市后在债券二级市场的交易不够活跃，投资者将可能面临流动性风险。

3. 偿付风险

在本期债券存续期内，发行人所处的宏观经济环境、资本市场状况、国家相关政策等外部环境以及公司本身的生产经营存在着一定的不确定性，可能导致公司不能从预期的还款来源中获得足够资金按期、足额支付本期债券本息，可能会使投资者面临一定的偿付风险。

4. 资信风险

发行人目前资信状况良好，近 3 年及一期的贷款偿还率和利息偿付率均为 100%，能够按约定偿付贷款本息，目前发行人不存在银行贷款延期偿付的状况；近 3 年及一期，发行人与主要客户发生重要业务往来时，未发生严重违约行为；在未来的业务经营中，发行人亦将秉承诚信经营的原则，严格履行所签订的合同、协议或其他承诺。但在本期债券存续期内，如果由于发行人自身的相关风险或不可控制的因素使发行人的财务状况发生不利变化，可能会导致发行人出现不能按约定偿付到期债务本息或在业务往来中发生严重违约行为的情况，亦将可能使本期债券投资者受到不利影响。

5. 评级风险

经中诚信证券评估有限公司综合评定，公司的主体信用等级为 AAA，说明公司偿还债务的能力极强，基本不受不利经济环境的影响，违约风险极低；本期公司债券的信用等级为 AAA，说明债券债券信用质量极高，信用风险极低。但在本期债券存续期内，仍有可能由于种种原因，公司的主体信用评级或本期债券的信用评级发生负面变化，这将对本期债券投资者产生不利影响。

（资料来源：陈咏英.旅游企业投资行为研究［M］.北京：中国金融出版社，2015.）

三、旅游企业股票投资管理

（一）股票的概念

股票（Stock）是股份有限公司为了筹集资金而发给股东的一种有价证券。

股票的持有人是该公司的股东，对该公司有财产要求权。按照股东所享有的权利不同，股票分为普通股和优先股；按照是否在票面上标明持有人的名称，股票分为记名股票和无记名股票。

1. 股票价值

股票价值是指股票的内在价值，即股票预期未来现金流入（包括预期股利及售价）的现值。

2. 股票价格

股票本身是没有价值的，之所以有价格，可以买卖，是因为它能给持有人带来收益。股票价格主要由预期股利和市场利率决定，即股票的资本化价值决定了股票的价格，此外，经济环境、投资者心理等因素也会对股票价格产生影响。在证券交易所，股票价格分为开盘价、收盘价、最高价和最低价。

3. 股利

股利是股息和红利的总称，是发行股票的企业从其税后利润中分配给股东作为投资报酬的部分。股利体现了股东的享有的利润分配权。

4. 股票的预期报酬率

预期报酬率是用以评价股票价值的重要指标，包括预期股利收益率和预期资本利得收益率两部分。只有股票的预期报酬率高于投资者要求的最低报酬率时，股票才有投资价值。

（二）股票投资的概念及目的

1. 股票投资的概念

股票投资是指投资者为获得股利或在股市赚取股票差价而购买并持有股票的一种投资活动。

2. 股票投资的目的

因股票持有时间长短不同，股票投资目的也有所区别。短期股票投资的目的主要是获取高额的投资收益；长期股票投资的目的除了获取投资收益外，还有积累资金、控股和相互参股等需要。

3. 股票投资的管理

股票估价与债券投资一样，股票投资也需要对股票进行估价。股票估价实际是对股票的投资价值进行评估。

股票的投资价值也称股票的内在价值，是指购入股票预期未来获得的现金流入的现值，即未来各期股利收入的现值和股票售价的现值两部分之和，通常只有当股票的市价低于股票内在价值时才适宜投资。股票估价的基本模型如下。

$$V=\sum_{i=1}^{n}\frac{D_t}{(1+K)^t}\cdot\frac{V_n}{(1+K)^n}$$

式中：V 为股票价值；V_n 为股票未来售价；K 为投资者要求的必要报酬率；D_t 为第 t 期的预计股利；n 为预计股票持有年限。

案例 4-5

某旅游企业预计 A 股票未来 5 年的股利分别是：第一年为 0.4 元，第二年 0.8 元，第三年至第五年均为 1.2 元，该旅游企业要求的最低报酬率为 12%，预计第五年股票市价为 10 元，试计算 A 股票价格为多少时，旅游企业可买进？

根据公式

$$V=\sum_{i=1}^{n}\frac{D_t}{(1+K)^t}\cdot\frac{V_n}{(1+K)^n}$$

该股票的价值＝0.4×（P/F，12%，1）＋0.8×（P/F，12%，2）＋1.2×（P/A，12%，3）

　　　　　　×（P/F，12%，2）＋10×（P/F，12%，5）

　　　　　＝0.4×0.892 9＋0.8×0.797 2＋1.2×2.401 8×0.797 2＋10×0.567 4

　　　　　＝8.97（元）

由上述计算结果可知，当 A 股票价格低于 8.97 元时，旅游企业方可买进。

（资料来源：田明. 财务成本管理 [M]. 北京：经济科学出版社，2015.）

（1）零成长股票的价值。零成长股票是指发行股票的企业未来每年发放的股利是固定的，实际上相当于一个永续年金，用永续年金现值的计算公式可计算出股票的价值。

$$V=\frac{D}{K}$$

式中：D 为每年固定股利；K 为投资者要求的必要报酬率。

案例 4-6

市场上某股的售价为 18 元，股票发行企业每年发放固定股利 2 元/股，安顺旅游公司计划购买该股票并长期持有，公司的期望报酬率是 10%，该公司是否要买进该股票？

$$该股票的价值=\frac{2}{10\%}=20（元）$$

很明显，该股票的市场价格为 18 元低于股票价值 20 元，安顺旅游公司可购进该股票。

（资料来源：财政部会计资格评价中心. 财务管理［M］. 北京：中国财政经济出版社，2015.）

（2）固定成长股票的价值。固定成长股票是指发行股票的企业未来每年提供的股利是稳定增长的，并且每年的增长率是固定的。固定成长股票价值的计算公式如下：

$$V=\sum_{i=1}^{n}\frac{D_0(1+G)^t}{(1+K)^t}$$

式中：D_0 为上年股利；G 为每年股利增长率；K 为必要投资报酬率。

当 G 固定时，上述公式可简化成如下形式。

$$V=\frac{D_0(1+G)}{K-G}=\frac{D_1}{K-G}$$

式中：D_1 为预计本年发放的股利。

案例 4-7

飞龙旅游公司欲购买 B 股票，该股票上年发放的股利为 2 元/股，预计以后年度每年递增 8%，飞龙旅游公司的必要投资报酬率为 15%，试分析该股票价格为多少时，该公司可以买进？

根据公式

$$V=\frac{D_1}{K-G}$$

$$该股票价格=\frac{2\times(1+8\%)}{15\%-8\%}=30.86（元）$$

由计算结果可以确定，只有当 B 股票的市价低于 30.86 元时，飞龙旅游公司方可买进。

（资料来源：中国就业培训技术指导中心. 理财规划师专业能力［M］. 北京：中国财政经济出版社，2015.）

（3）非固定成长股票的价值。实际生活中，股票发行企业发放的股利并不是固定的，会随着经营状况的变化有所调整，这种情况下股票价值的计算就应分段进行。

4. 市盈率分析

前述股票价值的计算方法，在理论上较为严密，指标的评价也很简便，但实际上股票发行企业未来股利的预计很复杂，一般投资者很难操作，而用市盈率法操作简单，容易掌握，可以粗略地衡量股票的价值，从而做出是否买进股票的决策。

市盈率是股票市价与每股盈利之比。该比率反映投资者对每元净利润所愿支付的价格，是市场对该股票的评价，市盈率越高，表明市场对公司未来越看好。

用公式表示如下：

$$市盈率 = \frac{股票市价}{每股盈利}$$

股票市价＝该股票市盈率×该股票每股盈利

股票价值＝行业平均市盈率×该股票每股盈利

根据证券机构提供的同类股票过去若干年的平均市盈率，乘以当前的每股盈利，可以得出股票的公平价值，再和当前该股票的市价比较，便可以看出所付价格是否合理。

市盈率除用以粗略估计股价的高低外，还可以估计股票风险，平均的市盈率应在 10～11 之间，一般市盈率在 5～20 之间，过高或过低的市盈率都不是好兆头，股票风险较大。

5. 股票投资预期收益率的计算

企业进行股票投资的具体目的虽然不同，但主要还是为了获得投资收益。股票投资收益包括平时的红利收入和转让时的买卖价差。投资收益率是进行股票投资决策的重要指标。

（1）短期股票预期收益率的计算。短期股票投资期限短，不足 1 年，可以不考虑资金时间价值。其收益率计算公式如下。

$$K = \frac{S_1 - S_0 + D}{S_0}$$

式中：S_1 为股票售价；S_0 为股票买价；D 为年股利。

案例 4-8

飞龙旅游公司 2005 年年末购入 C 股票，每股市价 22 元，2006 年年初该公司每股获利 2 元，计划一个月后以每股 24 元价格将该股票售出，假定该公司投资必要报酬率为 15%，该公司出售股票的计划是否可行？

根据公式

$$K = \frac{S_1 - S_0 + D}{S_0}$$

$$C\ 股票投资收益率 = \frac{24 - 22 + 2}{22} = 18.18\%$$

由此看来，该股票投资收益率高于飞龙旅游公司的必要投资报酬率 3.18 个百分点，出售股票的计划切实可行。

（资料来源：中国就业培训技术指导中心. 理财规划师专业能力 [M]. 北京：中国财政经济出版社，2015.）

（2）长期股票投资收益率的计算。长期股票投资时间较长，必须考虑资金时间价值，股票的投资收益率是使各期股利及股票售价的复利现值等于股票买价时的贴现率。用公式表示如下：

$$P = \sum_{i=1}^{n} \frac{D_t}{(1+K)^t} + \frac{V_{n1}}{(1+K)^n}$$

式中：P 为股票买价；V 为股票未来售价；K 为投资者要求的必要报酬率；D_t 为第 t 期的预计股利；n 为预计股票持有年限。

 案例 4-9

飞龙旅游公司 2003 年以每股 15 元的价格购入 D 股票，2004 年年初每股获利 1 元，随后两年股利以 20% 的速度递增，2006 年 5 月因开发新的旅游项目急需资金公司决定以 18 元的价格将该股票全部出售，试计算飞龙旅游公司的投资收益率。

用逐步测试法计算：

当 $i=15\%$ 时，

$1\times(P/F,\ 15\%,\ 1)+1.2\times(P/F,\ 15\%,\ 2)+19.44\times(P/F,\ 15\%,\ 3)-15$

$=0.869\ 6+1.2\times0.756\ 1+19.44\times0.657\ 5-15$

$=0.44$（元）

当 $i=12\%$ 时，

$1\times(P/F,\ 15\%,\ 1)+1.2\times(P/F,\ 15\%,\ 2)+19.44\times(P/F,\ 15\%,\ 3)-15$

$=0.892\ 9+1.2\times0.797\ 2+19.44\times0.711\ 8-15$

$=0.69$（元）

利用插值法进行计算：

$$飞龙旅游公司的投资收益率=12\%+\frac{0.44}{0.44+0.69}\times(15\%-12\%)=13.17\%$$

（资料来源：中国就业培训技术指导中心. 理财规划师专业能力 [M]. 北京：中国财政经济出版社，2015.）

6. 股票投资的优缺点

股票投资是一种高风险、高收益的投资方式。旅游企业进行股票投资应充分了解其优缺点。

（1）股票投资的优点。股票投资与债券等其他证券投资形式相比具有如下优点。①拥有公司经营控制权。从投资权利看，股票投资者（优先股除外）有权参与被投资企业的经营管理，具有较大权利。②投资收益高。选择好投资股票的种类和时机，一般都可以获得较高的投资收益。③购买力风险低。当发生通货膨胀时，随着物价的普遍上涨，股票的股利也会随之上涨，与其他固定收益的证券投资相比，能适当降低购买力风险，从而降低通货膨胀的影响。

（2）股票投资的缺点。股票投资的缺点有：①股票投资收益具有很大的不确定性。从投资收益看，股票投资收益不能事先确定，具有较强的波动性。②股票价格不稳定，投资风险难以控制。因股利收益的不稳定性和股票市场价格的波动性，投资风险较大。③股票投资具有无期性。股票不像债券投资有固定的到期日，持有时间可长可短。④普通股权益求偿权居后。普通股股东对企业资产和盈利的求偿权居于最后，普通股股东原来的投资可能得不到全额的补偿。

知识拓展 4-9

股票的种类

　　股票是指股份有限公司发行的，表示其股东按其持有的股份享受权益和承担义务的可转让的书面凭证。股票可按不同的标准分类。按形式分为簿记券式股票（指发行人按照证监会规定的统一格式制作的、记载股东权益的书面名册）和实物券式股票（指发行人在证监会指定的印制机构统一印制的书面股票）；按持有人的责任与义务分为优先股和普通股；按持有人的不同分为国家股、法人股和个人股；按是否可以在资本市场流通分为库存股（未流通股）和流通股。发行股票融资必须遵照中华人民共和国《公司法》和《证券法》及国务院证券委、证监委的相关法规、条例的规定。

（资料来源：龚韵笙.现代旅游企业财务管理［M］.大连：东北财经大学出版社，2012.）

四、旅游企业证券投资组合策略与方法

　　证券投资是公司在证券交易市场上购买有价证券的经济行为，由于证券市价波动频繁。证券投资的风险往往较大，如何达到风险与报酬的均衡是证券投资的主要财务问题。适当地证券投资组合对规避风险具有重要的意义。

　　证券组合的有效集包含多种证券组合，投资者从中选择什么样的投资组合主要取决于投资者对风险的偏好程度以及承受能力。由于投资者厌恶风险的程度不同，便形成了各种不同类型的证券投资组合策略与方法。

（一）证券投资组合策略

1. 保守型

保守型投资组合是指尽量模拟市场现状，购买尽可能多的证券，以便分散掉全部非系统风险，获得与市场平均报酬相同的投资报酬。这种投资组合不需要高深的证券投资专业知识，证券投资管理费较低，收益不大，风险也不大。

2. 冒险型

冒险型投资组合以资本升值为主要目标，主要选择高收益高风险成长性较好的股票，低风险低收益的证券不多，以求获取高于证券市场的收益。

3. 稳健型

稳健型投资组合介于保守型和冒险型之间，以追求低风险和稳定的收益为主要目标。选择这种投资组合的投资者通常认为，股票的价格主要取决于企业的经营状况，其一时的沉浮并不重要，终究会体现其优良的业绩，所以在进行证券投资时，要全面深入地进行证券投资分析，选择品质优良的证券进行组合，这样既可以获得较高的投资收益，又不会承

担太大的投资风险。这是一种最常见的投资组合策略，但进行这种投资组合的人必须具备丰富的投资经验及证券投资的各种专业知识。

（二）证券投资组合的方法

1. 选择足够数量的证券进行组合

随着证券种类、数量的增加，可在一定程度上分散投资风险。当证券数量足够多时，大部分可分散的风险都能分散掉，当然要量力而行，不能顾此失彼。

2. 333 制

333 制即把不同风险级别的证券有机地组合在一起。具体说就是 1/3 资金投资于风险大的证券；1/3 资金投资于风险适中的证券；另外 1/3 资金投资于风险小的证券。

3. 将投资收益呈负相关的证券组合在一起

一种股票的收益上升而另一种股票的收益下降的两种股票，成为负相关股票。把收益呈负相关的股票组合在一起，能有效地分散风险。

 评估练习

一、单项选择题

1. 持续通货膨胀期间，旅游公司将资本投向实体性资产，减持证券资产。这种行为所规避的证券投资风险类别是（　　）。

　　A. 经营风险　　　　　　　　　　B. 变现风险

　　C. 再投资风险　　　　　　　　　 D. 购买力风险

2. 某旅游公司购买 A 公司股票，并且准备长期持有，要求的最低收益率为 11%，该公司本年的股利为 0.6 元/股，预计未来股利年增长率为 5%，则该股票的内在价值是（　　）元/股。

　　A. 10.0　　　　　B. 10.5　　　　　C. 11.5　　　　　D. 12.0

二、简答题

1. 简述证券投资的概念与目的。

2. 简述债券投资的优缺点。

3. 简述股票投资的优缺点。

三、计算分析题

1. 某债券面值 1 000 元，期限 20 年，每年支付一次利息，到期归还本金，以市场利率作为评估债券价值的贴现率，目前的市场利率 10%，如果票面利率分别为 8%、10% 和 12%，计算相应的债券价值。

2. 假定某旅游公司目前购买一份面值为 1 000 元、每年付息一次，到期归还本金，票面利率为 12% 的 5 年期债券，投资者将该债券持有至到期日。

要求：

(1) 假设购买价格为 1 075.92 元，计算债券投资的内部收益率。

（2）假设购买价格为 1 000 元，计算债券投资的内部收益率。

（3）假设购买价格为 899.24 元，计算债券投资的内部收益率。

3. 假定某旅行社准备购买 A 公司的股票，要求达到 12%的收益率，该公司今年每股股利 0.8 元，预计未来股利会以 9%的速度增长，计算 A 股票的价值。

4. 假定某旅游饭店准备购买 B 公司的股票，要求达到 12%的收益率，B 公司今年每股股利 0.6 元，预计 B 公司未来 3 年以 15%的速度高速成长，而后以 9%的速度转入正常的成长。计算 B 股票的价值。

5. 游乐场 2006 年 5 月年购入 A 公司股票 1 000 股，每股购价 3.2 元；A 公司 2007 年、2008 年、2009 年分别派发现金股利每股 0.25 元、0.32 元、0.45 元；该投资者 2009 年 5 月以每股 3.5 元的价格售出该股票，计算 A 股票投资收益率。

第三节　认识项目投资

教学目标：

（1）了解旅游企业项目投资的特点；

（2）理解投资决策的基本原则；

（3）掌握项目投资的程序与方法；

（4）能运用项目投资评价方法帮助企业做出正确的投资决策。

一、旅游企业项目投资概述

（一）旅游企业项目投资的含义与类型

1. 项目投资的含义

旅游企业项目投资是指旅游企业将资金投放于一定的固定资产项目，以期望在未来获取收益的经济行为。

2. 项目的类型

旅游企业项目投资的对象是固定资产项目，包括以下两类。

（1）新建项目，属于以新建生产能力为目的的外延式扩大再生产。

（2）更新改造项目，属于以恢复或改善生产能力为目的的内涵式扩大再生产。

（二）旅游企业项目投资的决策依据——现金流量

1. 现金流量的含义

现金流量是指旅游企业投资项目从投资开始之日起到报废清理日止整个项目计算期间内，各期产生的现金流入量、现金流出量和现金净流量的金额。投资决策中的现金流量通常指现金净流量。所谓的现金既指库存现金、支票、银行存款等货币性资产，也可以指相关非货币性资产（如原材料、设备等）的变现价值。

现金流入、流出的确认原则采用收付实现制。会计利润的形成以权责发生制为基础，进行投资方案的分析和评价应以现金流量为依据，而不是以会计利润为依据。

（1）现金流入量。是指由于实施某项投资所引起的旅游企业的现金流入的增加值，主要包括：①营业现金流入。营业现金流入量＝利润＋折旧＝营业收入－（营业成本－折旧）＝营业收入－付现成本。②净残值收入。酒店拍卖或报废所得。③回收的流动资金。

（2）现金流出量。现金流出量是指由于实施某项投资而引起旅游企业现金支出的增加量。包括：①直接投资支出。修建的酒店等。②垫支的流动资金。购买的各种物料。③付现成本。人员费用等。④支付的各项税款。

（3）现金净流量。现金净流量是指一定时期内现金流入量与现金流出量的差额。这里所说的"一定时期"，可以一年计，也可以整个项目持续年限计。当现金流入量大于现金流出量时，现金净流量为正值；反之，净现金流量为负值。在项目建设期内，现金净流量为负值；在经营期内，现金净流量一般为正值。进行资本投资决策时，应考虑项目全过程的现金净流量。

2. 现金净流量的测算方法

旅游企业的现金流入与流出在其初始投资、日常营运及经营终结三个阶段表现为不同的特点，测算现金流量时需注意区分。

（1）投资期现金流量。投资期特点主要是现金流出量。投资期现金净流量＝直接投资支出＋垫支的流动资金。内容：①长期资产投资。②营运资金垫支。营运资金垫支＝流动资产增加－流动负债增加。注意：一般情况下，初始阶段中固定资产的原始投资通常在年内一次性投入（如购买设备），如果原始投资不是一次性投入（如工程建造），则应把投资归属于不同投入年份之中。

（2）营业期现金流量。①营业期特点。既有现金流入量，也有现金流出量。现金流入量主要是营运各年营业收入，现金流出量主要是营运各年的付现营运成本。②估算方法。直接法：营业现金净流量（NCF）＝营业收入－付现成本－所得税。间接法：营业现金净流量＝税后营业利润＋非付现成本。分算法：营业现金净流量＝收入×（1－所得税税率）－付现成本×（1－所得税税率）＋非付现成本×所得税税率＝（收入－付现成本）×（1－所得税税率）＋非付现成本×所得税税率。③特殊问题。对于在营业期内的某一年发生的大修理支出来说，如果会计处理在本年内一次性作为收益性支出，则直接作为该年付现成本；如果跨年摊销处理，则本年作为投资性的现金流出量，摊销年份以非付现成本形式处理。对于在营业的某一年发生的改良支出来说，是一种投资，应作为该年的现金流出量，以后年份通过折旧收回。

 知识拓展 4-10

营业期现金流量的有关概念如表4-3所示。

表 4-3 营业期现金流量的有关概念

税后付现成本	税后付现成本＝付现成本×（1-税率）
税后收入	税后收入＝收入金额×（1-税率）
非付现成本抵税	非付现成本可以起到减少税负的作用，其公式为： 税负减少额＝非付现成本×税率 非付现成本主要是固定资产折旧费、长期资产摊销费用、资产减值准备等。

（资料来源：财政部会计资格评价中心.财务管理［M］.北京：中国财政经济出版社，2015.）

（3）终结期现金流量。终结期特点主要是现金流入。终结期内容：①固定资产变价净收入：固定资产出售或报废时的出售价款或残值收入扣除清理费用后的净额。这里假定变价净收入与税法账面价值相同。②垫支营运资金的收回：项目开始垫支的营运资金在项目结束时得到回收。③经营期净现金流量：等于营业现金流入量。

在实务中，对某一投资项目在不同时点上现金流量数额的测算，通常通过编制"投资项目现金流量表"进行。一般情况下，终结期时间较短，通常相关流量作为项目经营期终点流量处理。

案例 4-10

某投资项目需要 3 年建成，从明年开始每年年初投入建设资金 90 万元，共投入 270 万元。建成投产之时，需投入营运资金 140 万元，以满足日常经营活动需要。估计每年可获净利润 60 万元。固定资产使用年限为 7 年，使用后第 5 年预计进行一次改良，估计改良支出 80 万元，分两年平均摊销。资产使用期满后，估计有残值净收入 11 万元，采用使用年限法折旧。项目期满时，垫支营运资金全额收回。

根据以上资料，编制成"投资项目现金流量表"如表 4-4 所示。

表 4-4 投资项目现金流量表　　　　　　单位：万元

项目＼年限	0	1	2	3	4	5	6	7	8	9	10	总计
固定资产价值	(90)											(270)
固定资产折旧					37	37				37	37	259
改良支出							37	37	37			(80)
改良支出摊销		(90)	(90)						(80)	40	40	80
净利润					60	60				60	60	420
残值净收入							60	60	60		11	11
营运资金				(140)							1 420	0
总　计	(90)	(90)	(90)	(140)	97	97	97	97	17	137	288	420

（资料来源：财政部会计资格评价中心.财务管理［M］.北京：中国财政经济出版社，2015.）

案例 4-11

某旅游企业购置一套娱乐设施，买价 40 000 元，安装调试费 2 000 元，第一年初垫支流动资金 3 000 元，按直线法计提折旧，预计使用年限 5 年，预计报废净残值 4 000 元。该设施投入使用后每年带来营业收入 30 000 元，第一年付现成本 10 000 元，随后每年递增 10%，假设所得税率为 25%，计算该设施投资的现金流量。

直线法下各年应提取的折旧额计算如下：

$$年折旧额＝（原始价值－预计净残值）/预计使用年限$$
$$＝（42\ 000－4\ 000）/5＝7\ 600（元）$$

该旅游企业各年营业现金流量、现金流量计算表如表 4-5、表 4-6 所示。

表 4-5　购置娱乐设施方案各年营业现金流量计算表　　　　　单位：元

项　目	年　限				
	1	2	3	4	5
营业收入（1）	30 000	30 000	30 000	30 000	30 000
付现成本（2）	10 000	11 000	12 100	13 310	14 641
非付现成本（折旧）（3）	7 600	7 600	7 600	7 600	7 600
税前利润（4）＝（1）－（2）－（3）	12 400	11 400	10 300	9 090	7 759
所得税（5）＝（4）×25%	3 100	2 850	2 575	2 272.50	1 939.75
净利润（6）＝（4）－（5）	9 300	8 550	7 725	6 817.50	5 819.25
营业现金净流量＝（7）＝（1）－（2）－（5）＝（6）＋（3）	21 700	19 950	18 025	15 907.50	13 578.25

表 4-6　该旅游企业各年现金流量计算表　　　　　单位：元

项　目	年　限					
	0	1	2	3	4	5
原始投资额	42 000					
垫支流动资金	3 000					
营业现金流量		21 700	19 950	18 025	15 907.5	13 578.25
固定资产残值						4 000
流动资金收回						3 000
营业现金净流量	45 000	21 700	19 950	18 025	15 907.5	20 578.25

（资料来源：田明.财务成本管理［M］.北京：经济科学出版社，2015.）

3. 投资决策选用现金流量指标而非利润指标的原因

（1）利润指标未考虑货币的时间价值。

（2）利润的计算与现金流量的计算相比具有较强的主观随意性。

（3）利润指标以权责发生制为依据，反映的是某一会计期间"应收、应付"的现金流量，而非实际的现金流量，而现金流量指标以收付实现制为依据，真实地反映各期现金流入流出量，以此作为投资决策指标相比利润更加科学合理。

同时也应看到，现金流量指标与利润指标并非毫不相干，从整个投资的有效期观察，利润总计与现金流量总计是相等的，所以以现金流量指标代替利润指标也是切实可行的。

二、旅游企业项目投资决策评价指标

项目投资评价指标是衡量和比较投资项目可行性并据以进行方案决策等定量化标准与尺度，它由一系列综合反映投资效益、投入产出关系的量化指标构成。

项目投资决策评价指标根据其是否考虑资金时间价值，分为非贴现指标和贴现指标两大类。

（一）非贴现现金流量指标

非贴现评价指标又称静态指标，是指不考虑资金时间价值，各期现金流量直接按项目实际流入流出数额计算的指标，包括投资利润率、投资回收期等。

1. 投资回收期（PP）

投资回收期指以项目历年所获净现金流量回收该项目最初全部投资额所需时间。

（1）如果每年现金净流量相等，投资回收期的计算公式如下：

投资回收期＝投资总额/每年现金净流量

（2）如果每年现金流量不等，投资回收期的计算公式如下：

投资回收期＝(累计现金净流量第一次出现正值年份−1)

＋上年累计净现金流量绝对值/该年现金净流量

投资回收期指标以建设期投资回收速度的快慢作为评价项目投资效益的标准，回收期越短越好，这样不仅可以减少投资风险，而且可以大大节约资金，提高投资的使用效益，这对于资金相对紧张的旅游业来说尤为重要。

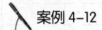

案例 4-12

某饭店洗衣房欲投资 10 万元购置一批洗衣机，预计使用年限为 5 年，报废无残值，按直线法计提折旧，该项目预计每年可实现净利 16 000 元，计算该项目投资回收期。

投资洗衣机项目各年现金流量如表 4-7 所示。

表 4-7　投资洗衣机项目各年现金流量情况表　　　　　单位：元

项　　目	年　　限					
	0	1	2	3	4	5
各年计提折旧额		20 000	20 000	20 000	20 000	20 000
各年净利		16 000	16 000	16 000	16 000	16 000
现金净流量	100 000	36 000	36 000	36 000	36 000	36 000

其中：

洗衣机年折旧额＝100 000/5＝20 000（元）

该饭店投资洗衣机项目各年现金净流量＝净利＋折旧＝16 000＋20 000＝36 000（元）

则投资回收期＝100 000/36 000＝2.78（年）

各年累计现金净流量如表4-8所示。

表4-8 各年累计现金净流量

项 目	年 限					
	0	1	2	3	4	5
现金净流量	45 000	21 700	19 950	18 025	15 907.5	20 578.25
累计现金净流量	45 000	23 300	3 350	14 675	30 582.5	50 060.75

（资料来源：蔡万坤.现代酒店财务管理［M］.广州：广东旅游出版社，2013.）

根据公式：

$$投资回收期＝3-1＋3 350/18 025＝2.19（年）$$

（3）投资回收期指标的优缺点。优点：计算简便；可从一定程度上反映企业投资方案的变现能力及风险大小。缺点：没有考虑投资回收以后的现金流量，偏重于对投资变现能力的考虑，而没有根据投资方案的整体效益来评价和分析投资方案的优劣；没有考虑资金的时间价值。该指标一般适应于方案的初选。

2. 投资利润率（ROI）

投资利润率又称为平均报酬率，是投资项目整个寿命周期内的年平均利润额占投资总额的百分数。

（1）投资利润率计算公式为

$$投资利润率＝年平均净利润/投资总额×100\%$$

在利用投资利润率指标进行旅游企业投资项目评价时，首先要确定企业期望的投资报酬率，只有当投资方案的投资利润率大于或等于企业的期望报酬率时，该方案才可行；而在比较多个投资方案的优劣时，应从满足期望收益率要求的方案中选择投资利润率高的方案为最优方案。

 案例 4-13

案例 4-12 的资料中，如果该饭店预期投资报酬率为20%，判断该投资项目是否可行。

根据公式：

$$投资利润率＝16 000/100 000×100\%＝16\%$$

因 16%＜20%，由此可以判断该投资项目不可行。

（资料来源：蔡万坤.现代酒店财务管理［M］.广州：广东旅游出版社，2013.）

 案例 4-14

根据案例 4-11 的资料，该旅游企业预期投资报酬率为15%，判断该投资项目是否可行。

各年平均净利润＝利润总额/投资年限＝（9 300＋8 550＋7 725＋6 817.5＋5 819.25）/5
＝7 642.35（元）

根据公式

$$投资利润率＝7\ 642.35/45\ 000×100\%＝16.98\%$$

因为，该方案实际投资利润率 16.98% 大于预期报酬率 15%，该方案可行。

（资料来源：田明.财务成本管理［M］.北京：经济科学出版社，2015.）

（2）投资利润率指标的优缺点。优点：计算简便；能在一定程度上反映投资所产生的盈利水平，比投资回收期法更客观、全面。缺点：没有考虑资金时间价值，忽略了不同时间收益的差异；没有考虑投资的回收，容易导致决策的失误。

（二）贴现现金流量指标

贴现指标又称动态指标，即考虑资金时间价值因素的指标，因而更科学、更符合资金运动的实际，从 20 世纪 70 年代以来，人们普遍应用贴现指标作为长期投资项目的评价指标。贴现现金流量指标包括净现值、现值指数、内涵报酬率等。

1. 净现值（NPV）

净现值是指特定方案在项目计算期内，按一定贴现率计算的各年现金净流量现值的代数和即现金流入现值与现金流出现值之间的差额，也可以表示为未来报酬的总现值与初始投资的差额。所用的贴现率可以是企业的资金成本，也可是企业所要求的最低报酬率。

（1）当营业期内各年现金净流量相等时，净现值 NPV 的计算公式如下：

$$净现值＝年现金净流量×年金现值系数-投资额的现值$$

（2）当营业期内各年现金净流量不相等时，净现值的计算公式如下：

$$净现值＝\sum(经营期内某年现金净流量×该年的复利现值系数)-投资额现值$$

如果净现值 NPV＞0，即投资项目的现金流入现值大于现金流出现值，说明该方案可实现的报酬率＞预定的贴现率；如果净现值 NPV＝0，即投资项目的现金流入现值＝现金流出现值，说明该方案可实现的报酬率＝预定的贴现率；如果净现值 NPV＜0，即投资项目的现金流入现值小于现金流出现值，说明该方案可实现的报酬率小于预定的贴现率。

利用净现值 NPV 决策时，备选方案的 NPV 必须大于零，否则投资项目应放弃；若几个备选方案的投资额相同，项目计算期相等，且 NPV 都大于零，则 NPV 越大越好，应选择 NPV 最大的方案。

案例 4-15

根据案例 4-12 的资料，假定资金成本为 15%，要求的最低投资报酬率为 20%，试用净现值法判断该方案是否可行。

按照资金成本计算的净现值：

$$NPV＝36\ 000×(P/A，15\%，5)-100\ 000$$
$$＝36\ 000×3.355\ 2-100\ 000＝20\ 787.2（元）$$

按照最低报酬率计算的净现值：

$$NPV = 36\,000 \times (P/A,\ 20\%,\ 5) - 100\,000$$
$$= 36\,000 \times 2.990\,6 - 100\,000 = 7\,661.6\,(元)$$

从计算结果可以看出，用资金成本和最低报酬率计算的该投资项目的净现值均大于零，这说明该饭店投资洗衣机的项目不仅可以补偿资金成本，同时还可以达到并超过最低报酬率的要求，方案切实可行。

（资料来源：蔡万坤. 现代酒店财务管理［M］. 广州：广东旅游出版社，2013.）

案例 4-16

根据案例 4-12 资料，假定资金成本为 10%，最低报酬率为 15%。试判断该投资项目是否可行。

按照资金成本计算的净现值：

$$NPV = 21\,700 \times (P/F,\ 10\%,\ 1) + 19\,950 \times (P/F,\ 10\%,\ 2) + 18\,025 \times (P/F,\ 10\%,\ 3)$$
$$+ 15\,907.5 \times (P/F,\ 10\%,\ 4) + 20\,578.25 \times (P/F,\ 10\%,\ 5) - 45\,000$$
$$= 21\,700 \times 0.909\,1 + 19\,950 \times 0.826\,4 + 18\,025 \times 0.751\,3 + 15\,907.5 \times 0.683\,0$$
$$+ 20\,578.25 \times 0.620\,9 - 45\,000$$
$$= 19\,727.47 + 16\,486.68 + 13\,542.18 + 10\,864.82 - 45\,000$$
$$= 15\,621.15\,(元)$$

按照最低报酬率计算的净现值：

$$NPV = 21\,700 \times (P/F,\ 15\%,\ 1) + 19\,950 \times (P/F,\ 15\%,\ 2)$$
$$+ 18\,025 \times (P/F,\ 15\%,\ 3) + 15\,907.5 \times (P/F,\ 15\%,\ 4)$$
$$+ 20\,578.25 \times (P/F,\ 10\%,\ 5) - 45\,000$$
$$= 21\,700 \times 0.869\,6 + 19\,950 \times 0.756\,1 + 18\,025 \times 0.657\,5$$
$$+ 15\,907.5 \times 0.571\,8 + 20\,578.25 \times 0.497\,2 - 45\,000$$
$$= 18\,870.32 + 15\,084.20 + 11\,851.44 + 9\,095.91 + 10\,231.51 - 45\,000$$
$$= 20\,133.38\,(元)$$

从上述计算结果看出，用资金成本和最低报酬率作为贴现率计算的净现值都大于零，说明该投资项目不仅可以赚回资金成本，同时达到并超过了最低报酬率，方案可行。

（资料来源：蔡万坤. 现代酒店财务管理［M］. 广州：广东旅游出版社，2013.）

（3）净现值指标的优缺点。优点：①适用性强，能基本满足项目年限相同的互斥投资方案的决策。②能灵活地考虑投资风险。净现值法在所设定的贴现率中包含投资风险报酬率要求，就能有效的考虑投资风险。③考虑了资金的时间价值，能科学反映投资项目的真正经济价值。缺点：①当各项目投资额不同、投资期限不同时，难以确定投资项目的优劣；②无法直接反映项目的实际投资收益率水平；③整个项目计算期内现金流量的测算及贴现率的确定较为困难。

2. 现值指数（PI）

现值指数是指项目计算期内各年现金流入量现值与现金流出量现值之间的比率。现值指数也称作获利指数。

（1）如果现值指数＞1，表明该投资项目的报酬率大于贴现率，投资存在额外收益；如果现值指数＝1，表明该投资项目的报酬率等于贴现率，投资不存在额外收益；现值指数＜1，表明该投资项目的报酬率小于贴现率，投资收益不能抵付资金成本。利用现值指数决策时，备选方案的现值指数必须大于 1，否则投资项目应放弃；若几个备选方案的现值指数都大于 1，则现值指数越大越好，应选择现值指数最大的方案。

 案例 4-17

根据案例 4-12 的资料，当资金成本为 15%时，试根据现值指数法判断方案的可行性。该投资项目的现值指数＝36 000×3.355 2÷100 000＝1.21，现值指数 1.21＞1，说明该项目投资报酬率大于资金成本，方案可行。

（资料来源：蔡万坤.现代酒店财务管理［M］.广州：广东旅游出版社，2013.）

 案例 4-18

根据案例 4-10 的资料，当资金成本为 10%时，试根据现值指数法判断方案的可行性。

该项目的现值指数＝（21 700×0.869 6＋19 950×0.756 1＋18 025×0.657 5＋15 907.5
×0.571 8＋20 578.25×0.497 2）÷45 000＝1.35

从计算结果看，该投资项目现值指数为 1.35＞1，说明投资报酬率大于资金成本，方案可行。

（资料来源：财政部会计资格评价中心.财务管理［M］.北京：中国财政经济出版社，2015.）

（2）现值指数指标的优缺点。优点：①现值指数法也是净现值法的辅助方法，在各方案原始投资额现值相同时，实质上就是净现值法。不仅具备了净现值指标的优点，同时也弥补了净现值指标在投资额不同的方案中难于抉择的缺陷，现值指数能从动态的角度反映项目投资的投入产出比。②PVI 是一个相对数指标，反映了投资效率，可用于投资额现值不同的独立方案比较。缺点：与净现值指标相似，难以确定贴现率，不能反映实际的投资报酬率。

3. 内含报酬率（IRR）

内含报酬率又称内部收益率，是使投资项目的净现值等于零的贴现率。它是方案本身的报酬率，不受预定报酬率的影响，从理论和实际上都具有说服力，因此被广泛应用。

当投资项目的内含报酬率大于企业必要投资报酬率时，该方案可行；当投资项目的内含报酬率小于企业必要投资报酬率时，该方案应放弃。

如果几个投资方案的内含报酬率都大于其必要的投资报酬率，应选择投资报酬率最大的方案。

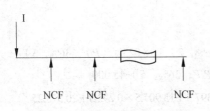

图 4-1　内含报酬率指标计算步骤

（1）内含报酬率的计算过程一般分两种情况。

如果经营期内各年现金净流量相等时，内含报酬率指标计算过程分 3 步进行，如图 4-1 所示。

第一步，计算净现值为零时的年金现值系数。

$$NPV＝年现金净流量×(P/A，i，n)-初始投资＝0$$

$$(P/A，i，n)＝初始投资/年现金净流量$$

第二步，根据计算出来的年金现值系数及已知年限 n，查年金现值系数表，如在表中不能直接找到上述系数及相应的折现率，则可找出与上述系数相邻的两个系数对应的两个折现率。

第三步，根据插值法计算出项目的内含报酬率。

 案例 4-19

某旅游景点拟购入一台新型设备，购价为 160 万元，使用年限 10 年，无残值。该方案的最低投资报酬率要求为 12%（以此作为贴现率）。使用新设备后，估计每年产生现金净流量 30 万元。要求：用内含报酬率指标评价该方案是否可行。

令　　　　　　　　　　　$$30×(P/A，IRR，10)-160＝0$$

得　　　　　　　　　　　$$(P/A，IRR，10)＝5.333\ 3$$

现已知方案的使用年限为 10 年，查年金现值系数表，可查得：时期 10，系数 5.3 333 所对应的贴现率在 12%～14% 之间。采用插值法求得，该方案的内含报酬率为 13.46%，高于最低投资报酬率 12%，方案可行。

（资料来源：张学梅. 旅游企业财务管理［M］. 北京：北京大学出版社，2007.）

如果投资方案的每年现金流量不相等，各年现金流量的分布就不是年金形式，不能采用直接查年金现值系数表的方法来计算内含报酬率，而需采用逐次测试法，如图 4-2 所示。

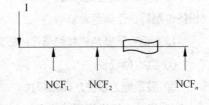

图 4-2　逐次测试法

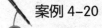 **案例 4-20**

根据案例 4-10 资料，假定资金成本为 20%，企业要求的最低报酬率为 33%，试用内含报酬率指标分析该投资项目的可行性。

令 $i＝32\%$，则

$$NPV＝21\ 700×(P/F，32\%，1)＋19\ 950×(P/F，32\%，2)＋18\ 025×(P/F，32\%，3)$$
$$＋15\ 907.5×(P/F，32\%，4)＋20\ 578.25×(P/F，32\%，5)-45\ 000$$

$$=21\ 700\times0.757\ 6+19\ 950\times0.573\ 9+18\ 025\times0.434\ 8+15\ 907.5\times0.329\ 4+20\ 578.25$$
$$\times0.249\ 5-45\ 000$$

$$=16\ 439.92+11\ 449.31+7\ 837.27+5\ 239.93+5\ 134.27-45\ 000$$

$$=1\ 100.7\ (元)$$

令 $i=36\%$，则

$$NPV=21\ 700\times(P/F,36\%,1)+19\ 950\times(P/F,36\%,2)+18\ 025\times(P/F,36\%,3)$$
$$+15\ 907.5\times(P/F,36\%,4)+20\ 578.25\times(P/F,36\%,5)-45\ 000$$

$$=21\ 700\times0.735\ 3+19\ 950\times0.540\ 7+18\ 025\times0.397\ 5+15\ 907.5\times0.292\ 3+20\ 578.25$$
$$\times0.214\ 9-45\ 000$$

$$=15\ 956.01+10\ 786.97+7\ 164.94+4\ 649.76+4\ 422.27-45\ 000$$

$$=-2\ 020.05\ (元)$$

利用插值法计算内含报酬率：

$$IRR=20\%+1\ 789/(1\ 789+2\ 143.62)\times(50\%-20\%)=33.41\%$$

计算结果表明，该项目内含报酬率 33.41%大于该旅游企业要求的最低报酬率 33%，该投资项目可行。

（资料来源：财政部会计资格评价中心.财务管理［M］.北京：中国财政经济出版社，2015.）

（2）内含报酬率指标的优缺点。优点：①内含报酬率反映了投资项目实际可能达到的投资报酬率，易于被高层决策人员所理；②反映各独立投资方案的获利水平，适合独立方案的比较决策。缺点：①计算复杂，不易直接考虑投资风险大小；②在互斥投资方案决策时，如果各方案的原始投资额现值不相等，有时无法做出正确的决策。

三、旅游企业固定资产投资管理

（一）旅游企业固定资产投资的特点

（1）固定资产概念：固定资产（Fixed Assets）是指单位价值在国家规定标准以上，使用年限在 1 年以上的房屋、建筑物、机器、机械、运输工具和其他与旅游服务经营有关的设备、器具、工具等。

（2）相对于旅游业其他资产，固定资产投资具有如下特点。

① 回收期较长。

② 变现能力较差，风险较大。

③ 资金占用数量相对稳定。

④ 数额大，投资次数少。

（二）旅游企业固定资产投资决策

1. 固定资产更新决策

固定资产更新是指旅游企业对现有的在技术或经济上不宜继续使用的固定资产用性能更好的新的固定资产进行实物替换或进行技术改造的过程。

更新的原因具体表现为以下两种情况。

(1) 旧有固定资产不宜大修。

(2) 旧有固定资产不再适用。

更新决策分析需要解决两个问题：一是对是否进行固定资产更新做出决策；二是对选择什么样的新资产实现更新做出决策。

案例 4-21

某旅游企业为提高旅游服务质量，决定购置新型多功能客车代替原有旧客车。原有客车购置成本为 400 000 元，预计使用年限为 10 年，已使用 5 年，已提折旧 200 000 元，假设使用期满无残值，如果现在转让价为 200 000 元，使用该客车年收入 500 000 元，每年付现成本为 300 000 元。该企业现准备购置新型客车淘汰原有客车，新客车的购置成本为 600 000 元，估计可用 5 年，期满有残值 50 000 元，使用新型客车年收入可达 800 000 元，年付现成本为 400 000 元。假定该企业资金成本为 10%，所得税率为 25%，新旧客车均采用直线法计提折旧，试做出该企业是否要进行客车更新的决策。

方案一：继续使用原有旧客车年营业现金净流量如表 4-9 所示。

表 4-9　继续使用原有旧客车营业现金净流量计算表

项　目	现金流量/元
年营业收入	500 000
年付现成本	300 000
年折旧额	40 000
年利润	160 000
所得税	40 000
税后净利	120 000
营业现金净流量	160 000

注：

年固定资产折旧额＝200 000÷5＝40 000（元）

净现值＝160 000×(P/A，10%，5)−200 000＝160 000×3.790 8−200 000＝406 528（元）

方案二：使用新型客车年营业现金净流量如表 4-10 所示。

表 4-10　用新型客车年营业现金净流量计算表

项　目	现金流量/元
年营业收入	800 000
年付现成本	400 000
年折旧额	110 000
年利润	290 000
所得税	72 500
税后净利	217 500
营业现金净流量	327 500

注：

年固定资产折旧（600 000−50 000）÷5＝110 000（元）

净现值＝327 500×（P/A，10%，5）＋50 000×（P/F，10%，5）−600 000

＝327 500×3.790 8＋50 000×0.620 9−600 000

＝1 243 845＋31 045−600 000

＝674 890（元）

从计算结果可以看出更新客车比继续使用原有客车可增加净现值

674 890−406 528＝268 362（元）

因此，该企业应采用更新客车方案。

（资料来源：［美］切奥尔·S.尤恩，布鲁斯·G.雷斯尼克. 国际财务管理［M］. 北京：机械工业出版社，2015.）

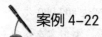 案例 4-22

案例 4-21 中，假定新型客车使用年限为 7 年，报废残值为 40 000 元，其他条件不变，试分析判断该旅游企业是否要更新客车？

从题意来看，如果继续使用原有客车，使用期限为 5 年；如果购置新型客车使用期限为 7 年，两个方案使用期限不同，不便直接比较现金流量的净现值，须进而计算出年均净现值再予以抉择。

根据公式

年均净现值＝总净现值/年金现值系数

则

继续使用原有客车的平均净现值＝406 528/（P/A，10%，5）＝107 240.69（元）

使用新型客车年营业现金净流量如表 4-11 表示。

表 4-11　使用新型客车年营业现金净流量计算表

项　目	现金流量/元
年营业收入	800 000
年付现成本	400 000
年折旧额	80 000
年利润	320 000
所得税	80 000
税后净利	240 000
营业现金净流量	320 000

注：

年固定资产折旧额＝（600 000−40 000）÷7＝80 000（元）

净现值＝320 000×（P/A，10%，7）＋40 000×（P/F，10%.7）−600 000

$$=320\ 000\times4.868\ 4+40\ 000\times0.513\ 2-600\ 000$$

$$=1\ 557\ 888+20\ 528-600\ 000=978\ 416（元）$$

年金净现值$=978\ 416/（P/A，10\%，7）=200\ 972.80（元）$

比较两个方案的年均净现值，很容易发现，使用新客车远远优于继续使用原有客车的方案。

（资料来源：［美］切奥尔·S.尤恩，布鲁斯·G.雷斯尼克. 国际财务管理［M］. 北京：机械工业出版社，2015.）

2. 购买或租赁的决策

（1）在企业财力充足的情况下，可选择购置方式取得固定资产，立即支付一笔可观的购置费，但固定资产折旧费计入营业成本，可抵减当期利润，获得减税收益，并且固定资产使用期满一般有残值收入，因此购买固定资产现金流出现值满足如下公式。

购买固定资产现金流出现值＝购买固定资产现金支出−折旧减税额现值−残值现值

选择购置方式还是租赁方式取得固定资产，关键是看哪种方式现金流出现值更少。

案例 4-23

某酒店为方便游客健身，准备添置一套健身房设备，若自行购买需投资 600 000 元，预计可使用 8 年，期满预计有 40 000 元残值；若采用租赁方式每年需支付租金 110 000 元，租期 8 年。假定资金成本为 6%，所得税率为 40%，企业应该如何决策？

自行购买健身设备：

现金流出现值＝购买固定资产现金支出−折旧减税额现值−残值现值

$$=600\ 000-（600\ 000-40\ 000）/8\times40\%\times（P/A，6\%，8）-40\ 000\times（P/F，6\%，8）$$

$$=600\ 000-28\ 000\times6.209\ 8-40\ 000\times0.627\ 4$$

$$=600\ 000-173\ 874.4-25\ 096=401\ 029.6（元）$$

租赁健身设备：

现金流出现值＝各期租赁费支出现值×各期租赁费减税额现值

$$=（110\ 000-110\ 000\times40\%）\times（P/A，6\%，8）$$

$$=66\ 000\times6.209\ 8$$

$$=409\ 846.8（元）$$

计算结果表明，自行购买方式比租赁方式现金支出少 8 817.2 元（409 846.8−401 029.6），该企业采用购买方式较好。

（资料来源：财政部会计资格评价中心. 财务管理［M］. 北京：中国财政经济出版社，2015.）

（2）在企业财力有限的情况下，如果需要添置某项固定资产，只好选择举债购置或向租赁公司租入两种方式，两种方式获取的固定资产使用价值相同，选择哪种方式主要取决于取得成本的高低。其决策步骤如下。

对于举债方案，可通过计算净现值指标判断其可行性，只有净现值大于零时，方案才可行。

对于租赁方案，需计算出租金内部利率，再与举债购置方案的资金成本进行比较，如果租金内部利率小于举债购置方案的资金成本，则租赁方案为优；如果租金内部利率大于举债购置方案的资金成本，则举债购置方案为优。

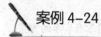 案例4-24

根据案例4-23的资料，假定该健身设备投入使用后每年可增加营业收入40 000元，每年付现成本为28 000元，其他条件不变，试进行投资决策。

举债购置方案：

年折旧额＝（600 000-40 000）/8＝70 000（元）

年利润总额＝400 000-280 000-70 000＝50 000（元）

年净利＝50 000×（1-40%）＝30 000（元）

年现金净流量＝30 000＋70 000＝100 000（元）

净现值＝100 000×（P/A，6%，8）+40 000×（P/F，6%，8）-600 000

$\qquad$＝100 000×6.209 8+40 000×0.627 4-600 000

$\qquad$＝620 980＋25 096-600 000

$\qquad$＝46 076（元）

举债购置方案的净现值＞0，故该方案可行。

租赁方案：

租金内部利率系数＝租赁资产原价/年支付租金＝600 000/110 000＝5.454 5

查1元年金现值系数表，在$n＝8$年这一行，与系数5.454 5相邻的系数分别是5.534 8和5.334 9，其对应的贴现率分别是9%和10%，利用插值法计算。

租金内部利率＝9%＋（5.334 9-5.454 5）/（5.534 8-5.334 9）×（10%-9%）＝9.4%

由计算结果可用看出，租赁方案的租金内部利率9.4%高于举债资金成本6%，说明租赁方案资金成本较高，应选用举债购置为好。

（资料来源：财政部会计资格评价中心.财务管理［M］.北京：中国财政经济出版社，2015.）

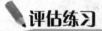 评估练习

一、单项选择题

1. 下列各项因素中，不会对投资项目内含报酬率指标计算结果产生影响的是（   ）。

　　A. 原始投资额　　　B. 资本成本　　　C. 项目计算期　　　D. 现金净流量

2. 在其他因素不变的情况下，下列财务评价指标中，指标数值越大表明项目可行性越强的有（   ）。

　　A. 净现值　　　　　B. 现值指数　　　C. 内含报酬率　　　D. 动态回收期

3. 在计算投资项目的未来现金流量时，报废设备的预计净残值为12 000元，按税法规定计算的净残值为14 000元，所得税税率为25%，则设备报废引起的预计现金流入量为

（ ）元。

    A. 7 380   B. 8 040   C. 12 500   D. 16 620

   4. 已知某投资项目的原始投资额现值为 100 万元，净现值为 25 万元，则该项目的现值指数为（ ）。

    A. 0.25   B. 0.75   C. 1.05   D. 1.25

二、简答题

1. 简述现金流量的概念。

2. 简述现金流入量的概念及包括的内容。

3. 简述现金流出量的概念及包括的内容。

4. 简述现金净流量的概念。

三、计算分析题

1. 某旅游企业正在对期限为 4 年的索道投资项目进行评价。部分资料如下。

（1）需要添置一索道项目，预计其购置成本为 4 000 万元。该索道可以在 20×1 年年底以前安装完毕，并在 20×1 年年底支付索道款。该索道按税法规定折旧年限为 5 年，净残值率为 5%；经济寿命为 4 年，4 年后即 20×5 年年底该项索道的市场价值预计为 500 万元。

（2）旅游饭店可以用 8 000 万元购买，在 20×1 年年底付款并交付使用。该饭店按税法规定折旧年限为 20 年，净残值率 5%，4 年后该饭店的市场价值预计为 7 000 万元。

（3）该旅游企业的所得税率为 40%。

要求：①分别计算饭店和索道的年折旧额以及第 4 年年末的账面价值；②分别计算第 4 年年末处置饭店和索道引起的税后净现金流量。

2. 某游乐场适用的企业所得税率为 25%，该游乐场要求的最低收益率为 12%。为了节约成本，提升运营效率和盈利水平，拟对正在使用的一台旧娱乐设施予以更新。其他资料如下。

资料一：该旧娱乐设施数据资料如表 4-12 所示。

表 4-12 旧娱乐设施数据   单位：万元

项 目	使用旧娱乐设施	购置新娱乐设施
原值	4 500	4 800
预计使用年限/年	10	6
已用年限/年	4	0
尚可使用年限/年	6	6
税法残值	500	600
最终报废残值	400	600
目前变现价值	1 900	4 800
年折旧	400	700
年付现成本	2 000	1 500
年营业收入	2 800	2 800

资料二：相关货币时间价值系数如表 4-13 所示。

表 4-13　货币时间价值系数

期限（n）	5	6
(P/F, 12%, n)	0.567 4	0.506 6
(P/A, 12%, n)	3.604 8	4.111 4

要求：

（1）计算与购置新娱乐设施相关的下列指标：①税后年营业收入；②税后年付现成本；③每年折旧抵税；④残值变价收入；⑤残值净收益纳税；⑥第 1～5 年现金净流量（$NCF_1 \sim NCF_5$）和第 6 年现金净流量（NCF_6）；⑦净现值（NPV）。

（2）计算与使用旧娱乐设施相关的下列指标：①目前账面价值；②目前资产报废损益；③资产报废损益对所得税的影响；④残值报废损失减税。

（3）已知使用旧娱乐设施的净现值（NPV）为 943.29 万元，根据上述计算结算，做出固定资产是否更新的决策，并说明理由。

（4）由于使用新娱乐设施的净现值小于使用旧娱乐设施的净现值，所以不应该更新娱乐设施（应该继续使用旧娱乐设施）。

3. 某旅游企业准备从甲、乙两单位选购一游乐场。甲游乐场购价为 35 000 元，投入使用后，年现金流量为 7 000 元；乙游乐场购价为 36 000 元，投入使用后，每年现金流量为 8 000 元。要求：用回收期指标决策该旅游企业应选购哪家单位游乐场？

4. 迪力旅游公司要购买一旅游船，需投资 150 000 元，使用年限为 5 年，每年的现金流量不相等，资本成本率为 5%，有关资料如表 4-14 所示。要求：计算该投资项目的回收期。

表 4-14　迪力公司项目现金流量表　　　　　　　　　　　　　　　　单位：元

年限	0	1	2	3	4	5
现金净流量	−150 000	30 000	35 000	60 000	50 000	40 000
累计现金流量	−150 000	−120 000	−85 000	−25 000	25 000	65 000
净流量现值	−150 000	28 560	31 745	51 840	41 150	31 360
累计净流量现值	−150 000	−121 440	−89 695	−37 855	3 295	34 655

5. 某旅游公司计划增添一旅游景点，现有甲、乙两个方案可供选择。甲方案需要投资 500 000 元，乙方案需要投资 750 000 元。两方案的预计使用寿命均为 5 年，折旧均采用直线法，预计残值甲方案为 20 000 元，乙方案为 30 000 元。

甲方案预计年旅游收入为 1 000 000 元，第一年付现成本为 660 000 元，以后在此基础上每年增加维修费 10 000 元。

乙方案预计年旅游收入为 1 400 000 元，年付现成本为 1 050 000 元。

方案投入营运时，甲方案需垫支营运资金 200 000 元，乙方案需垫支营运资金 250 000 元。

公司所得税率为 20%。

　　要求：根据上述资料，计算两方案的现金流量。

　　6. 已知某旅游景点投资项目现金流量如表 4-15 所示（单位：万元）。假设资本成本为 10%，要求计算投资项目净现值。

表 4-15　某旅游景点投资项目现金流量

年限	0	1	2	3	4	5	6	7	8
NCF	(80)	(80)	(80)	(40)	110	110	0	155	265

　　7. 某酒楼有两个独立投资方案，有关资料如表 4-16 所示。

表 4-16　净现值计算表　　　　　　　　　单位：元

项　　目	方案 A	方案 B
原始投资额现值	30 000	3 000
未来现金净流量现值	31 500	4 200
净现值	1 500	1 200

　　8. 兴达公司有一投资方案，需一次性投资 120 000 元，使用年限为 4 年，每年现金流入量分别为：30 000 元、40 000 元、50 000 元、35 000 元，要求：计算该投资方案的内含报酬率。

第五章

旅游企业营运资金管理

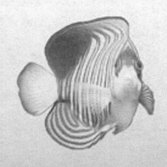

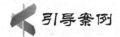

引导案例

某旅游企业的营运管理

某旅游企业各部门目前都存在一定的怨言。

采购部门的人抱怨：财务部门特别抠门，每次采购资金都不能足额及时提供，导致不能进行大批量采购，供应商给的数量折扣很难享受到，而且每次还得和供应商谈谈能不能给点赊购。再看看别的企业采购人员，每次采购的数量不仅多，还是付现款，供应商可把他们当上帝看了。

仓储部门抱怨：生产这么多产品，已经库存近半年了，每个月管理费用都不得了。

销售部门抱怨：生产部门总是让人担心，每次交货都是快到合同期了。一旦哪次没有及时完成生产，订单就泡汤，还会造成客户的不信任。

生产部门抱怨：仓库每次都不能及时发料。

财务部门抱怨：销售总是回款太慢，有些应收账款，都逾期快半年了，销售部门也不管，反正我们是没有时间和人去收。

（资料来源：张继东.旅游企业财务管理与案例［M］.天津：南开大学出版社，2013.）

辩证性思考：

1. 针对公司以上各部门存在的抱怨，请分析公司日常营运管理存在哪些问题？

2. 如果你作为公司财务经理，你会向公司提供什么样的管理建议？

第一节　旅游企业营运资金概述

教学目标：

（1）了解旅游企业营运资金的意义；

（2）掌握旅游企业营运资金的概念和特点。

一、旅游企业营运资金的概念

旅游企业营运资金是指在企业生产经营活动中占用在流动资产上的资金。营运资金有广义和狭义之分，广义的营运资金又称毛营运资本，是指一个企业流动资产的总额；狭义的营运资金又称净营运资本，是指流动资产减去流动负债后的余额。这里所说的是狭义的营运资金概念。营运资金的管理既包括对流动资产的管理，也包括对流动负债的管理。

流动资产主要是指可以在 1 年以内或超过 1 年的一个营业周期内变现或耗用的资产。主要包括货币资金、交易性金融资产、应收账款和存货等。

流动负债是指需要在 1 年或者超过 1 年的一个营业周期内偿还的债务。主要包括短期借款、应付账款和应付票据等。

我国企业的营运资金管理注重对短期资产的管理，比如现金管理、应收账款管理和存货管理。

二、旅游企业营运资金的特点

（一）周转期短

企业投资于流动资产的资金一般在 1 年或超过 1 年的一个营业周期内回收，对企业影响的时间比较短。因此，营运资金可以用商业信用、短期银行借款等方式解决。

（二）流动性强

企业的营运资金每次循环都要经历供产销一体的周转过程，其占用形态一般按照现金、材料、在产品、产成品、应收账款、现金的顺序转化。企业的流动资产一般具有较强的变现能力，如果遇到特殊情况，出现现金短缺，企业的存货、应收账款、短期有价证券容易变现，可迅速变卖流动资产，以获取现金。这一点对企业应付临时性的资金需求有重要意义。

（三）数量具有波动性

流动资产或流动负债容易受企业内外条件的影响，时高时低，数量的波动往往很大。随着流动资产数量的变动，流动负债的数量也会相应发生变动。

（四）来源具有多样性

营运资金的需求问题既可通过长期筹资方式解决，也可通过短期筹资方式解决，方式较为灵活多样，仅短期筹资就有银行短期借款、短期融资、商业信用、票据贴现等多种方式。

 知识拓展 5-1

> **旅游企业流动资产占用形态**
>
> 旅游企业流动资产占用形态：①旅行社基本没有物资储备，也没有生产过程，其流动资产除了小部分表现为费用和工资外，绝大部分是货币资金和结算资金；②旅游汽车公司的流动资产主要占用在燃料、汽车配件及工资和费用上；③饭店和酒店的流动资产的占用主要是食品用原料、物料用品、商品和工资费用等。
>
> （资料来源：贺志东.旅游企业财务管理［M］.广州：广东经济出版社，2011.）

三、旅游企业营运资金管理的意义

营运资金是企业资金总体中最具有活力的组成部分，企业的生存与发展在很大程度上，甚至从根本上是维系于营运资金的运转情况的。营运资金管理作为企业财务管理中的一个重要组成部分,其目标应与企业财务管理目标一致,即实现企业价值最大化。通过有效的营运资金管理,可以在充分满足生产经营活动周转需要和企业财务安全性的前提下,一方面保证企业资金的充分流动性,以维持正常生产经营、良好的偿债能力、增强企业筹资能力;另一方面加快营运资金周转速度,减少持有成本,降低投资风险。旅游业的流动资产通常占到总资产的 1/3~1/2,甚至有的旅行社能占到 2/3 左右。因此,旅游企业营运资金的管理水平,对总体经营将产生重大影响。

评估练习

1. 什么是旅游企业营运资金管理?它具有哪些特点?
2. 分析旅游企业营运资金管理的意义。

第二节 旅游企业现金管理

教学目标:

(1)了解现金管理基本理论和方法;

(2)理解持有现金的动机;

(3)掌握最佳现金持有量的计算方法。

现金是指在生产经营过程中以货币形态存在的资金,包括库存现金、银行存款和其他货币资金等。现金管理是旅游企业财务管理的重要组成部分,保持合理的现金水平是旅游企业现金管理的重要内容。现金是变现能力最强的资产,代表着企业直接的支付能力和应变能力。但同时,现金也是收益性最弱的资产,对其持有量不是越多越好。因此,企业必须建立起一套现金管理的方法,持有合理的现金数额,使其在时间上继起,在空间上并存,在现金的流动性和收益性之间进行合理选择。

一、旅游企业现金管理的目的

现金管理的目的取决于企业置存现金的目的,企业在生产经营过程中置存一定数量的现金主要是为了满足交易性、预防性和投机性活动等方面的需要。

(一)交易性需要

交易性需要是指企业为了维持日常周转及正常商业活动所需持有的现金储备。企业为了组织日常生产经营活动,必须保持一定数额的现金余额,用于材料的购置、工资费用的支付、税金的缴纳等。尽管企业平时也会从业务收入中取得现金,但难以做到收入和付出在数量和时间上那么协调。如果不持有适当数量的现金,就会影响到企业进行正常交易的连续性,或在一定情况下丧失享有现金折扣的良机。一般情况下,企业为满足交易动机所持有的现金余额主要取决于企业销售水平。企业销售扩大,销售额增加,所需现金余额也随之增加。

（二）预防性需要

预防性需要是指企业持有现金以备意外事项之需。这些意外事项如水灾、火患、地震等自然灾害、生产事故等。经营风险较大或销售收入变动幅度较大的企业对预防性需要更应重视。这些情况下的现金流量往往难以准确测算，因此持有一定数量的现金以防不测尤其必要。但并非所有经营活动和应付意外的准备都需要持有现金，其中有部分可用有价证券这种准现金来充当。企业为应付紧急情况所持有的现金余额主要取决于以下 3 个方面：一是企业愿冒现金短缺风险的程度；二是企业预测现金收支可靠的程度；三是企业临时举债能力的强弱。

（三）投机性需要

投机性需要是指企业需要持有一定量的现金以抓住突然出现的获利机会。比如，遇到廉价材料的时候或是有适当机会购入价格有利的有价证券的时候等。

由上述可见，每个企业都应持有一定数量的现金。如果企业缺乏必要的、流动性最强的资产，不仅难以应付日常的业务开支，错失良好的购买机会，还会对企业的信誉造成一定的影响。但是，企业的现金持有量并非越多越好。我们知道，现金属于收益性资产，若现金持有量过多，势必使一部分现金由于无法投入正常周转而成为闲置现金，从而丧失应有的获利功能。因此，现金管理的目的就是力求在加强现金流量管理、保持企业良好支付能力的同时，尽可能控制现金存量，提高现金利用效益。

二、现金的成本

（一）机会成本

机会成本是指企业持有一定数量的现金而放弃了其他投资机会可能获得的最大收益，也就是持有现金的机会成本，它与现金持有量成正比例关系，即现金持有量越大，机会成本越大，反之就越小。

（二）管理成本

管理成本是指企业因持有一定数量的现金而发生相关的管理费用，如管理人员工资、安全措施费等。一般认为，这部分费用在一定范围内与现金持有量之间没有明显的比例关系。

（三）转换成本

转换成本是指企业购入有价证券以及转让有价证券换取现金时支付的固定性交易费用，比如委托买卖佣金、委托手续费、证券过户费、实物交割手续费等。现金持有量的不同，是通过证券变现次数对转换成本产生影响的：在现金需要量一定的情况下，现金持有量越多，证券变现次数就越少，需要的转换成本也就越小。

（四）短缺成本

短缺成本是指在现金持有量不足又无法及时通过有价证券变现加以补充而给企业造成

的损失，包括直接损失和间接损失。现金的短缺成本与现金持有量呈反方向变动关系：即随现金持有量的增加而下降，随现金持有量的减少而上升。

 知识拓展 5-2

旅游"零负团费"的机会成本

近年来赴泰国旅游已经成为各旅行社主推产品，以 7 天 5 晚泰国跟团游为例，旅行社报价主要集中在 1 000 元至 4 000 元左右，鲜少旅行社也在出售 5 000 元、6 000 元、7 000 元的旅游产品，这些团被称之为奢华团。但是一位业内人士告诉记者，5 晚 7 天泰国跟团游的成本在 6 000 元上下，"这包括往返机票约 3 000 元，签证 240 元，还有酒店费用、领队费用等，999 元、1 999 元、2 999 元团费的泰国游都是零负团费，而且是负得很多的！"

记者还发现，不仅仅是小旅行社，一些行业知名的大旅行社，也在售卖 2 000 多元的 5 晚 7 天泰国游产品，高于 6 000 元的泰国游，在市场上几乎没有。"因为 6 000 元的泰国游，几乎收不来客人。"这名业内人士无奈地说。

《旅游法》对零负团费、自费项目等均有规定：旅行社不得以不合理的低价组织旅游活动，诱骗旅游者，并通过安排购物或者另行付费旅游项目获取回扣等不正当利益。旅行社组织、接待旅游者，不得指定具体购物场所，不得安排另行付费旅游项目。但为何无论是出境游还是国内游，仍出现诸多乱象？

该业内人士透露，在《旅游法》实行之初，的确取得了一些成效：旅行社团费上升、零负团费减少，但是伴随着每况愈下的收客人数，旅行社开始偷偷降低团费，试探法律的底线，降到 5 000 元，可以；再降到 4 000 元，没人管；再降，再降。渐渐地，原来旅游市场存在的问题不但没有消失，反而有愈演愈烈之势。

旅游行业相关利益方都需要负责。"旅行社组团本应是为游客提供比自助游更优惠、更方便的服务，但现在旅行社不合理低价已经损害了旅游整个行业的声誉。"中国社会科学院旅游研究中心副主任刘德谦说。

他认为，这种现状是由于地方旅游管理部门、工商部门等政府机构的不作为造成的，"他们没有负起责任来，一些法律已经实施很长时间，但没有得到很好的落实，《旅游法》等法律没有得到真正重视，但是这种现状是可以改变的。"

不容忽视的是，在这些案例中，游客也应承担一定的责任。一位不愿透露姓名的旅行社员工说，"从河北到香港，团费就收 450 元，不让你购物怎么可能？这样是不合法，但你来投诉，为什么不看看自己交了多少团费呢？当然现在我们也在做高端团，确实是有一定市场的，但是增长很慢很慢。"

北京联合大学旅游学院副院长张凌云说，"如果出行前，已经告知游客需要购物、需要参加自费，最后游客还以此为借口进行投诉，我认为这就涉及了游客诚信、道德问题，这样的情况游客维权时也是存在问题的。当然，目前整个旅游业相关利益方都需要负责。"

该如何改变旅游市场秩序？

对于旅游企业来说，应注重服务品质的提高。提高团费没人报不挣钱，降低团费就得非法盈利，对于这样的矛盾，携程旅行网公关经理陈彩银提到，"价格是吸引客人、但不是唯一吸引客人的手段，在保证价格具有竞争力的同时，旅游企业应更着重开发多形态产品类型，让游客可以多形态游玩，选择更加灵活。"张凌云也认为，"应鼓励企业竞争，让企业提供物美价廉的产品，鼓励企业通过提供低廉的价格、良好的服务来吸引消费者。"

这半年来，面对旅游市场乱象，旅游职能部门也做出了努力。近期，国家旅游局、公安部、工商总局3部门召开电视电话会议，联手整治"不合理低价"、违法"一日游"等扰乱旅游市场秩序的行为。

针对低价游，国家旅游局监督管理司司长彭志凯表示，国家旅游局将通过曝光典型案例，揭露"不合理低价"背后的陷阱，加强对游客理性消费的宣传引导。"同时，按照组团社与地接社联动治理，线上线下同时治理，旅行社与导游一体治理，企业与从业者协同治理，法律应用、市场化手段、行政管理联合治理原则，全国一盘棋整治旅游市场顽疾。"

刘德谦建议，旅游主管部门、专家学者以及旅游从业人员应该认真探讨、反思一下旅游业政策的盈利模式。"不能单靠一部法律解决所有的问题，也不能单靠某几个政府部门去解决市场问题，"张凌云认为，"旅游市场产生的乱象属于市场问题，应交给市场去解决，旅行社、景区也应思考用优质、诚信的服务去换取利润。"

（资料来源：王棣华.财务管理案例精析［M］.北京：中国市场出版社，2014.）

三、最佳现金持有量的确定

企业生产经营保持多少现金才合适？如何确定最佳现金余额？其基本原则是持有现金所花费的代价最低，最能给企业带来良好的经济效益。

确定最佳现金持有量的方法很多，在这里只介绍成本分析模式、存货模式、随机模式几种常见的模式。

 知识拓展 5-3

出境游的现金限额

每年年关将至，都是出国游的高峰期。很多华人都习惯携带大量现金购物，我们提醒大家，出境时尽量不要携带大量现金，实在需要须到达国家申报。否则随身携带的现金可能因为超过限额被没收，同时，出国旅游背假名牌包包，也可能要遭罚款。每个国家允许携带现金的数目并不一样，所以不要按照最高的国家去携带。

　　每年仅洛杉矶机场就会没收数百万美元，从洛杉矶入境的外籍人士中，中国公民是携带现金未申报被扣最多者。美国公民中携带现金未报而被扣者也以华裔最多。华人被没收的金额约占 1/5。

　　海关部门官员说："如果游客携带超过一万美元现金、旅行支票或者其他货币形式例如人民币等，都须向海关申报，并对现金的来源做出合理的解释，例如现金如果来自所出售房产，务必出示出卖房产的凭据等。"他指出，这样做是为了防止一些不法分子在境内洗钱。

　　海关部门官员指出，如果携带一万美元现金不申报，在一些情况下海关还会对乘客进行起诉，当事人最高可面临 50 万美元的罚款以及 10 年以上的有期徒刑。所以劝告携带超额现金的乘客不要撒谎、不要隐藏所带现金，并将手中现金的真实数量如实申报。

出境能带多少钱　各国不一样

　　根据我国海关规定，市民在出境时可以携带 20 000 元人民币或 5 000 美元以下的现金（可带等值外币），但是各国海关对于入境游客携带的现金都有不同的规定，例如欧洲各国允许携带现金入境的数量不同，但大多都在 5000 欧元以下。

　　根据规定，对于人民币现钞，旅客可携带进出境的限额均为不超过 20 000 元。对于外币现钞，出境旅客可携带外币现钞数额为不超过等值 5 000 美元；如果确实需要多带点现金，则需要提前办理申报手续，向外汇指定银行申领《携带证》，海关会凭加盖外汇指定银行印章的《携带证》验放。但是，如果想携带上百万的现金，即使有申报手续，也很可能会被收缴。

　　各国入境可带现金限额：加拿大，5 000 美元；美国，10 000 美元；澳大利亚，10 000 澳元；法国，7 622 欧元；德国，10 000 欧元；韩国，10 000 美元。

　　（资料来源：[美] 切奥尔·S.尤恩，布鲁斯·G.雷斯尼克. 国际财务管理 [M]. 北京：机械工业出版社，2015.）

（一）成本分析模式

　　成本分析模式是根据现金持有的相关成本，分析预测其总成本最低时现金持有量的一种方法。

　　成本分析模式只考虑企业持有一定量现金而发生的机会成本、管理成本和短缺成本，未考虑转换成本。如图 5-1 所示，找到机会成本、管理成本和短缺成本所组成的总成本曲线中最低点所对应的现金持有量，把它作为最佳现金持有量。

　　在实际工作中运用成本分析模式确定最佳现金持有量的步骤如下。

　　（1）根据不同现金持有量测算并确定有关成本数值。

　　（2）按照不同现金持有量及其相关成本资料编制最佳现金持有量测算表。

　　（3）在测算表中找出总成本最低时的现金持有量，即最佳现金持有量。

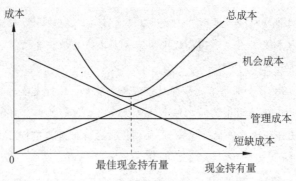

图 5-1　成本模式分析示意图

案例 5-1

　　某旅游企业的财务经理为了尽量减少企业闲置的现金数量，提高资金收益率，考虑确定最佳现金持有量，财务科对四种不同现金持有量的成本做了预测，具体数据如表 5-1 所示。

表 5-1　现金持有方案　　　　　　　　　　　　　　　单位：元

方　　案	A	B	C	D
现金持有量	25 000	50 000	75 000	100 000
管理成本	20 000	20 000	20 000	20 000
短缺成本	10 000	6 000	2 000	0

　　财务经理根据上述数据，结合企业的资本收益率 12%，利用成本分析模式，确定出企业最佳现金持有余额（参见表 5-2）。

表 5-2　最佳现金持有量测算表　　　　　　　　　　　单位：元

方案及现金持有量	管理成本	机会成本	短缺成本	相关总成本
A（25 000）	20 000	3 000	10 000	33 000
B（50 000）	20 000	6 000	6 000	32 000
C（75 000）	20 000	9 000	2 000	31 000
D（100 000）	20 000	12 000	0	32 000

　　C 方案的相关总成本最低，即公司持有 75 000 元现金时，各方面的总代价最低。

　　（资料来源：财政部会计资格评价中心. 财务管理［M］. 北京：中国财政经济出版社，2014.）

　　思考与讨论问题：

　　1. 不同现金持有量的机会成本是多少？

　　2. 财务经理应如何确定最佳现金持有余额？

（二）存货模式

　　存货模式是根据存货的经济批量模型原理来确定最佳现金持有量。使用存货模式时，假设企业在未来一定时期内现金流量可以预测，现金流量是每间隔一段时间发生一次，而流出量则是均匀地发生。当现金余额降至零时，企业可以出售有价证券进行补充，使下一周期现金余额恢复最高点，而后这笔现金在供生产逐渐支用，待其余额降至零后又进行补充……，如此周而复始。

如前所述，当企业持有的现金趋于零时，就需要将有价证券转换为现金，用于日常开支。但转换有价证券需要支付诸如经济费用等固定成本。一定时期内变换有价证券的次数越多，其固定成本就越高。当然，企业置存现金也要付出一定代价，因为保存现金意味着放弃了投资于有价证券而产生的利息收益机会。一般地说，在有价证券收益率不变的条件下，保持现金的余额越多，形成的机会成本越大。

 知识拓展 5-4

存货模式由来

存货模式是指 1952 年由美国经济学家威廉·鲍莫（William J.Baumol）首先提出的将存货经济进货批量模型原理用于确定目标现金持有量，其着眼点也是现金相关总成本最低。他认为企业现金持有量在许多方面与存货批量类似，因此，可用存货批量模型来确定企业最佳现金持有量。该模型假定一定时期内企业的现金总需求量可以预测出来，并且企业每天的现金需求量（即现金流入量减去现金流出量）稳定不变，当现金余额为零时，可通过出售有价证券获取现金，使现金余额重新达到应有的水平。例如，假设期初现金余额为 C 元，此后现金余额逐渐减少，当现金余额降至零时，通过出售有价证券使现金余额重新回升至 C 元，并不断重复上述过程。

（资料来源：[美]切奥尔·S.尤恩，布鲁斯·G.雷斯尼克. 国际财务管理 [M]. 北京：机械工业出版社，2015.）

持有现金机会成本与现金持有量成正比。现金的余额越大，持有现金的机会成本就越高。相反地，现金余额越大，有价证券的转换次数就越少，其转换成本也就越小。最佳的现金持有量就是求出两者之和为最低的总成本，如图 5-2 所示。

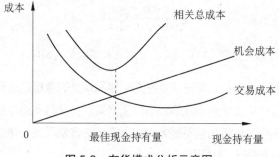

图 5-2　存货模式分析示意图

用公式表示如下：

$$现金管理总成本＝机会成本＋转换成本$$

即

$$TC = \frac{Q}{2} \cdot K + \frac{T}{Q} \cdot F \tag{5-1}$$

式中：TC 为现金管理相关总成本；Q 为现金最佳持有量（每次证券变现的数量），$Q/2$ 为该期的平均现金余额，K 为有价证券在该期间内的利率（机会成本）；T 为一个周期内现金总需要量；F 为每次转换有价证券的固定成本（转换成本）。

式 (5-1) 中 F、T、K 为常数，Q 为变量。为了求出总成本最低时的现金持有量，需对公式中的变量 Q 求导，即

$$\left(\frac{Q}{2} \cdot K + \frac{T}{Q} \cdot F \right)' = 0$$

$$\frac{K}{2} - \frac{T}{Q^2} \cdot F = 0$$

解得

$$Q = \sqrt{\frac{2FT}{K}} \tag{5-2}$$

将式 (5-2) 代入式 (5-1) 即求出最佳现金管理总成本。

$$TC = \sqrt{2TFK}$$

 案例 5-2

某旅行社预计 1 个月现金需要量为 1 000 000 元，准备用短期有价证券变现取得，每次转换有价证券的固定成本为 100 元，有价证券月利率为 0.5%，求该旅行社 1 个月的最佳现金持有量。

$$Q = \sqrt{\frac{2 \times 100 \times 1\,000\,000}{0.005}} = 200\,000 \ （元）$$

每月有价证券交易次数为

$$\frac{1\,000\,000}{200\,000} = 5 \ （次）$$

（资料来源：白冰. 财务管理 [M]. 北京：航空工业出版社，2011.）

存货模式确定最佳现金持有量是建立在未来期间现金流量稳定均衡且成周期性变化基础上的，而在实际工作中，企业要准确预测现金流量，往往是不易做到的。通常可以这样处理：在预测值与实际发生值相差不是太大时，实际持有量可在上述公式确定的最佳现金持有量基础上，稍微再提高一些即可。

（三）随机模式

在实际工作中，企业现金流量往往具有很大的不确定性，随机模式是企业在现金需求

量难以预知的情况下进行现金持有量控制的方法。由于现金流量波动是随机的，企业只能根据历史经验和现实需求对现金持有量确定一个控制区域，定出上限和下限。当企业现金余额在区域之间波动时，表明企业现金持有量处于合理水平，无须进行调整。当现金量达到上限时，则用现金购入有价证券；当现金量下降到下限时，则需卖出部分证券，使现金持有量回升。

 知识拓展 5-5

米勒——奥尔模型

1. 最低控制线 L 的确定

最低控制线 L 取决于模型之外的因素，其数额是由现金管理部经理在综合考虑短缺现金的风险程度、公司借款能力、公司日常周转所需资金、银行要求的补偿性余额等因素的基础上确定的。

2. 回归线的确定

$$R=\left(\frac{3b\delta^2}{4i}\right)^{1/3}+L$$

式中：b 为证券转换为现金或现金转换为证券的成本；δ 为 delta，公司每日现金流变动的标准差；i 为以日为基础计算的现金机会成本。

注：R 的影响因素为同向，L，b，δ；反向，i。

3. 最高控制线的确定

$$H=3R-2L$$

该公式可以变形为

$$H-R=2（R-L）$$

运用随机模型符合随机思想，如图 5-3 所示，适用于所有企业货币资金最佳持有量的测算。同时，随机模型建立在企业的现金未来需求总量和收支不可预测的前提下，因此，计算出来的现金持有量比较保守。

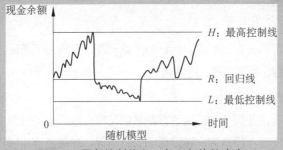

图 5-3　两条控制线和一条回归线的确定

（资料来源：闫华红. 中级财务管理 [M]. 北京：北京大学出版社，2015.）

四、现金收支的日常管理

现金收支管理的目的在于加速现金周转速度，提高现金的使用效率。提高现金使用效率主要有两个途径：一是尽量加速收款；二是严格控制现金支出。只有将"开源"与"节流"两者有机地结合起来，才能达到这一目的。

（一）加速收款

加速收款主要是指尽可能缩短应收账款的回收时间。欲实现这一过程，企业应尽量减少顾客付款的邮寄时间；减少企业收到支票与支票兑现之间的时间；加速资金存入往来银行的时间。具体措施有以下几种。

1. 银行业务集中法

银行业务集中法是一种通过建立多个收款中心来加速现金流转的方法。其优点表现在两个方面：①缩短了账单和支票的往返邮寄时间；②缩短了支票兑现所需要的时间。

2. 锁箱法

锁箱法又称邮政信箱法，是西方企业加速现金流转的一种常见方法。企业通过在各主要城市租用专门的邮政信箱，用以缩短支票邮寄和在企业的停留时间。

3. 其他方法

除以上两种方法外还有一些加速收款的方法，如授权付款法，对于大宗货款可采用电汇或直接派人前往收取支票等方法。

（二）控制支出

现金支出的控制包括在金额上控制和在时间上控制，主要应做到以下几点。

1. 遵守国家规定的库存现金使用范围

根据《现金管理暂行条例》的规定，库存现金的使用范围包括职工工资、津贴；个人劳务报酬；根据国家规定颁发给个人的科学技术、文化艺术、体育等各种奖金；各种劳保、福利费用以及国家规定的对个人的其他支出；向个人收购农副产品和其他物资的价款；出差人员必须随身携带的差旅费；结算起点以下的零星支出；中国人民银行确定需要支付现金的其他支出。

2. 钱账分管

钱账分管，实行内部牵制制度。会计与出纳分开，管钱的不管账，管账的不管钱，使会计和出纳相互牵制、相互监督、堵塞漏洞。

3. 现金浮游量

现金浮游量是指企业账户上的现金存款余额与银行账户上的存款余额之间的差额。主要来源是企业已开出支票但是客户还没有到银行兑现。如果企业能够正确预测现金浮游量并加以利用，可节约大量资金。如图 5-4 所示为收账浮动期图。

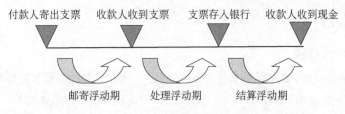

图 5-4 收账浮动期

4. 延缓应付账款的支付时间

企业在不影响自身信誉的前提下，可以尽量推迟应付账款的支付期。例如，企业在采购材料时，其付款条件为"2/10，*n*/30"，企业应安排在开票后第 10 天付款，这样既可最大限度地利用现金，同时又可享受现金折扣。倘若企业急需现金而放弃现金折扣优惠，当然应该安排在信用条件规定的最后一天支付款项。

5. 汇票付款

企业还可以利用汇票这一结算方式来延缓现金支出的时间。因为汇票和支票不同，不能见票即付，还需由银行经购货单位承兑后方能付现，故企业的银行存款实际支款时间迟于开出汇票时间。因此，企业可以通过采用汇票付款合法地延期付款。

（三）力求现金流入与流出同步

企业现金流入与流出不仅要求在金额上平衡，而且要力争在时间上相配合，这样才能使企业所持有的现金余额降到最低限度。基于这一认识，企业应及时掌握现金流动动态及其规律性。企业应尽量将闲置资金投入到流动性高、风险低的金融工具中，以不断提高现金利用效率。

案例 5-3

某国际航公司持有大量现金的原因

某国际航空公司的资产负债表显示出该公司的总资产是 87 亿美元，就凭这一点，该航空公司可算得上是世界上最大的航空运输公司之一。并且，该公司还持有高达 6 240 万美元的现金。有人会问：既然现金无法获得利息收入，该公司为什么还要持有这么多现金呢？把这些钱全部投资于短期有价证券多好？

航空公司的理由是要用现金对其所承运的货物和服务进行支付。但是又有人会说了：可以直接用短期有价证券（国库券）来支付员工工资！但要知道，这个国家的短期国库券的最小面值是 1 万美元！

现在你知道为什么该公司要大量持有现金了吧！——现金的可分割性、流动性最强。

（资料来源：周顾宇. 现代公司理财 [M]. 北京：清华大学出版社，2011.）

评估练习

一、单项选择题

1. 成本分析模式下的最佳现金持有量是使（　　）之和最小的现金持有量。

    A. 机会成本和交易成本　　　　　　　　B. 机会成本和短缺成本

    C. 管理成本和交易成本　　　　　　　　D. 管理成本、短缺成本和交易成本

2. 下列关于营运资金管理的说法中不正确的是（　　）。

    A. 营运资金的管理既包括流动资产的管理，也包括流动负债的管理

    B. 流动资产是指可以在 1 年以内或超过 1 年的一个营业周期内变现或运用的资产

    C. 流动资产的数量会随着企业内外条件的变化而变化，时高时低，波动很大

    D. 企业占用在流动资产上的资金，会在一年内收回

3. 下列各项关于现金周转期的表述中，错误的是（　　）。

    A. 减慢支付应付账款可以缩短现金周转期

    B. 产品生产周期的延长会缩短现金周转期

    C. 现金周转期一般短于存货周转期与应收账款周转期之和

    D. 现金周转期是介于公司支付现金与收到现金之间的时间段

4. 持有过量现金可能导致的不利后果是（　　）。

    A. 财务风险加大　　　　　　　　　　　B. 收益水平下降

    C. 偿债能力下降　　　　　　　　　　　D. 资产流动性下降

5. 成本分析模型下的最佳现金持有量是指（　　）之和最小的现金持有量。

    A. 机会成本与管理成本　　　　　　　　B. 机会成本与短缺成本

    C. 机会成本与转换成本　　　　　　　　D. 机会成本、转换成本与短缺成本

二、多项选择题

1. 企业持有现金的动机包括（　　）。

    A. 交易动机　　　　　　　　　　　　　B. 预防动机

    C. 投机动机　　　　　　　　　　　　　D. 满足将来偿债要求而建立的偿债基金

2. 确定最佳现金持有量的常见模型有（　　）。

    A. 存货模型　　　　　　　　　　　　　B. 成本分析模型

    C. 现金周转期模型　　　　　　　　　　D. 存货周转期模型

3. 营运资金的管理是企业财务管理工作的一项重要内容，营运资金的管理原则包括（　　）。

    A. 满足合理的资金需求　　　　　　　　B. 提高资金使用效率

    C. 节约资金使用成本　　　　　　　　　D. 保持足够的短期偿债能力

4. 预防性需求是指企业需要持有一定量的现金，以应付突发事件。确定预防性需求的现金数额时，需要考虑的因素包括（　　）。

    A. 企业愿冒现金短缺风险的程度　　　　B. 企业预测现金收支可靠的程度

C. 企业临时融资的能力　　　　　　　D. 企业日常经常需要

三、判断题

1. 如果企业的借款能力增强，保障程度较高，则可适当增加预防性现金的数额。（　　）

2. 营运资金越多，风险越大，收益越高。（　　）

3. 企业现金持有量过多会降低企业的收益水平。（　　）

四、简答题

1. 公司持有现金的目的是什么？持有现金的成本包括哪些？

2. 如何确定最佳现金持有量？

五、计算分析题

1. 假设某旅游公司明年需要现金 8 万元，已知有价证券的利率为 7%，将有价证券转换为现金的转换成本为 150 元，则最佳现金持有量和此时的相关最低总成本分别是多少？

2. 某旅游公司现金收支平衡，预计全年（360 天）现金需要量为 250 000 元，现金与有价证券的转换成本为每次 500 元，有价证券年利率为 10%。

要求：

(1) 计算最佳现金持有量。

(2) 计算最佳现金总成本、转换成本、持有机会成本。

(3) 有价证券交易次数、有价证券交易间隔期。

第三节　旅游企业应收账款管理

教学目标：

（1）理解应收账款的概念和特点；

（2）掌握应收账款的成本计算方法；

（3）能够通过信用条件备选方案表的计算，确定最佳收账方案。

一、应收账款及其管理的意义

应收账款是旅游企业因对外销售商品、提供劳务等而应向购货或接受劳务的单位收取的款项。近年来，随着国内外旅游企业间竞争的不断加剧，许多旅游企业为了扩大营业额，招揽更多客户，从而增强竞争力，获取利润。旅游企业在依靠原来广告、价格、服务等因素的基础上，在结算上采用了赊销的方式，由此产生了旅游企业的应收账款管理。

应收账款的管理对于旅游企业来说至关重要。一方面，提高旅游企业的市场竞争力。从源头控制，充分发挥旅游企业自身优势，不断开发新产品，开辟新的市场，拉开与其他同类旅游企业产品间的档次，增强市场竞争能力，使企业可以有目的地选择客户群，以减少资金在应收账款上的占用，从根本上减少赊销行为，最大限度降低应收账款带来的困扰；另一方面，建立应收账款的监控体系、预警机制。应收账款的监控体系应包括赊销的发生、收账、逾期风险预警等各个环节。财务部门对应收账款的分析管理，计提坏账准备金，计入当期费用。如果旅游企业不能及时收回赊销款，不但会给结算工作带来麻烦，还会影响正常的业务开展，同时失去更多投资机会，影响企业流动资金正常运转。

对于旅游企业来讲，应收账款的存在本身就是一个产销的统一体，企业既想借助于它来促进销售，增加营业额，增强企业竞争力，同时又希望尽量避免由于应收账款的存在而给企业带来的资金周转困难、坏账损失等弊端。因此，旅游企业加强应收账款管理并不意味着不能拥有应收账款，而是应将其控制在一定的合理范围内。

 知识拓展 5-6

旅行社的"应收账款"

旅游业是一个集食、住、行、游、购、娱于一体的综合性经济产业，为了满足旅游者的各种需求，客观上要求有饮食、住宿、交通、文化娱乐、景点以及旅游纪念品和其他日用商品的生产与销售等综合性设施来保证，即必须组成一个综合性的旅游服务系统。这一个综合性的客观要求，决定了旅行社的应收账款具有多面性。其一，旅行社除了在营业厅接收散客出游之外，一般情况下需要开拓一些大型企业客户，这些大型企业为了给员工提供较好的福利政策，以体现企业的凝聚力，一般都会定期组织员工外出疗养，而旅行社为获得客源，同时也为了体现自己的实力和信誉，往往会采取先旅游，后收款——"君子游"，或先预收部分款，待旅游结束后，无质量问题再结清尾款的办法，从而形成企业的应收账款。其二，外地旅行社（简称组团社）组团到本地来旅游，交本地旅行社（简称地接社）接待，组团社往往让导游带部分备用金，先预付一些门票费、住宿费及交通费，余款待旅游行程结束后，再结清。有的时候组团社会借用各种理由，比如住宿不达标，餐饮不卫生，旅游车不够档次等，拒绝全部付款。地接旅行社为了稳定客源，增加市场份额，也只能"不得已而为之"，形成旅行社与旅行社之间的应收账款。据统计，这部分应收账款占旅行社应收账款总量的80%以上。

可见，旅行社的应收账款是旅游市场竞争的产物，是供大于求的买方市场竞争压力所致。随着我国市场经济的建立和发展，旅游市场竞争日益加剧，应收账款作为一种商业信用和促销手段，被旅行社广泛采用。但是，应收账款在收回之前的持有时间内，不但不会增值，相反，还会丧失部分时间价值；如果应收账款不能及时收回，企业资金就无法继续周转，正常的营运活动就会被梗阻，旅行社之间还可能引发相互拖欠，从而形成严重的三角债，造成"甩团"现象，甚至有的地接旅行社，为了收款而把游客当作"人质"，扣留在机场、火车站或旅游车上，严重损害了组团旅行社的信誉和形象。可见，应收账款对旅行社具有一些不利影响，其影响程度取决于应收账款的规模大小和应收账款的账龄长短。因此，加强应收账款的管理，加速它的周转，避免或减少损失的发生，使企业在市场竞争中能更好地发挥应收账款的商业信用作用，是十分重要的工作，企业应采取有效措施，认真加以预防和解决。

（资料来源：卢德湖，王美玉.旅游企业会计实务 [M].2版.大连：中国版本图书馆，2015.）

二、应收账款的成本

企业持有应收账款就会付出一定的代价，这种代价就是应收账款的成本。具体包括：机会成本、管理成本和坏账成本。

（一）机会成本

因投放于应收账款而放弃其他投资所带来的收益，即为应收账款的机会成本（如有价证券的利息收入等）。其计算公式如下：

应收账款机会成本＝维持赊销业务所需要的资金×资金成本率

维持赊销业务所需资金可按下列步骤计算。

（1）应收账款平均余额＝日销售额（年销售额÷360）×平均收现期

（2）维持赊销业务所需资金＝应收账款平均余额×变动成本率

＝应收账款平均余额×（变动成本÷销售收入）

式中：资金成本率一般可按有价证券利息率计算；平均收现期指的是各种收现期的加权平均数。

案例 5-4

某旅游企业预计下年度销售净额为 1 800 万元，应收账款平均收账天数为 60 天，资本成本为 10%，变动成本率为 40%，则应收账款的机会成本是多少？（1 年按 360 天计算）

应收账款的平均余额＝（1 800÷360）×60＝300（万元）

维持赊销业务所需资金＝300×40%＝120（万元）

应收账款机会成本＝120×10%＝12（万元）

（资料来源：周桂芳.旅游企业财务管理［M］.北京：中国林业出版社，2008.）

（二）管理成本

管理成本主要是指在进行应收账款的日常管理时，所增加的费用。主要包括：调查顾客信用状况的费用、收集各种信息的费用、账簿的记录费用、收账费用等。

（三）坏账成本

在赊销交易中，债务人由于种种原因无力偿还债务，债权人就有可能无法收回应收账款而发生损失，这种损失就是坏账成本。可以说，企业发生坏账成本是不可避免的，而此项成本一般与应收账款的数量成正比，即应收账款越多，坏账成本也越多。坏账成本一般用下列公式测算。

应收账款的坏账成本＝赊销额×预计坏账损失率

三、信用政策

制定合理的信用政策是旅游企业加强应收账款管理、提高投资效益的重要前提。应收账款的信用政策就是应收账款的管理政策，是指企业为了对应收账款进行规划与控制而制定的基本原则和行为规范。具体包括 3 个部分：制定合理的信用标准、选择合适的信用条件和行之有效的收账政策。

（一）信用标准

所谓信用标准，是指旅游企业允许赊欠的客户获得企业提供信用所达到的最低信用水平，通常以预期的坏账损失率作为判别标准。如果顾客达不到企业设定的基本条件，便不能享受企业的赊销优惠政策。如果企业向顾客提出的要求过高，即信用标准严格，说明企业只愿意向信誉卓著的顾客提供赊账销售，这时企业遭受坏账损失的可能性就会很小；但是严格的信用标准，必然丧失一定的潜在客户。反之，如果企业信用标准较松，虽然有利于企业扩大销售，提高市场竞争力和占有率，但同时企业的坏账损失、应收账款的机会成本和管理成本也会相应增加。因此，指定合理的信用标准，必须在增加的收益和增加的各项成本之间做出选择。通常制订信用标准，决定对哪些顾客提供商业信用，可以根据顾客有关信用状况的资料进行定性分析。

1. 定性分析

定性分析法主要是采用 "5C" 分析法。

所谓 "5C" 分析法即从品德、能力、资本、抵押品和条件 5 个方面评估顾客信用的方法。这 5 个方面英文的第一个字母都是 C，故称之为 "5C" 分析法。

（1）品德：指顾客履行其付款义务的可能性。这是一项最重要的标准，品德极佳的顾客会尽自己最大努力支付货款。因此，分析顾客的品德直接决定着账款的回收速度和数量。

（2）能力：指顾客偿还货款的能力。这可根据顾客历史上的还款记录、现有的偿还能力和其本身的经济实力来判断。

（3）资本：指顾客的财务状况。财务状况好，偿还能力则强；反之财务状况不佳，偿债能力弱。这可根据相关财务比率进行判断。

（4）抵押品：指顾客是否愿意提供资产作为抵押以获得商业信用。

（5）条件：指可能影响顾客付款能力的客观经济环境。包括行业、地区及某些特殊情况对顾客付款能力的影响。

 知识拓展 5-7

"5C" 分析法起源

西方商业银行在长期的经营时间中，总结归纳出了 "5C" 原则，用以对借款人的信用风险进行分析，有些银行将分析的要素归纳为 "5W" 因素，即借款人（Who）、借款用途（Why）、还款期限（When）、担保物（What）及如何还款（How），还有的银行将其归纳为 "5P" 因素，即个人因素（Personal）、借款目的（Purpose）、偿还（Payment）、保障（Protection）和前景（Perspective）。

"5C" 分析法演变

5C 分析法最初是金融机构对客户作信用风险分析时所采用的专家分析法之一，它主要集中在借款人的道德品质（Character）、还款能力（Capacity）、资本实力（Capital）、担保（Collateral）和经营环境条件（Condition）5 个方面进行全面的定性分析以判别借款人的还款意愿和还款能力。

近些年"5C"分析法被更广泛地应用在企业对客户的信用评价，如果客户达不到信用标准，便不能享受企业的信用或只能享受较低的信用优惠。

（资料来源：Stephen R. Foerster.财务管理基础［M］.北京：中国人民大学出版社，2006.）

案例 5-5

江苏某家大型物资贸易公司，在物资市场饱和、以赊销为主的经营状况下，他们的年销售收入 4 亿元，而坏账损失只有 4 000 多万元。这个成绩来自于该企业的信用等级管理。他们根据"5C"分析法对客户进行评估后将其分为 3 类：A 级客户，公司可以继续满足其赊销的要求；B 级客户，即有回款不及时的客户，他们提出的赊销要求，公司要严格调查以往的销售记录和原始档案后决定；C 级客户，即让公司出现坏账的，公司则拒绝交易。

通过对客户进行信用等级管理，企业可以对不同信用等级的客户投入不同的人力和物力，采取不同的服务方式和给予不同的信用额度，促进企业销售额的增长和信用风险的降低，同时也为公司积累了一批优质的客户。

（资料来源：王棣华.财务管理案例精析［M］.北京：中国市场出版社，2014.）

2. 定量分析

企业进行商业信用的定量分析可以从考察信用申请人的财务报表开始。通常使用比率分析法评价顾客的财务状况。如流动比率、带动比率、存货周转率、产权比率或资产负债率等。

（二）信用条件

信用条件是指公司要求顾客支付赊销款项时所应遵循的条件。包括信用期限、现金折扣和折扣期限。

1. 信用期限

信用期限是指企业允许顾客在收到发货票到支付货款的时间，或者说是企业为客户规定的最长付款时间。一般情况下，产品的销售量与信用期限之间存在一定的依存关系。信用期限长可吸引大量的顾客，提高产品竞争力，增加销售收入从而增加收益，但是不当的延长企业的平均收账期，一方面增加了应收账款投资，可能造成企业资金紧张，甚至需要再去筹措资金而增加资金成本，从而增加机会成本；另一方面增加企业的管理成本和坏账损失的可能。因此，信用期间应以多长为宜，也需要企业在收益与成本之间做出权衡。

2. 现金折扣和折扣期限

现金折扣是企业对顾客在商品价格上的扣减。向顾客提供这种价格上的优惠，主要目的在于吸引顾客为享受优惠而提前付款，缩短企业的平均收款期。折扣期限是顾客享受折扣的付款期限，超过该期限即不能享受折扣。如"2/10，n/30"，若顾客在十天内付款可享受 2%的折扣，若顾客不想得到折扣，也必须在 30 天内付清欠款。这里 10 天为折扣期限，2%为折扣率，30 天为信用期限。公司是否给顾客提供现金折扣，也要进行收益成本分析。如果企业提供现金折扣，顾客能够在折扣期内付款，不仅加快了企业的平均收账期，而且减少了坏账损失与应收账款投资额，但是，给予顾客折扣会减少企业的销售收入。因此，必须在提供折扣增加的收益大于因顾客享受折扣而给企业造成的折扣损失时，才提供现金折扣。

案例 5-6

某旅游公司目前的赊销收入为 2 400 万元，变动成本率为 50%，资本成本率为 10%，目前的信用条件为"n/30"，坏账损失率为 10%。该公司为增强竞争能力，又提出了一个较为宽松的信用条件方案，将信用条件改为"1/10，n/60"，预计赊销收入将增加到 2 600 万元，估计赊销收入的30%会享受现金折扣，坏账损失率将下降到7%。改变信用条件是否可行？信用条件分析评价表，如表5-3 所示。

表 5-3　信用条件分析评价表　　　　　　　　　　单位：万元

项　目	条件修改前	条件修改后
年赊销收入	2 400	2 600
变动成本	2 400×50%＝1 200	2 600×50%＝1 300
现金折扣	0	2 600×30%×1%＝7.8
信用成本前收益	1 200	1 292.2
信用成本：		
应收账款周转期/天	30	30%×10＋60%×60＝39
维持赊销业务所需资金	2 400×50%×30/365＝98.63	2 600×50%×39/365＝138.90
应收账款机会成本	98.63×10%＝9.863	138.90×10%＝13.89
坏账损失	2 400×10%＝240	2 600×7%＝182
收账费用	0	0
小计	249.863	195.89
信用成本后收益	1 200－249.863＝950.137	1 292.2－195.89＝1 096.31

根据上述计算结果，条件修改后获利较修改前多，因此变更信用条件可行。

（资料来源：白冰.财务管理［M］.北京：航空工业出版社，2011.）

知识拓展 5-8

旅游企业应收账款信用表现

旅游企业信用是旅游信用行为的首要主体，是旅游信用的重心。旅游失信主要表现在旅游企业失信上，尤其在旅行社业和旅游交通业上表现突出。旅游企业失信的原因除了企业自身因素、文化因素、信息因素、法律因素、市场因素等外，重要的还在于制度因素，因此，必须从信用制度建设上入手，消除企业失信的根源。旅游企业的信用缺失主要表现：旅游企业之间的"三角债"问题；旅游合同交易信用缺失；服务质量信用缺失；旅游购物信用缺失；资本信用缺失；旅游促销信用缺失；旅游价格信用缺失；假冒行为。

我国旅游企业应收账款的信用缺失主要表现在旅游企业之间的"三角债"问题。"三角债"是对旅游企业之间相互拖欠贷款现象的俗称。在现实经济生活中，这种债务关系远远超出了"三角"关系，而成为一环套一环的债务链，"拖欠"已成为一种普遍现象。旅游企业的三角债问题在龙头产业旅行社业中表现最为突出。旅行社的"三角债"与其他工业企业不同，分为"线性债"和"三角债"两种类型。起初是由拖欠源头组团形成的一条线性的债务链，然后再由接待社拖欠其他旅游企业团款而形成的"三角债"。

组团社拖欠接待社团款的情况与他们之间旅游团款支付的方式有关。目前，我国旅行社之间旅游团款的支付有以下几类方式：现付团、预付团、系列团。以上旅游企业信用表现会引发一些问题，如增大企业的交易费用，削弱了旅游者的消费信心和投资者的投资信心，干扰企业间的正常经营活动，加大了金融风险，不利于品牌的树立，不利于旅游业的做大做强，使国家的政策法规效力大打折扣。治理旅游业信用环境，整顿旅游企业信用，已成为我国旅游经济生活中的当务之急。因此，应加大对旅游应收账款的信用政策的研究。

（资料来源：卢德湖，王美玉. 旅游企业会计实务［M］. 2 版. 大连：中国版本图书馆，2015.）

（三）收账政策

收账政策是指顾客未按规定的信用条件支付货款时，企业采取的一系列收款的对策。为了加速回收应收账款，旅游企业的财务管理人员应确保账单能及时寄出，同时注意那些逾期不交款的客户，及时催收账款。一般情况下，企业可行的收账措施有信函和电话催收、上门催收、聘请法律顾问协助催收或提起法律诉讼等。

收款政策也必须宽严适度。如果收款政策过严，可能会减少应收账款，减少坏账损失，也会增加收账的成本，也可能伤害确有特殊原因而拖欠的顾客，以致失去此类顾客，影响企业未来收益；反之，如果收账政策过宽，将会导致拖欠款项的客户增加并且拖欠时间延长，从而增加应收账款投资，发生坏账损失的可能性也越大，但是却能够节约收账费用。因此，制订收账政策同样要进行收益与成本的权衡，而且要谨慎对待。

知识拓展 5-9

让客户支付的微妙艺术：延迟支付

根据信用管理咨询公司 Dun & Bradstreet 的调查，每年会有 10 000 家英国公司因支票被延迟支付而倒闭。在去年对英国小公司的 170 亿美元欠款中，68 亿美元是在到期日后支付的。然而，只有极少数小公司利用法律处罚延迟付款者，大多数小公司认为，当拒绝付款近年来已经成为一种行为准则时，法律是不会提供多大帮助的。在经济衰退即将到来时，情况必然会恶化。

为解决这个问题，商业债务（利息）延迟支付的 1988 年法案允许债权人对尚未支付的发票收取利息，而不需要诉诸法律。一项欧盟指令将允许公司向延迟支付的客户要求账款和补偿。商业信用是对客户提供的贷款，但是客户和供应商契约中的支付条件可能异常模糊。管理商业信用可以采取三个步骤。

（1）在销售产品的同时，商定付款条件，了解实际签发支票的人。

（2）消除"自己的目标"，如推迟发运产品或发出与交货单据不相符的发票。

（3）准备要回别人欠你的钱。有组织的大公司将自动引入对过期账款收取利息的政策，而小公司往往没有追收利息的资源。

（资料来源：派克.公司财务与投资—— 决策与战略［M］.北京：中国人民大学出版社，2007.）

四、应收账款的日常管理

应收账款的管理难度较大，在确定合理的作用政策后，对于已经发生的应收账款，企业还应进一步强化日常管理工作，及时发现问题，找出对策。具体包括：应收账款追踪分析、应收账款账龄分析和建立应收账款坏账准备制度等。

（一）应收账款追踪分析

一般来说，企业在赊销前就已对客户的信用情况和财务状况进行过调查分析，但是，市场情况瞬息万变，情况随时可能发生变化。因此，赊销企业为了达到按时足额收回应收账款的目的，就有必要在收账之前，对该项应收账款的运行过程进行追踪分析。通常情况下，主要以金额大或信用品质较差的客户的欠款进行重点考察。

（二）应收账款账龄分析

应收账款的账龄是指从应收账款的形成到目前为止所经历的时间，账龄分析是对应收账款账龄的结构分析，它是一种筛选活动，用以确定应收账款管理的重点。账龄结构是指各账龄应收账款的余额占应收账款总计余额的比重。一般通过编制应收账款账龄分析表进行分析。账龄分析表格式如表 5-4 所示。一般而言，应收账款的逾期时间越长，账龄越大，收账的难度及发生坏账损失的可能性就越大；反之则越小。

表 5-4　账龄分析表

××××年××月××日

应收账款账龄	顾客数量	金额/万元	百分率/%
信用期内	1 000	3 000	60
超过信用期一个月	500	1 000	20
超过信用期两个月	200	500	10
超过信用期三个月	200	250	5
超过信用期三个月以上	100	250	5
应收账款总额	—	5 000	100

账龄分析表能够说明企业有多少金额的应收账款尚在信用期内，以及占应收账款总额的比重；有多少款项已超过信用期，超过信用期长短不同的应收账款各自占应收账款总额的比重；根据经验与表中数据，确定企业允许顾客拖欠的期限，超过规定期限后，便采取收账行动。

（三）建立应收账款坏账准备制度

无论旅游企业采取怎样严格的信用政策，只要存在着商业信用行为，坏账损失的发生总是不可避免的。因此，对坏账损失的可能性进行预先估计，建立弥补坏账损失的坏账准备，即提取坏账准备就显得极为必要。

 评估练习

一、单项选择题

1. 以下对信用期限的叙述，正确的是（　　）。

　　A. 信用期限越长，公司坏账风险越小

　　B. 信用期限越长，表明客户享受的信用条件越优惠

　　C. 延长信用期限，不利于销售收入的扩大

　　D. 信用期限越长，应收账款的机会成本越低

2. 如果公司延长信用期，则（　　）情况不会发生。

　　A. 销售增加　　　　B. 现销增加　　　　C. 应收账款增加　　　　D. 平均期延长

3. 某企业应收账款收款模式为：销售当月收回销售额的 50%，销售后的第 1 个月收回销售额的 30%，销售后的第 2 个月收回销售额的 20%。已知 2010 年 1~3 月份的销售额分别为：20 万元、30 万元、40 万元。根据以上资料估计 3 月份的现金流入为（　　）万元。

　　A. 50　　　　　　B. 60　　　　　　C. 70　　　　　　D. 33

4. 关于应收账款成本，下列说法中不正确的是（　　）。

　　A. 因投放于应收账款而放弃其他投资所带来的收益，即为应收账款的机会成本

　　B. 应收账款机会成本一般是固定成本

　　C. 应收账款的管理成本主要是指在进行应收账款管理时，所增加的费用

D. 应收账款的坏账成本一般与应收账款发生的数量成正比

5. 关于商业信用，下列说法中不正确的是（　　）。

A. 商业信用容易获得

B. 对企业现金流量管理的要求很高

C. 在出现逾期付款或交货的情况时，会面临抵押资产被处置的风险

D. 企业有较大的机动权

6. 某企业按"1/10，n/30"的条件购进一批商品。若企业放弃现金折扣，在信用期内付款，则其放弃现金折扣的信用成本率为（　　）。

A. 18.18%　　　　　B. 10%　　　　　C. 12%　　　　　D. 16.7%

二、多项选择题

1. 下列各项中，属于信用政策的是（　　）。

A. 现销政策　　　B. 信用标准　　　C. 收账政策　　　D. 信用条件

2. 应收账款日常控制与管理工作主要包括（　　）。

A. 确定合理的收账程序　　　　　　B. 确定合理的讨债方法

C. 应收账款的追踪分析　　　　　　D. 制定收账政策

3. 下列关于信用政策的说法中，正确的有（　　）。

A. 如果企业执行的信用标准过于严格，可能会限制公司的销售机会

B. 如果企业执行的信用标准过于宽松，可能会增加随后还款的风险并增加坏账费用

C. 公司的信用条件决定了其应收账款的水平

D. 企业现金折扣的确定，要与信用期间结合起来考虑

4. 延长信用期限，会使销售额增加，但也会增加相应的成本，主要有（　　）。

A. 应收账款机会成本　　　　　　　B. 坏账损失

C. 管理成本　　　　　　　　　　　D. 现金折扣成本

三、判断题

1. 企业可在不影响信誉的前提下，尽可能推迟应付账款的支付期，这是企业日常现金管理措施之一。（　　）

2. 赊销是扩大销售的有力手段之一，企业应尽可能放宽信用条件，增加赊销量。（　　）

3. 现金折扣是企业为了鼓励购买者多买而在价格上给予购买者折扣的优惠。（　　）

四、简答题

1. 公司的应收账款信用政策包括哪些方面？信用条件由几部分构成？

2. 信用政策改变时应分析哪些因素的变化？

五、计算分析题

1. 某旅游公司信用条件为"2/10，n/60"，年赊销额为 4 000 万元，公司变动成本率为 75%，一般有 70% 的客户会利用现金折扣，剩余为到期付款。若一年为 365 天，则公司平均期为多少天？维持赊销业务所需要的资金是多少？

2. 某旅游公司 2013 年 A 产品的销售收入为 4 000 万元，总成本为 3 000 万元，其中固定成本为 600 万元。2013 年该企业有两种信用政策可供选择。

甲方案：给予客户 60 天信用期限 （n/60），预计销售收入为 5 000 万元，货款将于第 60 天收到，其信用成本为 140 万元。

乙方案：信用政策为 （2/10，1/20，n/90），预计销售收入为 5 400 万元，将有 30%货款于第 10 天收到，20%的货款于第 20 天收到，其余 50%的货款于第 90 天收到 （前两部分货款不会产生坏账，后一部分货款的坏账损失率为该部分货款的 4%），收账费用为 50 万元。该企业 A 产品销售额的相关范围为 3 000 万～6 000 万元，企业的资金成本率为 8% （不考虑税费）。

要求：

（1）计算该企业 2013 年的下列指标：变动成本总额；以销售收入为基础计算的变动成本率。

（2）计算乙方案的下列指标：应收账款的平均收账天数；应收账款的平均余额；维持赊销业务所需资金；应收账款机会成本；坏账成本；采用乙方案的信用成本。

（3）计算下列指标：甲方案的现金折扣；乙方案的现金折扣；甲、乙两方案信用成本前收益之差；甲、乙两方案信用成本后收益之差。

（4）为该企业做出采取何种信用政策的决策，并说明理由。

第四节　旅游企业存货管理

教学目标：

（1）了解存货的概念和功能；

（2）理解存货成本的构成；

（3）掌握经济订货批量的计算。

一、存货及其管理的意义

存货是指企业在生产经营过程中为销售或者耗用而储备的物资。存货管理水平的高低直接影响着生产经营能否顺利进行，并最终影响企业的收益、风险等状况。因此，存货管理是企业财务管理的一项重要内容。就旅游企业而言，存货主要包括：原材料、燃料、低值易耗品、物料用品及库存商品等。其中，饭店业是旅游企业中存货占流动资产比重最大的，在流动资产管理中占有重要位置。

 知识拓展 5-10

旅游企业存货分类
（1）原材料，是指旅游、饮食服务企业在库和在途的用于生产、加工服务的各种原

材料，包括饮食企业、饭店等库存的食品原材料，以及进行生产加工服务的照相、洗染、修理等企业库存的原材料等。

（2）燃料，是指旅游、饮食服务企业在库和在途的液体、固体和气体等各种燃料，如生产加工、取暖烧水等耗用的煤、柴、焦炭、液化气、石油等。

（3）低值易耗品，是指旅游、饮食服务企业不作为固定资产核算的各种用具、家具，如工具、管理用具、玻璃器皿，以及在经营过程中周转使用的包装容器等。

（4）物料用品，是指旅游、饮食服务企业在库和在途的除原材料、燃料、低值易耗品以外的其他物料用品，包括企业的日常用品、办公用品、包装物品、日常维修用材料、零配件等。

（5）商品，是指旅游、饮食服务企业在库和在途的各种商品，包括饭店商品部、餐饮部或附设商场等库存的各种商品；进行生产加工服务的照相等企业附设小卖部库存的商品；饮食企业附设小卖部库存的商品等。

（资料来源：卢德湖，王美玉.旅游企业会计实务［M］.2版.大连：中国版本图书馆，2015.）

二、旅游企业存货的功能

旅游企业为保证经营的顺利进行，必须保持一定数量的存货。

（1）有利于销售。

（2）便于维持均衡生产，降低产品成本（季节性产品或需求波动较大的产品）。

（3）降低存货取得成本（大批量进货）。

（4）防止意外事件发生。

三、存货成本

旅游企业的存货成本是指存货的采购、加工以及存储过程中发生的各项支出。主要包括取得成本、储存成本和缺货成本。

（一）取得成本

取得成本是指企业为取得某种存货而支出的成本，取得成本由订货成本和购置成本构成。

1. 订货成本

订货成本是指企业为取得订单的成本，如办公费、差旅费、电报电话费、运输费等支出。订货成本中有一部分与订货次数无关的固定订货成本，用 F_1 表示；另一部分与订货次数有关的支出为订货的变动成本。每次订货的变动成本用 K 表示；订货次数等于存货年需要量 D 与每次进货量 Q 之商。订货总成本的计算公式如下：

$$订货成本 = F_1 + D/Q \cdot K$$

2. 购置成本

购置成本是指存货本身的价值，等于存货数量与单价的乘积。年需要量用 D 表示，单

价用 P 来表示，购置成本为 DP。

企业取得成本为订货成本和购置成本的和。其计算公式如下：

取得成本＝订货成本＋购置成本＝订货固定成本＋订货变动成本＋购置成本

$$=F_1+D/Q \cdot K+DP$$

（二）储存成本

储存成本是指企业为了持有存货而发生的成本，包括存货占用资金的机会成本、仓储费、保险费、存货破损和变质损失等。储存成本也分为固定成本和变动成本。与存货数量无关的，如仓库折旧、仓库职工工资为固定成本，常用 F_2 表示。与存货数量相关的，如存货的机会成本、存货的破损和变质损失、存货的保险费用等为变动成本，单位变动成本常用 K_C 表示。其计算公式如下：

$$储存成本=F_2+K_C \cdot Q/2$$

（三）缺货成本

缺货成本是指企业由于存货供应中断而造成的损失，包括材料供应中断造成的停工损失、产成品库存缺货造成的拖欠发货损失和失去销售机会的损失以及因无法满足游客的正常需要而造成的商誉损失等。

存货总成本（TC）＝取得成本＋储存成本＋缺货成本

图 5-5 所示为存货成本关系图。

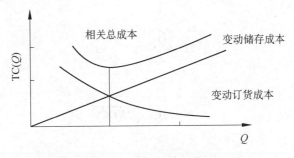

图 5-5　存货成本关系图

四、存货经济批量模型

（一）经济订货基本模型

经济批量是指旅游企业每次订购货物的最佳数量。由于储存货物要发生储存成本，因此，要考虑如何能使存货总成本最低，关键在于科学地确定每次进货数量。据前述，存货成本主要包括购置成本、订货成本、储存成本和缺货成本。但是因为购置成本与订货数量无关；缺货成本也由于能够预计存货的年需要量和平均销售量，存货可随时得到补充，而不存在缺货的问题。因而可排除购置成本和缺货成本对经济订货批量的影响。储存成本的高低与采购量的多少成正比，订货成本的高低与采购量成反比，能够使一定时期订货成本和储存成本之和最低的采购批量即为经济订货的批量。

$$\text{订货总成本} = \frac{\text{储存}}{\text{成本}} + \frac{\text{订货}}{\text{成本}}$$

$$= \frac{\text{每次订货量}}{2} \times \text{单位产品年储存成本} + \frac{\text{年需要量}}{\text{每次订货量}} \times \text{每次订货成本}$$

用字母表示如下。

$$TC = \frac{Q}{2} \cdot K_c + \frac{D}{Q} \cdot K$$

式中：K_c、D、K 均为常量，TC 与 Q 为变量，欲求 TC 最低时的 Q，可求 TC 对 Q 的导数，并令其结果等于 0。即

$$\frac{dTC}{dQ} = \frac{d}{dQ}\left(\frac{Q}{2} \cdot K_c + \frac{D}{Q} \cdot K\right) = \frac{K_c}{2} - \frac{D}{Q^2} \cdot K = 0$$

则

$$Q^2 = \frac{2KD}{K_c}$$

由经济订货量（Q^*）基本公式

$$Q^* = \sqrt{\frac{2KD}{K_c}}$$

再将 Q^* 值代入

$$TC = \frac{Q}{2} \cdot K_c + \frac{D}{Q} \cdot K$$

得相关总成本

$$TC = \sqrt{2KDK_c}$$

案例 5-7

某旅游企业每年需耗用甲材料 45 000 件，单位材料年存储成本 20 元，平均每次订货费用为 180 元，A 材料全年平均单价为 220 元。假定不存在数量折扣。

要求：

（1）计算甲材料的经济订货批量。

（2）计算甲材料年度最佳订货批次。

（3）计算甲材料的相关订货成本。

（4）计算甲材料的相关储存成本。

（5）计算甲材料经济进货批量平均占用资金。

结果：

（1）甲材料的经济订货批量＝$\sqrt{\dfrac{2 \times 45\,000 \times 180}{20}}$＝900（件）

（2）甲材料年度最佳订货批次＝45\,000÷900＝50（次）

（3）甲材料的相关订货成本＝50×180＝9\,000（元）

（4）甲材料的相关储存成本＝$\dfrac{900}{2}$×20＝9\,000（元）

（5）甲材料经济订货批量平均占用资金＝220×$\dfrac{900}{2}$＝99\,000（元）

（资料来源：闫华红. 中级财务管理［M］. 北京：北京大学出版社，2015.）

（二）经济订货扩展模型

1. 数量折扣

对于旅游企业来说，供应商提供数量折扣，既有利也有弊。如果供应商提供的数量折扣可以降低订货费用，就可以接受数量折扣订货；如果供应商提供的数量折扣会使资金占用量增加，从而增加存货的储存成本，那么就不应该接受数量折扣进行订货。考虑数量折扣的相关总成本的计算公式如下：

相关总成本＝订货成本＋购置成本＋储存成本

计算步骤：①按照经济订货批量的基本模型计算确定经济订货批量；②按照经济订货批量进货时存货相关总成本；③计算考虑数量折扣的存货相关总成本；④比较不同进货批量的相关总成本的大小，选择总成本最低的采购方案。

案例 5-8

某旅游企业每年需要耗用甲材料 4\,000 千克，每千克标准价格为 10 元，单位储存成本为 3 元，每次进货的费用为 60 元。销售企业规定：客户每批进货量达到 2\,000 千克以上的，可享受 3% 的数量折扣。做出经济采购批量决策。

（1）按照经济订货批量的基本模型计算确定经济订货批量：

$$Q^* = \sqrt{\dfrac{2 \times 60 \times 4\,000}{3}} = 400（千克）$$

当经济订货批量为 400 千克进的存货相关总成本为

TC＝4\,000×10＋400/2×3＋4\,000/400×60＝41\,200（元）

（2）按照数量折扣时的存货相关总成本（Q＝2\,000 千克）：

TC＝4\,000×10×（1-3%）＋2\,000/2×3＋4\,000/2\,000×60＝41\,920（元）

（3）通过比较两种情况下的相关总成本可知，每次进货批量为 2\,000 千克时相关总成本最低。

（资料来源：闫华红. 中级财务管理［M］. 北京：北京大学出版社，2015.）

2. 再订货点

再订货点就是在提前订货的情况下，为确保存货用完时订货刚好到达，企业再次发出订货单时应保持的存货库存量。其用公式表示如下：

$$再订货点＝平均交货时间×平均每日需要量$$

案例 5-9

某旅游企业正常情况下每天平均耗用材料 50 千克，假设交货时间为 10 天，则再订货点计算如下：

$$再订货点＝10×50＝500（千克）$$

（资料来源：财政部会计资格评价中心.财务管理［M］.北京：中国财政经济出版社，2014.）

再订货点对企业的经济订货批量无任何影响，它使企业订货更接近实际。当企业的存货达到再订货点时，就要发出订单，不能等到存货用光后再去订货，从而避免缺货造成生产中断。

3. 保险储备量

（1）保险储备的含义。按照某一订货量和再订货点发出订单后，如果需求增大或送货延迟，就会发生缺货或供货中断。为防止由此造成的损失，就需要多储备一些存货以备应急之需，称为保险储备。

（2）考虑保险储备的再订货点。

$$再订货点（R）＝预计交货期内的需求＋保险储备＝交货时间$$
$$×平均日需求量＋保险储备$$

（3）保险储备确定的方法。确定保险储备量分为两步：①假设各种不同的保险储备量，计算各种保险储备量的总成本；②比较各种保险储备量的总成本，则其低者即为经济保险储备量。最佳的保险储备应该是使缺货损失和保险储备的储存成本之和达到最低。保险储备总成本可用下列公式表示。

$$保险储备总成本＝缺货成本＋保险储备成本$$

其中：

$$缺货成本＝单位缺货成本×一次订货的缺货量×年订货次数$$
$$保险储备成本＝单位缺货成本×一次订货的缺货量×年订货次数＋保险储备量$$
$$×单位存货年储存成本$$

案例 5-10

某旅游公司计划年度耗用甲材料 100 000 千克，材料单价 50 元，经济订货量 25 000 千克，全年订货 4 次（100 000/25 000），订货点为 1 200 千克。单位材料年储存成本为材料单价的 25%，单位材料缺货损失 24 元。在交货期内，生产需要量及其概率如表 5-5 所示。

表 5-5　生产需要量及其概率表

生产需要量/千克	1 000	1 100	1 200	1 300	1 400
概率	0.1	0.2	0.3	0.2	0.1

要求：根据以上资料计算确定最佳保险储备和再订货点。

（1）不设置保险储备

再订货点＝1 200 千克

一次订货的期望缺货量＝100×0.20＋200×0.1＝40（千克）

全年缺货损失＝40×4×24＝3 840（元）

全年保险储备的储存成本＝0

全年相关总成本＝3 840 元

（2）保险储备量为 100 千克

再订货点＝1 300 千克

一次订货的期望缺货量＝100×0.1＝10（千克）

全年缺货损失＝10×4×24＝960（元）

全年保险储备储存成本＝100×50×25%＝1 250（元）

全年相关总成本＝960＋1 250＝2 210（元）

（3）保险储备量为 200 千克

再订货点＝1 400 千克

全年缺货损失＝0

全年保险储备储存成本＝200×50×25%＝2 500（元）

全年相关总成本＝2 500 元

结论：当保险储备量为 100 千克时，全年相关总成本最低。因此，该企业保险储备量为 100 千克比较合适。

（资料来源：闫华红. 中级财务管理［M］. 北京：北京大学出版社，2015.）

五、存货日常管理

（一）ABC 分类法

旅游企业常常库存成千上万种存货项目，有的价格昂贵，但品种数量很少；有的价值低廉，但种类、数量很多。在管理工作中，自然应将主要精力放在价格高的存货项目上，集中责任心强的优秀保管员和核算员，管理重点物资。这种对各项存货物资区别重点、照顾一般的分类管理方法就叫 ABC 分类法。ABC 分类如表 5-6 所示。ABC 分类法的一般步骤如下。

（1）收集存货的品种、单位价格和全年耗用量，计算每一种存货的年资金占有额。

（2）根据事先确定的划分标准，对每个品种进行分类。

（3）分别计算各类品种和金额占总体的百分比，编制 ABC 分类汇总表，同时汇出

ABC 分类图。

(4) 分别对 A、B、C 三类存货采取不同管理和控制方法。

表 5-6　ABC 分类表

类别	特　　点	管 理 方 法
A 类	品种数量约占全部库存的 10%～15%，但价值约占全部库存的 50%～70%	重点控制、严格管理
B 类	品种数量约占全部库存的 20%～25%，但价值约占全部库存的 15%～20%	一般管理（比 C 类管理严格）
C 类	品种数量约占全部库存的 60%～70%，但价值约占全部库存的 10%～35%	一般管理

（二）适时制库存控制系统

适时制库存系统又称为零库存管理系统。企业事先和供应商协调好，只有当企业在经营过程中需要材料或商品时，供应商才会将材料和商品送来，以此减少企业库存量。

（三）搞好存货收、发、结存的日常管理

建立存货管理责任制及存货的收发制度，健全各项规章制度；同时要严格执行盘点制度，对于盘盈、盘亏的存货应查明原因，分清责任，及时处理解决。

 案例 5-11

一、背景与情境

某旅游公司预测的 2013 年赊销额为 6 000 万元，其信用条件是 $n/30$，变动成本率为 60%，资本成本率为 10%。

（1）该企业拟将信用条件放宽到 $n/90$，由于信用期的改变，坏账损失将从 2% 上升到 5%，收账费用从 40 万元上升到 82 万元，销售额上升到 9 000 万元。

（2）该企业每个时期必须以现金支付的款项有：支付工人工资 350 万元，应纳税款 35 万元，支付应付账款 260 万元，其他现金支出 30 万元。预计该期稳定的现金收回数是 70 万元。信用扩展后，应收账款每季度平均余额为 2 250 万元。

二、问题与思考

（1）描述一下应收账款的功能。持有应收账款会发生哪些成本？应收账款管理决策的基本原则是什么？

（2）该公司是否需要将信用期从 30 天放宽至 90 天？为什么？

（3）分析该公司每个季度至少要收回多少应收账款才能满足各个季度的资金需求。

三、提示

（1）应收账款能促进销售，减少存货，增加企业的收入，其成本主要包括机会成本、管理成本和坏账成本。其决策的原则是需要在增加的收益与增加的成本之间进行权衡。

（2）信用期决策分析就是要在增加销售所带来的收益与增加坏账损失、应收账款机会成本之间进行权衡，计算过程如下：

增加的收益＝（9 000-6 000）×（1-60%）＝1 200（万元）

增加的机会成本＝（9 000/360×90-6 000/360×30）×60%×10＝105（万元）

增加的坏账损失＝9 000×5%-6 000×2%＝330（万元）

增加的收账费用＝82-40＝42（万元）

增加的净收益＝1 200-105-330-42＝723（万元）

应收账款收现保证率＝（350+35+260+30-70）/2 250×100%＝26.89%

根据计算结果分析，将信用期修改为 90 天是合理的。

（资料来源：斜志斌. 公司理财实务［M］. 北京：中国金融出版社，2012.）

评估练习

一、单项选择题

1. 成本分析模式下的最佳现金持有量是使（　　）之和最小的现金持有量。

　　A. 机会成本和交易成本　　　　　　　B. 机会成本和短缺成本

　　C. 管理成本和交易成本　　　　　　　D. 管理成本、短缺成本和交易成本

2. 以下对信用期限的叙述，正确的是（　　）。

　　A. 信用期限越长，公司坏账风险越小

　　B. 信用期限越长，表明客户享受的信用条件越优惠

　　C. 延长信用期限，不利于销售收入的扩大

　　D. 信用期限越长，应收账款的机会成本越低

3. 如果公司延长信用期，则（　　）情况不会发生。

　　A. 销售增加　　　　B. 现销增加　　　　C. 应收账款增加　　　　D. 平均期延长

4. 下列关于营运资金管理的说法中不正确的是（　　）。

　　A. 营运资金的管理既包括流动资产的管理，也包括流动负债的管理

　　B. 流动资产是指可以在 1 年以内或超过 1 年的一个营业周期内变现或运用的资产

　　C. 流动资产的数量会随着企业内外条件的变化而变化，时高时低，波动很大

　　D. 企业占用在流动资产上的资金，会在一年内收回

5. 某企业拥有流动资产 1 000 万元（其中永久性流动资产比重为 30%），长期融资 4 000 万元，短期融资 500 万元，则以下说法正确的有（　　）。

　　A. 该企业采取的是激进融资策略　　　　B. 该企业采取的是期限匹配融资策略

　　C. 该企业收益和风险均较高　　　　　　D. 该企业收益和风险均较低

6. 某企业全年需要某零件 18 000 件，均衡耗用。全年生产时间为 360 天，根据经验，该零件从发出订单到进入可使用状态一般需要 10 天，保险储备为 500 件，则再订货点为（　　）件。

　　A. 1 000　　　　　B. 500　　　　　C. 550　　　　　D. 1 800

7. 下列各项中，可以导致经济订货基本模型中的经济订货批量减少的因素是（　　）。

A. 每期单位存货储存费率减少 B. 单位缺货成本降低

C. 每次订货费用增加 D. 存货年需要量减少

8. 某企业应收账款收款模式为：销售当月收回销售额的 50%，销售后的第 1 个月收回销售额的 30%，销售后的第 2 个月收回销售额的 20%。已知 2010 年 1—3 月份的销售额分别为：20 万元、30 万元、40 万元。根据以上资料估计 3 月份的现金流入为（　　）万元。

A. 50 B. 60 C. 70 D. 33

9. 关于应收账款成本，下列说法中不正确的是（　　）。

A. 因投放于应收账款而放弃其他投资所带来的收益，即为应收账款的机会成本

B. 应收账款机会成本一般是固定成本

C. 应收账款的管理成本主要是指在进行应收账款管理时，所增加的费用

D. 应收账款的坏账成本一般与应收账款发生的数量成正比

10. 下列各项关于现金周转期的表述中，错误的是（　　）。

A. 减慢支付应付账款可以缩短现金周转期

B. 产品生产周期的延长会缩短现金周转期

C. 现金周转期一般短于存货周转期与应收账款周转期之和

D. 现金周转期是介于公司支付现金与收到现金之间的时间段

11. 关于商业信用，下列说法中不正确的是（　　）。

A. 商业信用容易获得

B. 对企业现金流量管理的要求很高

C. 在出现逾期付款或交货的情况时，会面临抵押资产被处置的风险

D. 企业有较大的机动权

12. 某企业按"1/10，n/30"的条件购进一批商品。若企业放弃现金折扣，在信用期内付款，则其放弃现金折扣的信用成本率为（　　）。

A. 18.18% B. 10% C. 12% D. 16.7%

二、多项选择题

1. 企业持有现金的动机包括（　　）。

A. 交易动机 B. 预防动机

C. 投机动机 D. 满足将来偿债要求而建立的偿债基金

2. 下列各项中，属于信用政策的是（　　）。

A. 现销政策 B. 信用标准 C. 收账政策 D. 信用条件

3. 应收账款日常控制与管理工作主要包括（　　）。

A. 确定合理的收账程序 B. 确定合理的讨债方法

C. 应收账款的追踪分析 D. 制定收账政策

4. 与存货相关的成本主要包括（　　）。

A. 订货成本 B. 储存成本 C. 购置成本 D. 缺货成本

5. 储存成本包括（　　）。

    A. 订货成本　　　　B. 购置成本　　　　C. 存货保险费　　　　D. 仓库费用

6. 营运资金的管理是企业财务管理工作的一项重要内容，营运资金的管理原则包括（　　）。

    A. 满足合理的资金需求　　　　　　　　B. 提高资金使用效率

    C. 节约资金使用成本　　　　　　　　　D. 保持足够的短期偿债能力

7. 预防性需求是指企业需要持有一定量的现金，以应付突发事件。确定预防性需求的现金数额时，需要考虑的因素包括（　　）。

    A. 企业愿冒现金短缺风险的程度　　　　B. 企业预测现金收支可靠的程度

    C. 企业临时融资的能力　　　　　　　　D. 企业日常经常需要

8. 下列关于信用政策的说法中，正确的有（　　）。

    A. 如果企业执行的信用标准过于严格，可能会限制公司的销售机会

    B. 如果企业执行的信用标准过于宽松，可能会增加随后还款的风险并增加坏账费用

    C. 公司的信用条件决定了其应收账款的水平

    D. 企业现金折扣的确定，要与信用期间结合起来考虑

三、判断题

1. 如果企业的借款能力增强，保障程度较高，则可适当增加预防性现金的数额。（　　）

2. 企业可在不影响信誉的前提下，尽可能推迟应付账款的支付期，这是企业日常现金管理措施之一。（　　）

3. 赊销是扩大销售的有力手段之一，企业应尽可能放宽信用条件，增加赊销量。（　　）

4. 现金折扣是企业为了鼓励购买者多买而在价格上给予购买者折扣的优惠。（　　）

5. 营运资金越多，风险越大，收益越高。（　　）

四、简答题

1. 公司持有现金的目的是什么？持有现金的成本包括哪些？

2. 如何确定最佳现金持有量？

3. 公司的应收账款信用政策包括哪些方面？信用条件由几部分构成？

4. 信用政策改变时应分析哪些因素的变化？

5. 与存货持有水平相关的成本有哪些？如何进行存货决策？

五、计算分析题

1. 假设某旅游公司明年需要现金 8 万元，已知有价证券的利率为 7%，将有价证券转换为现金的转换成本为 150 元，则最佳现金持有量和此时的相关最低总成本分别是多少？

2. 某旅游公司信用条件为"2/10，n/60"，年赊销额为 4 000 万元，公司变动成本率为 75%，一般有 70%的客户会利用现金折扣，剩余为到期付款。若一年为 365 天，则公司平均期为多少天？维持赊销业务所需要的资金是多少？

3. 某旅游公司对某种零件年需要量 16 200 件，日供应量 60 件，一次订货成本 25 元，单位储存成本 1 元/年。假设一年为 360 天，需求是均匀的，不设置保险库存并且按照经济订货量进货。计算：①经济订货量；②最高库存量；③平均库存量；④与进货批量有关的总成本。

4. 某旅行社需用某种材料 6 000 件，每次订货成本为 150 元，每件材料的年存储成本为 5 元，该种材料的采购价格为 20 元/件，一次订货量在 2 000 件以上时可以获得 2%的折扣，在 3 000 件以上时可以获得 5%的折扣，则公司采购多少时成本最低？

第六章

旅游企业成本

管理

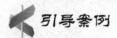
引导案例

宜家公司70多年发展离不开战略成本管理

宜家公司于1943年在瑞典由英格瓦·坎普拉德创立，从最初的文具邮购业务发展成为分布42个国家，拥有180家连锁店的世界著名跨国公司。截至2010年，宜家的年销售额更是突破了200亿欧元，位居全球采购排行榜的榜首。70多年来，宜家公司不断壮大，其成功得益于优质的管理。宜家公司在保证高质量以及实用性的理念下，坚持战略成本管理，为公司赢得了长久的战斗力和竞争力。

1. 产品低成本战略

宜家公司自成立之日起，就以低成本作为其产品生产的战略目标之一，并且将这种意识贯彻于整个经营过程，甚至成为其经营理念。位于阿姆霍特的宜家（KEA of Sweden）负责宜家产品系列的开发，包含了大约10 000多种产品。产品开发始终贯穿"打造低价位、设计精良、为人人所有、实用性强的家居产品"的理念，产品从设计、研发到上市，低成本已成为一种战略理念。60多年来，宜家不断努力创造低价格，以尽可能低的价格生产产品、建立商场、向顾客提供自行组装的平板包装产品，这些努力的成果显而易见。但在激烈的市场竞争中，宜家的低成本战略不断遭遇冲击，最初不得不在瑞典境外寻找低成本家具生产厂家以应对打击，逐渐地宜家意识到产品无特色的缺陷，越来越注重产品特色化，并将产品差异化战略作为其战略之一，与低成本战略结合。此后，宜家在产品的研发、设计方面，始终坚持由自己亲自设计所有产品并拥有其专利，并且每年有多名设计师团队为这一目标而努力，形成由专利、技术等为核心的自有品牌并覆盖全球。目前，越来越多的家庭选择宜家，不仅仅因为其价格低廉，更因为其产品设计独特、样式众多且具有较好的质量。

2. 管理低成本战略

宜家作为全球连锁经营公司，尽管所有的产品设计、开发由自己进行，但为了最大限度地降低制造成本，剔除价值链中的非价值增值活动，在全球范围内进行制造外包，每年会有2 000多家供应商为此展开激烈竞争。宜家在供应商管理方面，制定了严格的标准。只有在保证质量标准的前提下，制造成本最低的供应商才有可能拿到大额订单；同时，管理标准对供应商工人的工作条件、最低工资、加班次数、废品管理、废液排放等都做了规定。宜家的低成本管理战略中，充满着宜家特色的企业文化。宜家视供应商为其有机组成部分，不仅按管理标准严格要求，还积极帮助供应商解决面临的困难，特别是对于生产管理水平较低的供应商，宜家积极帮助改善内部条件和外部环境，达到管理标准，实现双赢的良性循环。宜家产品的研发、设计以"模块"为导向，产品被分作不同模块，分块设计，使家具都是可以拆分的组装产品，这对宜家整个经营流程而言，无疑使价值增值的作业活动更有效率。模块化意味着不同的模块可以分开生产，可以根据原材料的采购需要就近生产，而且可以实现规模化生产和物流，降低采购、生产和物流等环节的成本。因此，在物流管理方面，宜家发明了平板包装方法，即拆解组合家具，使其成为"扁平"，可以一次性载运更多的产品。据统计，产品组装后运送，需要6倍于扁平包装所需的空间。通过采用平板包装，可以降低家具在储运过程中的损坏率及占用仓库的空间，大大节约运输成本，提高运输效率。拆解组合家具，由于生产过程减少了组装环节，同时也节省了组装成本。

3. 资源低成本战略

宜家无论是产品设计、开发，还是生产、物流、营销，都采用规模战略，有效节约成本。宜家产品设计、开发涵盖从家具到家居用品等，产品功能繁多，从客厅、卧室用品到厨房用品，从布置家居所需的植物、饰物到玩具，一切应有尽有。这种产品结构吸引和方便了顾客，而且节约广告成本。宜家店址选取，一般远离市中心，并且提供足够的泊车位，氛围轻松随意，与传统的家具零售环境形成鲜明的对比。宜家注重人力资源的开发和培养，定期对员工进行培训，培养勤奋和节俭的企业文化，激励员工不断地学习和创新，提高员工的业务能力和技术水平。宜家注重对外部资源的利用，建立与供应商的上下游统一关系，互相协调，共同进步；建立与顾客的良好关系，充分利用互联网工具，为顾客提供最便利、最满意的服务。宜家通过资源配置有效地贯彻低成本理念，使其一直保持成本领先的优势。

（资料来源：王棣华.财务管理案例精析［M］.北京：中国市场出版社，2014.）

辩证性思考：

1. 成本管理对于企业生存发展有什么意义？

2. 成本管理的主要内容有哪些？

第一节 旅游企业成本管理概述

教学目标：

（1）了解旅游企业成本管理的意义；

（2）掌握旅游企业成本管理的内容和原则。

旅游企业成本管理是指旅游业生产经营过程中各项成本规划、成本核算、成本分析、成本控制和成本考核等一系列科学管理行为的总称。

（一）旅游企业成本管理的意义

旅游企业成本管理是旅游企业日常经营管理的一项中心工作，对企业生产经营有着重要的意义，主要体现在以下几个方面。

（1）通过成本管理降低成本，为旅游企业扩大再生产创造条件。

（2）通过成本管理增加企业利润，提高旅游企业经济效益。

（3）通过成本管理能帮助企业取得竞争优势，增强旅游企业的竞争能力和抗压能力。

（二）旅游企业成本管理的内容

1. 成本规划

成本规划是成本管理的第一步，主要指成本管理的战略制定。

2. 成本核算

（1）成本核算的精度与企业发展战略相关，成本领先战略对成本核算精度的要求比差异化战略要高。

（2）成本核算分为财务成本的核算和管理成本的核算。财务成本核算采用历史成本计量，而管理成本核算可以用历史成本、现在成本或未来成本。

3. 成本控制

（1）全面控制原则，即成本控制要全部、全员、全程控制。

（2）经济效益原则，是指提高经济效益不单是依靠降低成本的绝对数，更重要的是实现相对的节约，以较少的消耗取得更多的成果，取得最佳的经济效益。

（3）例外管理原则，即成本控制要将注意力集中在不同寻常的情况上。

4. 成本分析

成本分析是指利用成本核算，结合有关计划、预算和技术资料，应用一定的方法对影响成本升降的各种因素进行科学的分析和比较，了解成本变动情况，系统地研究成本变动的因素和原因。

5. 成本考核

成本考核指标可以是财务指标，也可以是非财务指标，如：实施成本领先战略的企业应主要选用财务指标，而实施差异化战略的企业则大多选用非财务指标。

成本规划是根据企业的竞争战略和所处的经济环境制定的，也是对成本管理做出的规划，为具体的成本管理提供思路和总体要求。成本计算是成本管理系统的信息基础。成本控制是利用成本计算提供的信息，采取经济、技术和组织等手段实现降低成本或成本改善目的的一系列活动。业绩评价是对成本控制效果的评估，目的在于改进原有的成本控制活动和激励或约束员工和团体的成本行为。

 知识拓展 6-1

成本核算分为财务成本的核算和管理成本的核算。财务成本核算采用历史成本计量，而管理成本核算可以用历史成本、现在成本或未来成本。

成本核算的精度与企业发展战略相关，成本领先战略对成本核算精度的要求比差异化战略要高。

成本控制的三原则：一是全面控制原则；二是经济效益原则；三是例外管理原则。

成本考核指标可以是财务指标，也可以是非财务指标，如实施成本领先战略的企业应主要选用财务指标，而实施差异化战略的企业则大多选用非财务指标。

（资料来源：贺志东.旅游企业财务管理［M］.广州：广东经济出版社，2011.）

（三）成本费用管理原则

旅游企业成本费用管理要结合自身特点，严格遵守国家财经制度及有关的方针政策，遵循下列原则实行管理。

1. 严格成本费用开支范围

费用归集是计算利润的基础，只有严格遵守成本费用开支范围，才能正确计算利润。旅游企业根据各项支出发生的不同用途，在国家规定的成本开支范围内列支相关的成本费用，不得随意扩大开支范围。

根据旅游企业财务制度规定，企业的下列支出不得计入成本费用：①为购置和建造固定资产、购入无形资产和其他资产发生的支出；②对外投资支出和给投资者分配的利润；③被没收的财物损失；④支付的各种滞纳金、违约金、罚款、各种赔偿金及赞助、捐赠支出；⑤国家规定的不得列入成本费用的其他开支。

2. 正确处理降低成本费用与保持服务水平的关系

要努力做到在不降低服务质量甚至提高服务质量的前提下，尽可能地降低企业内部人、财、物的消耗，提高企业的经济效益。旅游企业是以销售非物质的服务为特点的企业，其"服务产品"不同于一般的有形商品，发现质量不好可以退换，这种"服务产品"不可以退换，因此，服务质量的好坏对旅游企业的声誉乃至生存具有极其重要的意义。如果不考虑产品质量而单纯以降低成本费用为目的，即使经过努力把成本费用降下来，也失去了降低成本费用的意义。正确处理成本与产品质量的关系就是要求在保证和提高产品质量的前提下，寻求降低成本的途径，企业既不能为了降低成本费用而不注意"服务产品"质量，也不能片面追求高质量而增加不必要的开支。应从内部挖掘潜力，力求节约，减少浪费，做到好中求省。

3. 实现全面成本费用管理

成本费用管理要实行全员、全过程、全方位的综合性管理。旅游企业要建立健全成本管理责任制，将成本费用计划指标分解落实到有关部门、班组和个人，将成本费用与责、权、利结合起来。只有人人都关注成本，人人都关心成本的降低，企业的成本费用才能得到真正的控制。

 知识拓展 6-2

成本管理与企业战略

很多企业在成本管理中，一味地强调降低成本，而没有考虑到产品的竞争能力，没有进行成本效益分析，没有将成本管理与企业的战略相结合。这样做的后果是企业片面地追求降低成本，往往会形成短期效应，这对于企业的长期效应则是很不利的。其实真正懂得做企业的人都知道，企业要生存的关键是自己生产的产品能够被市场所接受，因此企业在进行成本控制时必须兼顾产品的不断创新，特别是要保证和提高产品的质量，绝不能片面地为了降低成本而忽视产品的品种和质量，更不能为了片面追求眼前利益，采取偷工减料，冒牌顶替或粗制滥造等歪门邪道来降低成本，否则，其结果不但坑害了消费者，最终也会使企业丧失信誉，甚至破产倒闭。

其实说到成本管理，我们不能不考虑为成本管理与企业的战略找一个最佳的结合点，说到"战略"，我们的战略大师——波特，在他的著作中就提到了战略分析的方法，最重要的一点是做企业，首先应该分析企业的产品所处的市场生命周期和市场份额，然后确定其应采取的战略，而不能一味地降低成本。不能以降低企业成本为最终目标，而是要在充分考虑企业整体的发展战略的基础上完成我们的成本管理，如差异化战略从短期来看开支较大，但实际上这些新型差异化产品扩大市场占有率，从而得到更高的成本效益，所以为未来增效而正视树立成本效益思想，有利于企业竞争战略的制定。在这一方面，我们不能不佩服日本人对于成本管理的前瞻性，日本企业有一个普遍的做法是为了保持较高的生产效率，提高产品技术水平，通常采取加速折旧、提前报废的方式，不断进行设备的更新改造，宁愿缴纳设备提前报废的税金，而我国的企业的设备老化与陈旧是普遍现象，有些企业却采用不提成或少折旧的方式来降低成本，这使产品的竞争力逐渐下降。

（资料来源：田明.财务成本管理［M］.北京：经济科学出版社，2015.）

评估练习

一、单项选择题

1. 下列费用对采购部门来说属于可控成本的有（　　）。
    A. 企业的利息支出　　　　　　　　B. 采购费用
    C. 企业清洁卫生费用　　　　　　　D. 折旧费

2. 成本按其性态可以划分为（　　）。
    A. 直接成本和间接成本
    B. 可控成本和不可控成本
    C. 固定成本、变动成本和混合成本
    D. 相关成本和无关成本

3. 下列各项中，不属于成本管理意义的是（　　）。
    A. 通过成本管理降低成本，为企业扩大再生产创造条件
    B. 通过成本管理增加企业利润，提高企业经济效益
    C. 通过成本管理减少环境污染
    D. 通过成本管理能帮助企业取得竞争优势，增强企业的竞争能力和抗压能力

4. 电话费属于（　　）。
    A. 固定成本　　　　　　　　　　　B. 变动成本
    C. 混合成本　　　　　　　　　　　D. 不可控成本

二、判断题

1. 企业的固定成本就是永远都不会随业务量的变化而变化的成本。（　　）

2. 实行成本费用控制就是为了降低成本。（　　）

3. 餐饮原材料支出就是典型的变动成本。（　　）

4. 企业的可控成本和不可控成本是相对一定时间和空间而言的。（　　）

5. 混合成本采用一定的方法都可以分解为固定成本和变动成本。（　　）

三、简答题

1. 简述旅游企业成本费用的分类。

2. 简述旅游企业成本管理的内容。

3. 简述旅游企业成本管理的原则。

第二节　旅游企业成本费用管理

教学目标：

了解旅游企业成本费用的内容、分类。

一、旅游企业成本费用的内容

旅游企业的成本费用是向顾客提供产品及劳务过程中发生的各项资产耗费和直接支出。

（一）主营业务成本

主营业务成本是指企业在生产经营过程中发生的各项直接支出，主要包括旅游饭店主营业务成本、旅行社主营业务成本、旅游汽车公司主营业务成本和游船公司主营业务成本。

1. 旅游饭店主营业务成本

（1）餐饮成本，是指餐饮部耗用的食品原材料及饮料成本等。

（2）商品成本，即商品进价成本。成本分为国内购进商品进价成本和国外购进商品进价成本。①国内购进商品进价成本包括国内购进商品的原始进价、企业可以直接认定的运杂费和缴纳的税金等；②国外购进商品进价成本是指进口商品在到达目的港以前发生的各项支出，包括进价、进口税金、购进外汇价差、支付委托外贸代理进口的手续费。

（3）洗涤成本，是指洗涤部门洗涤时耗用的用品、用料等。

（4）车队的运输成本，是指车队运输发生的司机工资、油耗、车辆的维修费、年检、保险及折旧费等。

（5）其他主营业务成本，是指其他营业项目支出的直接成本，如商务中心的复印纸等商务成本。

2. 旅行社主营业务成本

旅行社营业成本是指旅行社为接待旅游团体和个人所支付的费用,有以下几种。

(1) 综合服务成本,是指旅行社接待包价的旅游团体或个人按支付宝开支的住房费、餐费、旅游交通费、陪同费、文杂费和其他费用等。

(2) 组团外联成本,是指由组团社自组外联,接待包价旅行团或个人按规定开支的房费餐费、旅游交通费、陪同费、文杂费和其他费用等。

(3) 零星服务成本,是指接待零星旅游接待有关单位委托代办的零星宾客按规定开支的房费、餐费、旅游交通费和其他费用等。

(4) 劳务成本,是指总社借调翻译、导游人员的劳务费以及分、支社从所得的劳务费中支付给该全陪人员的洗衣费、伙食补助费,总社支付借调全陪人员的房费、交通费应在陪同费中列支。

(5) 票务成本,是指订票手续费、包车费用、退票损失等。

(6) 地游及加项成本,是指加收计划外旅游团去地方参观点的综合服务费和增加游江、游湖、风味餐费支出以及超里程费等。

(7) 其他成本是指其他营业项目支出的直接成本,例如,企业出售无形资产的实际成本以及商务中心的消耗支出等。

3. 旅游汽车公司主营业务成本

旅游汽车公司是以车辆运输(载客)和提供服务(劳务)为业务内容的公司,其成本包括车辆运输(载客)和提供服务(劳务)过程中实际发生的有关各项支出。

(1) 直接参与从事车辆运输业务活动的有关人员的职工薪酬。

(2) 旅游汽车在营运过程中实际耗用的燃料、润滑油料、维修材料、备品配件、轮胎、工具器具、低值易耗品等。

(3) 旅游汽车在营运过程中发生折旧以及公司在业务经营过程中的其他固定资产折旧费、修理费、经营租赁费、乘客紧急救护费、车辆牌照检验费、车辆清洗费、车辆冬季预热费、公路运输管理费、过河费、路桥费、行车杂费、司机途中宿费、取暖费、水电费、办公费、差旅费、保险费、劳动保护费、职工福利费、修理期间的停工损失费、事故净损失等支出。

4. 游船公司主营业务成本

游船公司在为旅游者提供服务和游船航行过程中发生的各项直接费用。

(1) 游船上直接从事营运活动人员的职工薪酬。

(2) 游船航行过程中实际消耗的燃料、材料、润滑油料、备品配件、各种专用工器具、动力照明、低值易耗品等支出。

(3) 游船航行和业务经营过程中发生的固定资产折旧费、修理费、经营租赁费、游客紧急救护费、港口费、旅客接送费、航道养护费、水路运输管理费、船舶检验费、灯塔费、速遣费、取暖费、水电费、办公费、差旅费、保险费、劳动保护费、职工福利费、修理期间的停工损失费、事故净损失等支出。

（4）游船餐厅部门直接用于为游客提供餐饮服务的食品、饮品所消耗的原材料及辅料等支出。

（5）游船商品部出售工艺品、旅游纪念品等商品、零食及饮料等物品的进货成本。

（二）期间费用

1. 销售（营业）费用

销售（营业）费用是指各营业部门在经营中发生的各项费用，包括运输费、装卸费、包装费、保管费、保险费、燃料费、水电费、展览费、广告宣传费、邮电费、差旅费、洗涤费、清洁卫生费、低值易耗品摊销、物料消耗、经营人员的工资、职工福利费、工作餐费、服装费以及其他营业费用。

2. 管理费用

管理费用是指企业管理生产和经营活动而发生的各项费用以及由企业统一负担的费用，包括公司经费、工会经费、待业保险费、劳动保险费、劳动保护费、董事会会费、外事费、租赁费、咨询费、审计费、诉讼费、排污费、绿化费、土地使用费、土地损失补偿费、技术转让费、税金、燃料费、水电费、折旧费、无形资产摊销、修理费、开办费、交际应酬费、存货盘亏和毁损、上级管理费、其他管理费用等。

（1）公司经费：包括行政管理人员工资、职工福利费、工作餐费、服装费、会议费差旅费、物料消耗以及其他行政经费。

（2）待业保险费：是指按照国家规定交纳的待业保险费。

（3）劳动保险费：是指退休职工的退休金、价格补助、医药费（包括离退休职工参加医疗保险和医疗保险基金）、异地安家补助、职工退休金、职工死亡丧葬补助费、抚恤费、按规定支付给离退休人员的各项经费，以及实行社会统筹办法的企业按规定提取的退休统筹基金。

（4）董事会会费：是指最高权力机构及其成员为执行职能而发生的各项经费。

（5）咨询费：是指聘请经济顾问、法律顾问等支付的费用。

（6）审计费：聘请中国注册会计师进行查账、验资以及进行资产评估等发生的各项费用。

（7）诉讼费：是指因起诉或应诉而发生的各项费用。

（8）排污费：是指按规定交纳的排污费用。

（9）土地使用费：是指使用土地而支付的费用。

（10）土地损失补偿费：是指在生产经营过程中破坏国家不征用的土地所支付的费用。

（11）技术转让费：是指使用非专利技术而支付的费用。

（12）企业在经营过程中发生的交际应酬费，按全年营业收入净额的一定比例控制使用，据实列支：全年营业收入净额在 1 500 万元以下的，不超过全年营业收入净额的 0.5%；全年营业收入净额超过 1 500 万元（含 1 500 万元）不足 5 000 万元的部分，不超过该部分的 0.3%；全年营业收入净额超过 5 000 万元（含 5 000 万元）不足 1 亿元部分，不超过该部分的 0.2%；全年营业收入净额在 1 亿元以上（含 1 亿元），不超过该部分的 0.1%。

列入企业费用的有关项目按下列比例提取：职工福利费按职工工资总额的 14%提取。它用于职工福利和补助职工生活困难，包括职工的医药费、医护人员的工资、医务经费、职工因公负伤赴外地就医路费、生活困难补助、职工浴室、理发室、幼儿园和托儿所人员的工资等。职工教育经费按职工工资总额的 1.5%提取。工会经费按职工工资总额的 2%提取。

3. 财务费用

财务费用是指企业经营期间发生的利息净支出、汇总净损失、金融机构手续费、加息及为筹集经营所需资金所发生的费用。

二、旅游企业成本费用的分类

为了对成本费用进行管理，根据不同的管理要求按照一定的标准，企业的成本费用可以分为以下几类。

（一）按照成本习性不同划分为固定成本、变动成本和混合成本

成本习性是指成本总额对业务量的依存关系。旅游企业的成本费用按照成本习性的不同划分为固定成本、变动成本和混合成本。

（1）固定成本：是指一定业务量范围内，其总额不随经营业务量的增减变化而发生变化的成本费用。一般包括工资、租金、折旧费、利息费、保险费等。例如，企业的客户折旧费不会因为出租客户的数量增减而增减。虽然固定成本总额不随业务量的变化而变化，但单位固定成本却会随业务量的增加而减少，即企业一定时期的固定成本总额不变，单位固定成本是下降的。

（2）变动成本：是指在一定时期内，其总额随着经营业务量的增减变化而发生变化的成本费用。例如，餐饮部门的食品原材料支出会随着就餐客人的增加而增加；客户服务器的消耗总额会随着客户出租数量的增加而增加。虽然变动成本总额随业务量的变动而变动，但单位变动成本却不随业务量的变动而变动。这是因为单位消耗定额是固定不变的，如出租客房，每间客户用品是固定的，即单位变动成本固定不变，客户用品的消耗总额即变动成本总额是成比例变化的。

（3）混合成本：即总额中既包括固定成本也包括变动成本，混合成本主要包括电话费、汽车租赁费、行政报酬、维修保养费等。混合成本可以采用一定的方法将其分解为固定成本和变动成本。

（二）按照计入方式不同分为直接成本和间接成本

（1）直接成本：是指旅游企业在旅游经营、报务过程中所发生的各项直接支出。也就是直接用于客人的费用。根据成本费用直接计入各部门"成本"账户。即"营业成本"主要包括旅游饭店营业成本（餐饮成本、商品成本、洗涤成本、其他成本）、旅行社营业成

本、旅游汽车公司营业成本、游船公司营业成本等。

（2）间接成本：是指一定会计期间发生的，与生产经营没有直接关系和关系不密切的成本费用。间接成本不计入营业成本，直接体现为期间费用。包括营业费用、管理费用、财务费用。

（三）按照成本是否可控分为可控成本和不可控成本

（1）可控成本，是指凡成本的发生能明确归属某一单位权责范围内，而且能加以控制的成本。例如，采购费用属于采购部门的可控成本，办公费对管理部门来说也是可控的。

（2）不可控成本，是指凡成本的发生不能明确归属某一单位权责范围内，而且不能加以控制的成本。例如，折旧费用对采购部门来说就是不可控成本。

一般来说，可控成本和不可控成本是相对而言的，应视具体情况而定。这是因为，在企业内部，某些成本对有些部门是可控成本，而对另一个部门则是不可控成本。某些成本从局部看来是不可控的，但从全局看来又是可控的。所以划分可控成本和不可控成本是相对一定时间和一定空间范围而言的，是为了明确责任单位的职责，起到更有效的控制成本的目的。

第三节　旅游企业成本费用预算的编制方法

教学目标：

（1）了解旅游企业成本费用预算的意义和预算编制程序；

（2）掌握旅游企业成本费用预算的内容；

（3）了解旅游企业成本费用预算的分类；

（4）掌握旅游企业成本费用预算的编制方法。

旅游企业成本费用预算是在事前的调查研究和分析的基础上，对未来的成本费用的发展趋势做出的一种符合客观规律的定期预算。

企业成本费用管理着眼于未来，要求首先做好事前的成本费用预算。企业成本费用预算既是成本费用控制、成本分析、成本考核的依据，也是企业编制财务预算的重要依据。

一、旅游企业成本费用预算的意义

正确地编制成本费用预算，可为企业预算期成本管理工作指明奋斗目标，并为进行成本管理提供直接依据。而且，成本费用预算也是企业寻找增产节约和增收节支的重要途径，能够动员和组织全体职工精打细算、挖掘潜力，控制成本耗费，促使企业有效地利用人力、物力、财力努力改善经营管理，以尽可能少的劳动耗费获得较好的经济效益。同时，成本费用预算是企业进行经济核算、实施经济考核激励与奖惩的依据。

二、旅游企业成本费用预算的编制程序

(1) 确定预测目标。

(2) 进行市场调查，收集有关资料，并进行分类、归集及评价。

(3) 以部门为基础，编制各部门财务预算草案。

企业在第 4 季度由企业总经理向各部门经理下达编制下年度部门财务预算的通知书。通知书明确提出对各部门预算的要求、主要内容和预算草案的上报时限（一般以 1 个月为限）。各部门接到通知后，充分估计市场发展趋势，收集过去两三年的历史资料，根据调查研究的结果，提出部门预算目标，即预算年度的各项指标。指标要全面，要有弹性，要根据季节波动性的实际情况，采用科学的方法来确定，在这期间财务人员应深入各部门协助做好这一工作。

(4) 以部门为基础，编制企业的财务预算。

根据部门财务预算草案进行全企业综合平衡，编制出整个企业的财务预算。

(5) 经过财务预算会议落实财务预算方案，下达给各个部门。

企业于每年 12 月中旬由企业总经理召开预算会议，由总会计师（财务总监）或财务经理宣读财务预算草案的各项指标，经过充分修改、补充并按有关规定批准后，在 12 月下旬正式下达给各部门执行。

(6) 各部门将预算指标进行分解落实到班、组、个人。

(7) 实行目标管理、工效挂钩，发挥财务控制的职能。

(8) 经董事会批准后实施。

三、旅游企业成本费用预算的内容

(一) 经营性预算

现代旅游企业经营性预算主要依据旅游市场客源以及价格等方面的变化，在上年费用支出的水平上，结合物价上升指数考虑企业经营支出的水平，结合董事会（上级公司）的意见，在总经理的领导下，通过销售部、客房部（房务部）、前台、餐饮部、人事部、财务部研究后确定。其内容包括：主营业务收入、主营业务成本、销售（营业）费用、营业税金及附加、经营利润、管理费用、财务费用、利润总额、毛利额、毛利率、两费率、成本费用率、物耗率、利润率、客房出租率、餐位上座率、餐饮平均消费水平、平均房价等。下年度经营预算一般在每年 10—11 月份编制。

(二) 资本性预算

资本性预算又称建设性预算，是根据现代旅游企业的实际情况，根据工程部专业人员提出的维修改造计划，以及各个部门提出的设备购置计划，由财务部汇总编制，财务部根据董事会（上级公司）的意见，按照计划的现金需用量，编制成报表报董事长、总经理批准后实施。

四、旅游企业成本费用预算的分类

（一）短期预算和长期预算

财务预算按适用时间的长短，可以分为短期预算和长期预算。短期预算一般是指年度预算，或者是更短的季度预算、月度预算。它是对企业一定时期经营、财务等方面的预算，比如销售的预算、房务收入的预算、餐饮营业收入的预算、成本的预算、管理费用的预算、现金的预算等。长期预算一般是指 1 年以上的预算，比如购置大型设备预算，改建、扩建、新建大型固定资产长期投资预算，按年度划分的长期资本收支预算，长期科研经费预算等。通常情况下短期预算和长期预算的划分以 1 年为界。

（二）资本预算和经营预算

企业为购置长期使用的资产而编制的预算称为资本预算。编制资本预算时由于固定资产使用的期限比较长，所以编制时要考虑货币的时间价值；经营预算反映旅游企业的经营过程和成果，包括收入、费用、利润的预算，以及现金流量表、资产负债表的预算。经营预算的期限通常为 1 年或 1 年以下，比如分季度、月度的预算，以便于进行财务控制。

（三）全面预算和专门预算

财务预算按涉及的内容，分为全面预算和专门预算。全面预算是对企业的全面、综合、总体情况的预算，比如预计资产负债表、预计利润表等会计报表；专门预算是对某一方面的经济活动的预算，比如现金预算等。

（四）期间预算和分项预算

营业费用、管理费用、财务费用的预算属于期间预算，所以以一定的期间为对象而编制的预算为期间预算。分项预算是指以特定项目的全过程为对象而编制的预算，比如固定资产的扩建预算。

（五）部门预算和总预算

部门预算是旅游企业内部某一部门的预算，比如客房部、餐饮部的预算；总预算是指由各部门预算汇总而成的预算。

五、旅游企业成本费用预算的编制方法

（一）房务成本预算

1. 变动预算费用的编制

客房部的变动费用包括日常维修费用：针织品消耗、物料用品消耗、洗涤费、水电费等。对于这些费用的预算可采用如下方法进行（以物料用品消耗）为例。

物料用品成本预算=$\sum$（客房数量×预计出租率×某类消耗品每间客房配备量

×某类消耗品平均单价×预算期天数）

2. 固定预算费用的编制

在费用中不随着旅游企业接待业务量增减变化而发生变化的部分为固定费用。例如，

职工薪酬、工作餐费、服装费、折旧费、保险费、租赁费、递延资产摊销、土地使用税、印花税、车船税、房产税等固定费用。这些费用在预算期内比较稳定，可以根据上年的固定费用水平、预算期内营业收入、利润计划等综合情况，编制出预算期固定费用总额，然后分解到每个营业部门和管理部门，以便进行详细考核。

（二）餐饮成本预算

餐饮成本预算是在编制营业收入预算基础上进行编制的，有两种方法。

（1）根据营业收入和历史资料、饭店星级、市场供求关系等确定本饭店餐厅的毛利率。其计算公式如下：

$$预算餐饮成本=\sum 某餐厅预算餐饮营业收入×（1-某餐厅预算餐饮毛利率）$$

（2）根据标准成本计算，对购进的食品原材料进行加工测试，求加工后实际净料成本，编制成本计算表来确定每种食品主料、配料、人工标准成本，然后追加一定的附加成本，最后确定出餐饮制品的标准成本。计算公式如下：

$$预算期餐饮成本=\sum 某餐厅预算餐饮营业收入×标准成本率$$

 案例 6-1

某旅游饭店餐饮部中餐厅预算主营业务收入为 1 200 万元，毛利率 55%；西餐厅预算主营业务收入为 960 万元，毛利率 60%；风味厅预算主营业务收入为 600 万元，毛利率 65%；自助餐厅预算主营业务收入为 720 万元，毛利率 40%。计算该饭店餐饮部的餐饮成本、平均成本率和平均毛利率分别为多少？

$$餐饮成本=1\,200×（1-55\%）+960×（1-60\%）+600×（1-65\%）+720×（1-40\%）$$
$$=1\,566（万元）$$

$$平均成本率=1\,566/（1\,200+960+600+720）×100\%$$
$$=45\%$$

$$平均毛利率=1-45\%=55\%$$

（资料来源：龚韵笙. 现代旅游企业财务管理［M］. 大连：东北财经大学出版社，2012.）

（三）旅游饭店商品成本预算

商品部商品销售成本是指已经销售商品的进价成本，其计算公式如下：

$$商品成本预算金额=\sum 预算期基本类商品销售额×（1-该类商品毛利率）$$

 案例 6-2

某旅游企业商品部百货柜组的预期销售额为 300 万元，进销差价率为 30%；食品柜组的预期销售额为 600 万元，进销差价率为 20%；工艺品柜组的预期销售额为 1 200 万元，进销差价率为 40%。计算该企业商品部的商品成本、平均商品成本率和平均商品综合进销差价率分别是多少？

商品成本＝300×（1-30%）+600×（1-20%）+1 200×（1-65%）+720×（1-40%）

＝1 410（万元）

平均商品成本率＝1 410/（300+600+1 200）＝67.14%

平均商品综合进销差价率＝1-67.14%＝32.86%

（资料来源：龚韵笙. 现代旅游企业财务管理［M］. 大连：东北财经大学出版社，2012.）

（四）销售费用、管理费用和财务费用预算

销售费用预算和管理费用预算均分部门分项进行预算，同时分固定费用和变动费用处理。销售费用预算表见表 6-1、管理费用预算表见表 6-2。

表 6-1　××饭店销售费用预算表

年　月　日　　　　　　　　　　　　　　　　　　单位：万元

项　目	金　额	客房部	餐饮部	康乐部	商品部	......
一、固定费用						
1. 工资						
2. 养老金						
3. 工作餐						
4. 服装费						
5. 折旧费						
6. 保险费						
7. 工会和教育费						
8. 无形资产摊销						
9. 有关税金						
二、变动费用						
1. 物料消耗						
2. 水费						
3. 电费						
4. 燃料费						
5. 办公费						
6. 邮差费						
7. 差旅费						
8. 日常交际						
9. 交际应酬						
10. 绿化费						
11. 培训费						
12. 董事会会费						
13. 其他费用						
合　计						

表 6-2　××饭店管理费用预算表

年　月　日 　　　　　　　　　　　　　　　　　单位：万元

项　目	金额	总经理办公室	销售部	人事部	财务部	工程部	保安部
一、固定费用							
1. 工资							
2. 养老金							
3. 工作餐							
4. 服装费							
5. 折旧费							
6. 保险费							
7. 工会和教育费							
8. 无形资产摊销							
9. 有关税金							
二、变动费用							
1. 物料消耗							
2. 水费							
3. 电费							
4. 燃料费							
5. 办公费							
6. 邮差费							
7. 差旅费							
8. 日常交际							
9. 交际应酬							
10. 绿化费							
11. 培训费							
12. 董事会会费							
13. 其他费用							
合　计							

1. 固定费用预算

在费用中不随着旅游企业接待业务量增减而发生变化的部分为固定费用。例如，职工薪酬、工作餐费、服装费、折旧费、保险费、租赁费、递延资产摊销、土地使用税、印花税、车船税、房产税等固定费用。这些费用在预算期内比较稳定，可以根据上年的固定费用水平、预算期内营业收入、利润计划等综合情况，编制出预算期固定费用总额，然后分解到每个营业部门和管理部门，以便进行详细考核。

2. 变动费用预算

在费用中随着旅游企业接待业务量的增减而发生变化的费用部分为变动费用，应分部门进行计算。

（1）客房部变动费用是随着客房出租量的增减而发生变化的费用，例如燃料消耗费用、能源消耗费用、洗涤费、日常修理费等这些费用可以根据历史数据计算出每间客房的定额标准，从而计算出变动费用总额。计算公式如下：

预算期客房部变动费用额＝每间客房每天变动费用消耗定额×可供出租客房数量

×预计出租率×预算期天数

对于水电费可以通过安装水电表分部门核算，对于中央空调所耗用燃料能源费用可以采用占空间比例分配计算。

（2）餐饮部变动费用是随着旅游接待业务量的增减而发生变化的费用，例如燃料消耗、物料消耗、能源消耗、洗涤费、日常维修费等，一般均按消耗定额计算。但对于水电燃料能源消耗量较大的，其计算方法如下。

根据前几年水电燃料能源费用的消耗实际数，分析费用消耗的合理性，据此确定预算期内水电燃料能源费用。其计算公式如下：

$$餐饮部水电燃料能源费用＝X×(1+r)×(1-\Delta N)$$

式中：X 为上年餐饮部水电燃料能源费用的实际消耗数；r 为预算期内营业收入的增减百分比；ΔN 为预算期内水电燃料能源费用的降低率。

按部门预算营业收入额的百分比进行分摊。其计算公式如下：

$$餐饮部水电燃料能源费用＝X×Y×(1-\Delta N)$$

式中：X 为上年餐饮部水电燃料能源费用的实际消耗数；Y 为各部门预算营业收入额占全餐饮部预算营业收入额的百分比；ΔN 为预算期内水电燃料能源费用的降低率。

（3）其他营业部门变动费用编制方法与餐饮部变动费用预算方法类似。

评估练习

一、简答题

1. 简述旅游企业成本费用预算的意义。

2. 什么是资本预算和经营预算？

二、计算分析题

1. 某旅游饭店餐饮部有 3 个餐厅，一餐厅预算主营业务收入为 600 万元，毛利率为 50%；二餐厅预算主营业务收入为 450 万元，毛利率为 60%；三餐厅预算主营业务收入为 300 万元。毛利率为 40%。计算该饭店餐饮部的餐饮成本和平均毛利率。

2. 某旅游景区商品部的百货柜组预算销售额为 100 万元，进销差价率为 25%；食品柜组预算销售额为 200 万元，进销差价率为 30%；工艺品柜组的预算销售额为 240 万元，进销差价率为 40%。计算该旅游景区商品部的商品成本和商品综合进销差价率。

第四节　旅游企业经营保本的预测

教学目标：

（1）理解经营保本点的含义；

（2）了解经营保本点预测的意义；

（3）掌握经营保本点的预测方法。

一、经营保本点及意义

经营保本点是指企业在业务经营过程中，营业收入和营业成本相等的经营状态，此时不盈不亏，因此也被称为盈亏临界点。此时的销售量为保本销售量，销售额为保本销售额。保本经营用公式表示如下：

$$营业收入-成本费用-营业税金及附加＝0$$

旅游企业在财务管理中做经营保本预测具有重要意义：①经营保本是企业进行简单再生产的保证。任何一个企业存在的目的就生存、发展、盈利，为了取得更多的利润企业必须要不断有新的投入，进行扩大再生产。如果企业不能盈利，要想生存下去，其最基本的条件应是保本。如果企业收支不能相抵，就不能补偿消耗的原材料、不能支付员工的工资、不能进行设备的更新等，这样的最终结果势必导致企业无法维持正常的生产经营活动，从而导致企业的破产倒闭。②通过保本经营预测，可了解企业经营状况，改善经营管理水平，提高企业的经济效益。保本经营预测实际是本量利分析的一个特例，它是在利润为零的情况下研究营业量（额）与成本之间的变动关系，但对企业来说保本并不是目的，而是要盈利。而企业只有保本才能有利润可赚。因此，通过保本经营预测把企业的收入、成本、营业量有机地结合起来。不仅可以对企业的经济效益进行事前分析，还有助于解决企业经营管理上存在的诸多问题。从财务上说保本是经营活动的最低要求。在保本的基础上确定企业的标利润，从而为实现目标利润而努力，最终提高企业的经济效益。

二、经营保本点预测的方法

在进行经营保本点预测时，首先要将成本按照其与业务量的关系划分固定变动成本。企业的营业收入减去变动成本后的余额，要先来补偿固定成本。余额与固定成本相等的点即为保本点。

在进行经营保本点预测时，还要明确边际贡献这一概念。边际贡献是指每增加一个单位销售量所得到的销售收入扣除单位变动成本后的余额。边际贡献首先要补偿固定成本，其余额才能为企业提供利润。边际贡献正好等于固定成本时，企业的经营活动处于保本状态。

案例 6-3

某饭店拥有客房 250 间，每天分摊的固定费用 14 000 元，客房出租的房价是 180 元，单位变动费用为 40 元，则客房的盈亏状况见表 6-3。

表 6-3　客房盈亏情况　　　　　　　　　　　　　　　单位：元

客房出租数	变动费用	固定费用	总费用	收　入	盈亏状况
1	40	14 000	14 040	180	亏损
50	2 000	14 000	16 000	9 000	亏损
80	3 200	14 000	17 200	14 400	亏损
100	4 000	14 000	18 000	18 000	平衡（保本）
120	4 800	14 000	18 800	21 600	盈利
150	6 000	14 000	20 000	27 000	盈利

从表 6-3 可以看出，当客户出租量达到 100 间时，收入与费用相等，此时正好保本。即 100 间是保本点的销售量，18 000 元是保本点的销售额。超过 100 间，企业处于盈利状态。企业的保本状况还可以借助盈亏平衡图（本、量、利图）分析。通过盈亏平衡图可以清楚、直观地看到营业量、成本、利润之间的变动关系，如图 6-1 所示。

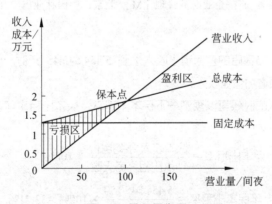

图 6-1　盈亏平衡图

从图 6-1 可以看到，阴影区表示亏损，当客房的营业量达到 100 间时，企业是保本的，营业量超过 100 间，就处于盈利区间，表示企业是盈利的。

（资料来源：周桂芳. 旅游企业财务管理 [M]. 北京：中国林业出版社，北京大学出版社，2012.）

企业在进行经营保本预测时，一般可通过下列公式计算求得。

$$经营保本点收入（盈亏临界点收入）＝ \frac{固定成本总额}{边际贡献率}$$

$$边际贡献率 = \frac{单位售价 - 单位变动成本}{单位售价} \times 100\%$$

或

$$边际贡献率 = 1 - 变动成本率 - 税率$$

$$保本接待量（盈亏临界点接待量）= \frac{固定成本总额}{单位边际贡献率}$$

但由于旅游企业各部门经营的业务不同，在进行保本预测时，会略有不同，下面分别予以介绍。

（一）客房经营保本的预测

保本收入的计算公式如下：

$$保本收入 = \frac{固定成本总额}{1 - 变动成本率 - 税率}$$

 案例 6-4

某饭店拥有客房 300 间，年固定成本总额 450 万元，变动成本率是 12%，主营业务税金及附加的税率是 5.5%，每间客房的平均房价是 150 元。则计算如下：

$$年保本收入 = \frac{4\,500\,000}{1 - 12\% - 5.5\%} = 5\,454\,545.45（元）$$

（资料来源：周桂芳. 旅游企业财务管理［M］. 北京：中国林业出版社，北京大学出版社，2012.）

通过计算可知，当饭店的客房销售收入达到 5 454 545.45 元时，此时饭店是保本的。客房要想赢利，必须增加营业收入。

在预测保本收入的时候可以预测一下保本出租率，保本出租率可以直观地反映出客房的经营状况。

$$保本出租率 = \frac{保本收入/平均房价}{可供出租客房天数} \times 100\%$$

$$年保本出租率 = \frac{5\,454\,545/150}{300 \times 365} \times 100\% = 33.21\%$$

通过计算可知，当饭店的客房出租率达到 33.21% 时，此时饭店是保本的。客房要想赢利，必须广招客源，出租率的高到 33.21% 以上，才能实现赢利。

（二）餐饮保本经营的预测

$$保本收入 = \frac{固定成本总额}{毛利率 - 其他变动成本率 - 税率} \times 100$$

$$毛利率 = \frac{毛利}{营业收入} \times 100\%$$

毛利＝营业收入-食品原材料成本

由于餐饮部门经营种类不同，所以毛利率也不同，因此，这里的毛利率是用综合毛利率计算。其他变动成本率是指除去食品原材料成本以外的其他变动成本占营业收入的百分比。

同客房一样，餐饮部门可通过计算保本上座率这一指标来更好地反映企业的经营保本状况。

$$保本上座率 = \frac{保本收入/餐位平均消费水平}{餐位数量 \times 餐次 \times 报告期天数} \times 100\%$$

✎ 案例 6-5

某餐厅年固定成本总额为 180 万元，综合毛利率为 50%，其他变动成本率为 12%，营业税金及附加的综合税率是 5.5%，该餐厅人均消费水平 40 元，一日三餐，餐位数量 300 个。则计算如下：

$$年保本收入 = \frac{1\,800\,000}{50\% - 12\% - 5.5\%} = 5\,538\,462（元）$$

$$年保本上座率 = \frac{5\,538\,462/40}{300 \times 3 \times 365} \times 100\% = 42.15\%$$

（资料来源：周桂芳.旅游企业财务管理［M］.北京：中国林业出版社，北京大学出版社，2012.）

通过计算可知，餐厅的保本收入是 5 538 462 元，保本上座率是 42.15%。

这意味着当餐厅的销售是 5 538 462 元，保本上座率是 42.15%时，餐厅是保本的。餐厅若想盈利，在此基础上，努力提高销售收入及上座率。企业还要以利用保本上座率与实际情况进行比较，从而了解企业的经营情况，及时发现问题并解决问题。

（三）商场经营保本预测

$$保本收入 = \sum \frac{某类商品固定成本总额}{1 - 某类商品变动成本率 - 税率}$$

这里的变动成本率为某类商品变动成本占营业收入的百分比。或

$$保本收入 = \sum \frac{某类商品固定成本总额}{毛利率 - 变动成本率 - 税率}$$

这里的变动成本率为基本类商品变动成本扣除商品进价成本以外的其他变动成本占营业收入的百分比。

由于商场经营各类商品，而各类商品的进销差价率不同，因此，应当分类计算各类商品的保本收入。各类商品的保本收入之和即为商场的总的保本收入。

（四）旅行社经营保本预测

旅行社从事接团业务保本收入的测算可用以下两个指标。

$$保本收入 = \frac{固定成本总额}{人天边际利润} \times 人天拨款标准$$

$$保本接待人次 = \frac{保本收入}{人天拨款标准 \times 人均停留日数}$$

式中：人天边际利润是指一天的时间内接待一位客人所能实现的边际利润；人天拨款标准是指在一天的时间内接待一位客人，组团社向接团社拨款标准。

案例 6-6

某旅行社全年的固定成本总额为 150 万元，每一天接待一位客人的边际利润是 15 元，组团社向接团社的人天拨款标准为 180 元，该旅行社每位客人人均停留 4 天，则计算如下：

$$年保本收入 = \frac{1\,500\,000}{15} \times 180 = 18\,000\,000\,（元）$$

$$年保本接待人次 = \frac{18\,000\,000}{180 \times 4} = 25\,000\,（人次）$$

由计算结果可知，该旅行社的年保本收入是 18 000 000 元；如果该旅行社每位客人人均停留 4 天，则该旅行社只要接待 25 000 人次就能保本。该旅行社若要盈利必须超过此接待量；如果不能达到此接待量，该旅行社将会亏损。

（资料来源：周桂芳.旅游企业财务管理［M］.北京：中国林业出版社，北京大学出版社，2012.）

评估练习

一、多项选择题

1. 下列关于量本利分析图的表述中，正确的有（ ）。

A. 边际贡献式量本利分析图主要反映销售收入减去变动成本后形成的边际贡献

B. 基本的量本利分析图是根据量本利的基本关系绘制的

C. 在基本的量本利分析图中，总收入线与总成本线的交点是保本点

D. 在基本的量本利分析图中，在保本点以上的总收入线与总成本线相夹的区域为亏损区

2. 某公司生产销售 A、B、C 3 种产品，销售单价分别为 20 元、24 元、18 元；预计销售量分别为 1 500 件、2 000 件、1 000 件；预计各产品的单位变动成本分别为 12 元、14 元、10 元；预计固定成本总额为 170 万元。按分算法（按边际贡献的比重分配）确定各产品的保本销售量和保本销售额。下列说法中正确的有（ ）。

A. A 产品的边际贡献比重为 0.3   B. 分配给 A 产品的固定成本为 51 万元

C. A 产品的保本量为 63 750 件   D. A 产品的保本额为 127.5 万元

3. 降低保本点的途径有（ ）。

A. 降低固定成本总额（降低幅度相同）　　B. 降低单位变动成本

C. 提高销售单价（降低幅度不一致）　　D. 提高单位变动成本

4. 下列说法中，正确的有（　　）。

A. 成本管理的总体目标服从于企业的整体经营目标

B. 成本分析是成本管理的核心

C. 成本考核的关键是评价指标体系的选择和评价结果与约束激励机制的衔接

D. 财务成本核算采用历史成本计量，而管理成本核算采用现在成本或未来成本

5. 下列各项中，可以作为判定企业处于保本状态的条件有（　　）。

A. 安全边际等于零　　　　　　　　B. 边际贡献率等于零

C. 边际贡献等于固定成本　　　　　　D. 保本作业率等于100%

二、计算分析题

1. 某饭店拥有客房 300 间，每天分摊固定费用 15 000 元，客房出租平均房价是 160 元，变动成本费用率是 20%，营业税金及附加税率是 5%，计算客房的月保本收入，月保本出租率。

2. 某旅行社全年的固定成本总额为 150 万元，每一天接待一位客人的边际利润是 15 元，组团社向接团社的人天拨款标准为 150 元，该旅行社每位客人人均停留 5 天，计算该旅行社的年保本收入，年保本接待人次。

3. 某餐厅年固定成本总额为 160 万元，综合毛利率为 50%，其他变动成本率为 14.5%，主营业务税金及附加的税率是 5.5%，该餐厅人均消费水平 30 元，一日三餐，餐位数量 200 个。计算该餐厅年保本收入和年保本上座率。

第五节　旅游企业成本控制

教学目标：

（1）了解旅游企业成本控制的原则和方法；

（2）掌握旅游企业成本控制的基本程序；

（3）掌握旅行社、旅游饭店、旅游汽车公司的主营业务成本控制方法。

旅游企业成本控制，是企业根据一定时期预先建立的成本管理目标，由成本控制主体在其职权范围内，在生产耗费发生以前和成本控制过程中，对各种影响成本的因素和条件采取的一系列预防和调节措施，以保证成本管理目标实现的管理行为。

一、旅游企业成本控制的原则

（一）经济原则

经济原则是指因推行成本控制而发生的成本，不应超过因缺少控制而丧失的收益。成本费用控制的最终目的是为了降低成本，提高经济效益，增加企业利润。因此，在成本费

用控制过程中，应坚持经济原则。在设置控制环节时，要考虑控制措施所引起的费用与由此避免的损失之间的比例是否恰当。不恰当的控制会造成企业办事效率低下，不仅达不到降低成本费用的目的，还会加大企业成本费用，甚至会使员工失去工作的积极性和主动性。

（二）因地制宜原则

成本控制目标要适应特定岗位和成本项目的实际情况，不可照搬别人的做法。例如，采购部门成本控制目标不能和客房部一样。同样餐饮部门的控制标准也不能等同客房部门。

（三）全员参与原则

成本控制是全体职工的共同任务，每个职工都应负有成本责任。企业应建立归口分级管理责任制，由财务部门把成本费用控制指标分解落实到各个有关部门，各部门再把指标进一步分解落实到各个班组和个人，并结合每个班组和个人的经济责任制，考核指标的执行情况。各部门、各班组及每个人都清楚各自的成本费用目标，关心成本费用指标的完成情况，使成本费用管理真正成为全员管理。

（四）领导推动原则

由于成本控制涉及全体员工，并且不是一件令人欢迎的事情，因此，必须由"最高当局"来推动。企业的最高领导要以身作则，调动员工的积极性，在总经理的领导下，以各部门为基础，全体员工共同努力，才能达到成本费用不断降低的目的。

二、旅游企业成本控制的基本方法

成本控制方法很多，一般有预算控制法、制度控制、主要消耗指标控制法和标准成本控制法。

（一）预算控制法

预算控制法是根据预算规定的收入与支出标准，来检查和监督各部门活动，以保证组织经营目标的实现，并使费用支出受到严格有效约束的一种方法。预算控制通过编制预算并以此为基础，执行和控制企业经营活动并在活动过程中比较预算和实际的差距及原因，然后对差异进行处理，是管理控制中运用最广泛的一种控制方法。

（二）制度控制法

制度控制法是利用国家及旅游企业内部各项成本费用管理制度来控制成本费用开支的一种方法。旅游企业应该制定各项开支消耗的审批制度，日常考勤的考核制度，设备设施的维修保养制度，各种材料物资的采购、验收、保管、领发制度，报批审批制度，以及相应的奖惩办法，对于降低成本费用有显著效果的要予以重奖，对成本费用控制不力造成超支的要予以惩罚。只有这样才能真正调动员工节约成本费用、降低消耗的积极性。

（三）主要消耗指标控制法

主要消耗指标是指对企业成本费用有着决定性影响的指标。主要消耗指标控制法是对这部分指标实施严格的控制，以保证成本预算完成的一种方法。控制主要消耗指标，关键还在于规定这些指标的定额，定额本身应当切实可行。一般企业都制定原材料消耗定额、物料消耗定额、能源消耗定额、费用支出定额等。定额一旦确定后就应严格执行。在对主要消耗指标进行控制的同时，还应随时注意非主要消耗指标的变化，使成本费用控制在预算之内。

（四）标准成本控制法

标准成本实际上就是单位成本消耗定额。标准成本控制是成本控制中应用最为广泛和有效的一种成本控制方法，也称为标准成本制度或标准成本法。它是以制定的标准成本为基础，将实际发生的成本与标准成本进行对比，揭示成本差异形成的原因和责任，采取相应措施，实现对成本的有效控制。其中，标准成本的制定与成本的事前控制相联系，成本差异分析、确定责任归属、采取措施改进工作则与成本的事中和事后控制相联系。

 知识拓展 6-3

煮蛋的学问

有一家日本餐厅和一家中国餐厅都卖煮鸡蛋，两家餐厅的蛋都一样受欢迎，但日本餐厅赚的钱却比中国餐厅多，旁人大惑不解。专家对日本餐厅和中国餐厅煮蛋的过程进行比较，终于找到了答案。

日本餐厅的煮蛋方式：用现代宽高各 4cm 的特制容器，放进鸡蛋，加（估计只能加 50mL 左右）凉水，盖盖子，打火，1 分钟左右水开，再过 3 分钟关火，利用余热煮 3 分钟。

中国餐厅的煮蛋方式：打开液化气，放上锅，添进一瓢凉水（大约 250mL），放进鸡蛋，盖锅盖，3 分钟左右水开，再煮大约 10 分钟，灭火。

专家计算的结果：前者起码能节约 4/5 的水、2/3 以上的煤气和将近一半的时间，所以日本餐厅在水和煤气上就比中国人节省了将近 70%的成本，并且日本餐厅利用节省的一半时间提供更快捷的服务。

故事中的财务

从简简单单的煮鸡蛋的故事当中，我们就可以看到日本人经营企业的成功之处，他们有一套先进的成本控制管理体系，使得他们在同样条件下得到更多的利润，而国内不少企业不懂得如何控制自己的各项成本，利润总是不高，应该从这个"煮蛋的学问"里学学企业的成本控制。

学以致用

成本控制与全体员工，与整个经营过程有关，说起来容易，做起来难，员工似乎对此并不在意，也不关心。你觉得有什么高招可以解决？如何让大家都关心成本控制？

三、旅游企业成本控制的基本程序

成本控制是现代成本管理工作的重要环节，是落实成本目标、实现成本计划的有力保证。成本控制一般包括以下几个基本程序。

（一）制定成本控制标准，并据以制定各项节约措施

成本控制标准是对各项费用开支和资源消耗规定的数量界限，是成本控制和成本考核的依据。

（二）执行标准，即对成本的形成过程进行具体的监督

根据成本指标审核各项费用支出和各项资源的消耗，实施增产节约措施，保证成本计划的实现。

（三）确定差异

核算实际消耗脱离成本指标的差异，分析脱离差异的程度和性质，确定造成差异的原因和责任归属。

（四）消除差异

组织群众挖掘潜力，提出降低成本的新措施或修订成本标准的建议。

（五）考核奖惩

考核成本执行结果，把成本指标考核纳入经济责任制，实行物质奖励。

四、旅游企业主营业务成本控制

（一）旅行社主营业务成本控制

1. 旅行社单位成本计算

旅行社单团成本计算可分为单团成本计算和等级成本计算。

（1）单团成本计算是指将组织或接待的每个旅游团作为成本核算对象，按成本项目设置成本明细账，进行直接费用的归集与汇总，计算出每个旅游团各成本项目和总成本，以及每个团的每人每天的单位成本。其计算公式如下：

$$某团人天数＝该团人数×该团停留天数$$

$$单团单位成本＝该团成本总额÷该团人天数$$

（2）等级成本计算是指组织或接待的各个等级（如 1 人、2～5 人、6～9 人、10 人以上）的旅游团作为成本核算对象，按等级设置成本明细账，进行直接费用的归集和汇总，

计算出每个等级各成本项目和总成本，以及每个等级的每人每天的单位成本。其计算公式如下：

$$某等级总人天数 = \sum 该等级各天团人数$$

$$该等级单位成本 = 该等级成本总额 \div 该等级总人天数$$

2. 旅行社总成本计算

旅行社总成本计算可分为全社总成本计算和部门总成本计算。

（1）全社总成本计算是指将全社各种业务的全部直接费用不分具体对象进行全社总的归集与汇总，只计算总成本，不计算单位成本，并与毛利和毛利率结合在一起使用。用主营业务收入减去主营业务成本后，求出营业毛利和毛利率，以考核企业的经营业绩。

（2）部门总成本计算是指将社内各经营部门（如外联部、接待部、票务部等）作为成本核算对象，按部门设置成本明细账，进行直接费用的归集与汇总，计算出部门总成本和部门营业毛利、毛利率，以便考核各部门的经营业绩。

3. 旅行社实际成本与计划成本的差异

旅行社在结算过程中成本支出不能与实现的营业收入同时入账时，先按计划成本入账，而这又会与实际成本发生差异。旅行社应以实际成本计算营业成本，并以权责发生制为基础与其营业收入相配比，凡当月已实现的营业收入，应将与其相关的营业成本同时入账。但由于旅行社接待业务的特点，在组团社和接团社之间，接团社与宾馆、交通部门之间，都是先接待服务后费用结算，双方有一个结算过程，当发生应计的成本支出不能与实现的营业收入同时入账时，旅行社应根据成本费用的价格或标准，按计划成本计算先计入成本账，同时做应付账款处理，待实际成本结出后，再结转计划成本与实际成本的差异。如果实际成本大于计划成本，可增列营业成本；如果实际成本小于计划成本，应冲减营业成本。

（二）旅游饭店餐饮成本控制

旅游饭店的餐饮成本，包括食品原料成本、劳动力成本和设备折旧费用。餐饮成本控制主要是控制原料成本，原料成本会随营业收入的变化而变化。营业收入增加，原料成本也会随之增加；营业收入降低，原料成本也随之减少。而劳动力成本和设备折旧费用，不会随营业收入的变化而变化。

餐厅的业务活动从食品原料的采购、验收、库存、发料、粗加工、切配、烹饪、服务到收款，其经营环节较多，且每一个环节都会影响到食品成本。因此，餐厅必须加强餐饮产品生产、服务、销售全过程的成本控制。

1. 采购控制

对于应采购的原料，无论从形状、色泽、等级、包装等各个方面制定采购规格标砖。采购人员必须熟悉菜单及近期餐厅的营业情况，采购将要使用的食材，尽量使采购计划与实际一致。采购人员要熟悉市场动态，做到货比三家，按时、低价、保质保量地采购食材。另外，餐厅必须制定严格的采购审批程序。

2. 验收控制

餐厅应制定原料验收的操作规程和验货制度，对于质、量、价 3 个方面不符合的原料，应该拒绝接受，财务部也应拒绝付款。

3. 库存控制

原料的储存保管必须由专人负责，根据食材类别、性能和特点，进行分类、分室储存，注明原料的购进日期，发料遵循先进先出原则，经常检查设备，定期进行盘点，防止偷盗。

4. 发料控制

健全领料制度，使用领料单，未经批准不得领料，只准领取所需食材。

5. 粗加工控制

粗加工时，要严格按照规定的操作程序和要求进行加工，达到并保持应有的净料率；对成本较高原料，由经验丰富的厨师进行试验，提出最佳加工方法；对于剔除原料部门尽量回收，做到物尽其用，以降低成本。

6. 切配控制

应根据原料实际情况，整料整用，大料大用，小料小用，下脚料综合利用的原则，以降低食品成本。

7. 烹饪控制

在烹饪过程中，要严格执行调味料的成本规格及用量，提倡一锅一菜，专菜专做，严格操作规程，这不仅会使菜品质量稳定，也可以使其成本精确。

8. 服务控制

服务过程中，服务人员需重复确认宾客所点菜要，避免出现点菜、传菜差错。

9. 收款控制

在账单上准确填写每个菜点的价格，防止漏记或少记；结账核算正确，防止漏账或逃账；严防收款员或其他工作人员贪污、舞弊行为。

10. 审核

每天营业结束后，餐厅账台应根据账单和点菜单等编制餐厅营业日报表。营业日报表一式三份：一份自存；一份连同宾客签付的账单一起交总服务台；一份连同全部账单、点菜单、宴会预订单等及当天营业收入的现金一起交财务部门。财务部应根据餐厅营业日报表及有关原始凭证，认真审核以确保餐厅的利益。

11. 计算实际成本率，分析与标准成本率的差异

实际成本率和标准成本率的计算公式如下：

$$实际成本率 = \frac{实际成本}{实际营业收入} \times 100\%$$

$$标准成本率 = \frac{标准成本}{实际营业收入} \times 100\%$$

一般来说，实际成本率与标准成本率的差异应控制在 5%以下。

 案例 6-7

　　某旅游饭店某月的实际成本为 32 万元，标准成本为 35 万元，营业收入为 100 万元。计算该饭店的实际成本率和标准成本率。

$$实际成本率 = \frac{32}{100} \times 100\% = 32\%$$

$$标准成本率 = \frac{35}{100} \times 100\% = 35\%$$

　　实际成本率比标准成本率低 3%，说明该饭店的餐饮程控制比较好。

　　（资料来源：周桂芳. 旅游企业财务管理 [M]. 北京：中国林业出版社，北京大学出版社，2012.）

（三）旅游汽车公司主营业务成本控制

　　旅游汽车公司的主营业务成本项目主要有固定资产折旧、轮胎损耗、燃料耗用、维护保养费、修理费以及一些消耗性材料、零配件和低值易耗品等。

　　做好旅游汽车单车成本核算的工作，该工作是旅游汽车公司加强管理、健全核算、提高经济效益的重要措施。单车成本核算主要核算单车成本，工作细致复杂，涉及面广，既要反映每辆车的实际成本支出，又要反映公司的生产经营活动。单车成本核算制定的贯彻实施，有利于评价驾驶人员的业绩，有利于增加营业收入和降低成本费用，有利于提高公司的经营管理水平。实行单车成本核算要做好以下几项工作。

　　（1）建立健全各项管理和统治制度，要有比较齐全的原始凭证，各项工作做到准确、及时、完整。

　　（2）制定一套科学的材料物资的领发、退库、盘点制度；要有定额管理的措施，对材料耗用定额、工时定额要准确反映。

　　（3）要建立与单车成本核算要求相适应的核算组织、配备必要人员，建立核算制度形成由一级核算（公司）、二级核算（车队）和三级核算（单车核算）组成的核算网络。旅游汽车公司成本核算与考核通常以"百公里""变公里油耗""百公里维修费"等为单位。

　　某种车辆百公里标准成本的计算公式如下：

$$S = t \times a + A + Q + D$$

式中：S 为百公里标准成本；t 为百公里油耗定额；a 为每公升标准油价；A 为百公里月标准薪酬；Q 为百公里月标准轮胎成本；D 为百公里月标准销售（营业）费用。

$$A = \frac{预计驾驶人员月职工薪酬总额}{日标准行驶公里 \times 22.5} \times 100$$

$$Q = \frac{月轮胎成本总额}{日标准行驶公里 \times 22.5} \times 100$$

$$D = \frac{月营业费用总额}{日标准行驶公里 \times 22.5} \times 100$$

将每辆百公里标准成本与每辆车百公里实际成本相比较，能起到控制百公里标准成本的作用。

整个汽车公司或车队在进行成本控制时，先求出某车型车辆的百公里标准成本，乘以该车型车辆数，再将各车型百公里标准成本相加，就得到该汽车公司或车队的标准成本总额。将实际成本总额与标准成本总额进行比较，找出偏差，针对产生偏差的原因，采取措施，是实际耗费达到标准的要求。

五、旅游企业期间费用控制

旅游企业费用管理实行费用归口、分级管理和预算控制，建立必要的费用开支范围、标准和报销审批制度。期间费用控制，首先根据财务制度要求，正确确定费用开支范围和各项目的开支标准，然后按照费用项目的性质和可控原则，归口各部门，各部门还应将指标按发生地点分解到各班组、个人或消耗部门。

期间费用主要是通过费用预算来控制的，其中有些费用项目的开支标准在财务制度中已有规定，如固定资产折旧等；有些费用项目的开支标准要由企业决策机构或董事会决定，如办公费、差旅费、公司经费等；有些费用项目的开支标准则根据历年实际发生数或有关计划定额进行预算，如广告费、利息支出、设备修理费等。

期间费用预算下达后，应根据规定审批费用开支标准。凡是超出费用开支标注的，一般不予批准。如因某种原因需增加某项费用预算，必须由负责部门提出申请，并按规定程序得到批准后才能执行。

评估练习

一、简答题

1. 简述旅游企业成本控制的原则。

2. 简述旅游企业成本控制的方法。

二、计算分析题

1. 某旅行社某个境外 6 日游旅行团共有 120 人，为接待本旅游团，旅行社发生劳务成本 10 万元，支付房费、餐费、交通费等综合服务成本 86 万元，其他成本费用 12 万元。计算该团人天数和该团单位成本。

2. 某旅游汽车公司宇通 ZK6122HQBA 豪华客车，月驾驶人员职工薪酬总额为 5 600 元，轮胎总成本为 800 元，营业费用 1 100 元，该车队每辆车的百公里油耗定额为 15L，每升柴油标准油价为 5.11 元，日标准行驶公里数为 1 200 公里。计算该旅游汽车公司该客车的百公里标准成本。

第七章
收入管理与
股利政策

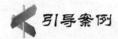

引导案例

中国国旅 2015 年半年报摘要

2015 年上半年，受国家主动调控的影响，我国国民经济增速平缓，经济运行总体良好，国际经济温和复苏，旅游经济发展环境相对有利。报告期内，公司实现营业总收入 89.49 亿元，同比增长 14.07%；实现合并营业利润 12.62 亿元，同比增长 11.16%；实现利润总额 12.67 亿元，同比增长 7.53%；实现归属母公司所有者净利润 8.51 亿元，同比增长 5.75%。报告期内，公司主营业务保持稳步增长，重大投资项目如期推进。其中，公司旅行社业务面对散客化趋势、移动互联技术的快速发展和广泛运用，积极推进转型升级，针对不同市场和业务，不断整合资源，积极创新产品，拓展销售渠道，调整内部结构，经营业绩稳中有进；公司免税业务在全力做好三亚海棠湾免税购物中心开业筹备的同时，加强零售能力建设、提高品类管理水平，适时调整商品采购和销售策略，加大营销与推广力度，稳步拓展传统免税渠道，持续提升物流配送效率，使免税业务保持较快增长；公司旅游投资业务一方面重点开展海棠湾免税购物中心项目和物流基地工程收尾及验收工作，另一方面依托公司"旅游＋免税"的独特业态资源，借助国旅"CITS"的品牌优势，积极探索和研究旅游综合开发模式，努力打造公司第三大业务板块。

（资料来源：卢德湖，王美玉.旅游企业会计实务［M］.2 版.大连：中国版本图书馆，2015.）

辩证性思考：

1. 中国国旅 2014 年上半年净利润增长低于同期营业总收入的增长原因？

2. 中国国旅 2014 年上半年收入增长的原因？

3. 旅游消费模式的根本变化、定制产品需求的持续升级、移动互联技术的广泛使用，均给传统旅行社带来巨大的挑战。旅游企业应针对这一形势，及时调整，积极应对，拓宽多种渠道，增加企业的收入。那么，旅游企业的收入包括哪些内容呢？

第一节　旅游企业收入管理

教学目标：

（1）掌握旅游企业营业收入的概念、内容和特征；

（2）理解旅游企业营业收入的回收方式；

（3）了解旅游企业营业收入的管理原则。

旅游是指人们离开常居地，外出旅行，到其他地方去游览参观的一项活动。旅游企业则是以自然和人文旅游资源、旅游设施为基本条件，为旅游者提供食、住、行、游、购、娱等方面的综合性服务并独立核算的经济组织。主要包括旅行社、饭店、旅游景区和旅游商店等单位。它是一个新兴的"朝阳产业"，被称为"无烟工业""无形贸易"，是国民经济中的一个重要部门。旅游企业要创造更大的经济效益和社会效益，必须不断地加强旅游企业的经营管理。

一、旅游企业营业收入概述

（一）旅游企业营业收入的概念及内容

旅游企业营业收入是指旅游企业在经营活动过程中向消费者提供服务或销售商品等所取得的收入。企业在日常活动中实现的收入包括 3 种类型：销售商品形成的收入、提供劳务形成的收入及让渡资产使用权形成的收入。其中让渡资产使用权形成的收入主要以利息收入和使用费收入方式组成，属于投资收益，商品销售收入、劳务收入则属于营业收入。

 知识拓展 7-1

> 酒店营业收入是指酒店按一定价格，通过提供劳务或出租、出售等方式所取得的货币收入，它是企业经营成果的货币表现，是企业的一项重要财务指标。包括出租客房、提供餐饮、出售商品及其他服务项目所取得的收入。如酒店的固定资产出租、无形资产使用权转让和包装物出租等收入。影响酒店营业收入的基本因素是价格和营业量。在营业量一定的条件下，营业收入的高低取决于价格的高低，价格越高营业收入就越多。但是反过来当价格超过某一限度时，就会对销售量和营业收入产生负面影响。因此，营业收入管理的目标就是制定合理的价格，最大限度地扩大销售量，实现营业收入的最大化。

（资料来源：王国生. 旅游、餐饮企业会计 [M]. 北京：中国财政经济出版社，2011.）

（二）旅游企业营业收入的特征

（1）营业收入可能表现为旅游企业资产的增加，也可能表现为负债的减少，或者两者兼而有之。

（2）营业收入能导致旅游企业所有者权益的增加。

（3）营业收入只包括本旅游企业经济利益的流入，不包括为第三方或客户代收的款项。

（4）营业收入是在旅游企业的日常活动中形成的，而不是从企业偶发的交易事项中形成的。

（三）旅游企业营业收入的构成

1. 按经营业务的主次

按经营业务的主次可以分为主营业务收入和其他业务收入。

（1）主营业务收入是指旅游企业日常经营主要活动的收入，是营业收入的主要部分，可以根据营业执照上注明的主要业务范围来确定。如饭店的房务收入、餐饮收入等收入。

（2）其他业务收入是指主营业务以外的其他日常活动的收入，是营业收入的次要部分，具有不稳定的特点，可以通过企业营业执照上注明的兼营业务范围来确定，如旅游企业的固定资产出租、无形资产转让等收入。

 知识拓展 7-2

张家界旅游股份有限公司主营业务分析

2014 年我国宏观经济运行总体基本平稳，经济增长保持在合理区间，国内游进入稳定增长期，面对新常态下的市场形势，张旅集团也丝毫不敢松懈，加大整合营销力度，推出"旅游新发现"线路新产品；抓紧建设项目进程，杨家界索道建成和张旅国际酒店装修改造完成，同在 4 月份开业营运产生收入给公司注入了新的活力；与此同时狠抓成本管控、细抓管理、强抓安全。通过董事会和管理层 1 年的努力，圆满完成了年初制订的工作目标。

经营目标完成情况及分析报告期内，公司全年无重大旅游服务投诉事件，无重大安全责任事故。公司实现营业收入 48 400.94 万元，较上年同期 50 031.99 万元减少 1 631.05 万元（主要是旅行社团队收入减少 6 657.85 万元），减幅 3.26%；较计划 57 895.04 万元减少 9 494.1 万元，减幅 16.40%；实现净利润（归属于母公司）6 050.96 万元，较上年同期 5 220.61 万元增长 830.35 万元，增幅 15.91%。较上年同期收入减少和利润增长的主要原因是：2014 年旅游市场"理性回归"，公司积极把握张家界旅游升温的形势，整合营销，抢抓市场，在旅行社业务和团队游客急剧下降的前提下公司下属主要景区景点游客接待量不断增长，其中环保客运游客接待购票人数为 292.81 万人次，较上年同期 267.73 万人次，增长 25.08 万人次，增幅 9.37%；实现营业收入 17 834.79 万元，较上年同期 16 433.65 万元增长 1 401.14 万元，增幅 8.53%。宝峰湖景区游客接待量为 56.24 万人次，较上年同期 47.90 万人次增长 8.34 万人次，增幅 17.42%；实现营业收入 5 071.69 万元，较上年同期 4 029.91 万元增长 1 041.78 万元，增幅达 25.86%。十里画廊观光电车游客接待量为 108.82 万人次，较上年同期 99.69 万人次增长 9.16 万人次，增幅 9.16%；实现营业收入 4 836.07 万元，较上年同期 4 470.96 万元增长 365.11 万元，增幅 8.17%。杨家界索道当年接待游客 33.93 万人次；实现营业收入 2 263.16 万元。张家界国际大酒店实现营业收入 954.35 万元。不利因素：新《旅游法》实施，旅游市场一系列鼓励政策的出台，旅游消费市场需求发生巨大变化，周边游、自由行、自驾车游客快速增长，公款消费的减少、旅行社招揽团队大幅减少。本报告期，张家界中旅完成营业收入 19 433.24 万元，较上年同期 26 091.09 万元减少 6 657.85 万元，减幅 25.52%。

（资料来源：卢德湖，王美玉.旅游企业会计实务 [M]. 2 版.大连：中国版本图书馆，2015.）

2. 按旅游企业的性质分

按旅游企业的性质可分为旅行社的营业收入、旅游车船公司的营业收入和旅游饭店的营业收入等。

（1）旅行社的营业收入是指旅行社在经营服务过程中，为旅游者提供各种服务，并按照国家规定的旅游收费标准，向旅游者收取的包括交通费、房费、餐费、文娱费等全部收入。从营业收入构成看，包括综合服务收入、组团外联收入、零星服务收入、劳务收入、票务收入、地游及加项收入、其他服务收入。

（2）旅游车船公司的营业收入是指车船公司为旅客提供参观服务，按照规定的收费标准取得的收入。从营业收入构成看，包括车船票收入或包车船收入、餐饮收入、商品销售收入、临时租价、空驶费、退车船费以及其他业务收入。

（3）旅游饭店的营业收入是指饭店在经营过程中提供劳务、商品等所获得的收入。包括房务收入、餐饮收入、商品销售收入、康乐收入、洗衣收入、汽丰收入、商务收入以及其他收入。

 知识拓展 7-3

旅游酒店营业收入的控制

首先，一次性结账的收费办法。酒店一般采用一次性结账的收费办法，即客人一旦入住酒店，就可在酒店内部（除商场等个别消费点外）赊账消费。酒店应建立起与之相配套的管理办法和控制制度。如客人总账单上的每一笔账目都应附有客人签字的原始附件，同时应规定欠款的最高限额，一旦超过限额，就应及时催促客人付款，以免因欠款累计太多、太久而陷入被动。

其次，营业收入稽核。为防止经营过程作弊、贪污等不正常行为发生，酒店应建立营业收入稽核制度，确保营业收入的回收，维护酒店的利益。为此，酒店应设立收入稽核岗位，以便从收款员到夜审员、日审员层层审核，层层把关，以保证营业收入不受损失。

再次，控制收款。酒店应加强对各收款点的控制，如对账单的管理。酒店应建立起专人负责账单发放的管理制度，对发出的账单进行编号登记，逐笔逐号审核账单。

各营业点收款员当班结束后，都需填报"收入日报表"和"交款单"，酒店据此检查收回的账单与交来的表单是否相符等。

最后，控制应收账款。应收账款指酒店已经销售但款项尚未收回的赊销营业收入。它是一种以商业信用提供商品（或劳务）而被买方占用的一项资金。酒店提供商业信用，一方面有利于增加销售，使市场占有率扩大；另一方面又可减少存货，使存货管理成本降低，减少存货过期贬值的可能性。但对因提供商业信用而产生的应收账款，酒店应加强控制，以确保营业收入款项的回收，避免产生坏账损失。

酒店应收账款的大小，通常取决于企业外部的大环境和企业内部自身的营销方针，对于酒店的外部环境，宏观经济情况会影响企业应收账款数额的大小，如在经济不景气时，就往往会有较多的客户拖欠付款。当然，可以通过内部的管理，通过自身和政策的变化，来改变或调节应收账款的数额，控制应收账款，但是，这种控制往往会导致酒店销售收入的减少。

酒店的信用政策包含了信用期限、现金折扣、信用标准和收款方针等内容。信用的松紧直接决定了企业赊销数额的大小，决定了应收账款数额的大小。尽管信用政策的放松能刺激销售，增加收入，但同时也增加了应收账款的数额和一些信用管理上的费用；而信用的紧缩，虽然能减少应收账款，减少信用管理费用，但也相应地减少了收入。

酒店应通过对信用政策后收入和成本费用变化进行分析，从而采取合理的信用政策。酒店通过信用政策对应收账款实施控制，同时应对应收账款的回收工作进行分析检查，对本酒店的信用政策的松紧程度进行考察，检查应收账款的回收、管理情况，酒店也可据此考核有关部门的工作实绩。

（资料来源：王国生.旅游、餐饮企业会计［M］.北京：中国财政经济出版社，2011.）

二、旅游企业营业收入的确认

（一）销售商品收入的确认

销售商品收入同时满足下列条件的，才能予以确认。

（1）企业已将商品所有权上的主要风险和报酬转移给购货方。

（2）企业没有保留通常继续管理权，也没有对已售出的商品实施有效控制。

（3）收入的金额能够可靠地计量。

（4）相关的经济利益很可能流入企业。

（5）相关的已发生或将发生的成本能够可靠地计量。

（二）提供劳务收入的确认

企业在资产负债表中提供劳务交易的结果能够可靠地估计，应当采用完工百分数法确认提供劳务收入。

提供劳务交易的结果能够可靠估计，是指同时满足下列条件。

（1）收入的金额能够可靠地计量。

（2）相关的经济利益很可能流入企业。

（3）交易的完工进度能够可靠地确定。

（4）交易中已发生和将发生的成本能够可靠地计量。

企业应当在资产负债表中按照提供劳务收入总额乘以完工进度扣除以前会计期间累计已确认提供劳务收入后的金额，确认当期提供劳务收入；同时，按照提供劳务估计总成本乘以完工进度扣除以前会计期间累计已确认劳务成本后的金额，结转当期劳务成本。

企业在资产负债表中提供劳务交易结果不能够可靠地估计，应当分下列情况处理。

（1）已经发生的劳务成本预计能够得到补偿的，按照已经发生的劳务成本金额确认提供劳务收入，并按相同金额结转劳务成本。

（2）已经发生的劳务成本预计不能够得到补偿的，应当将已经发生的劳务成本计入当期损益，不确认提供劳务收入。

（三）让渡资产使用权收入的确认

让渡资产使用权收入包括利息收入、使用费收入等。让渡资产使用权收入同时满足下列条件的，才能予以确认。

（1）相关的经济利益很可能流入企业。

（2）收入的金额能够可靠地计量。

 知识拓展 7-4

酒店营业收入核算制度

根据酒店的经营方针、内部组织、接待对象、规模大小和设备条件等方面的情况，不同的酒店往往采用不同的营业收入的核算方法，大致可归纳为以下几种营业收入核算制度。

1. 应收制

应收制是酒店对信用可靠的客人实行先住后付的一种收款制度。酒店对客人事先不预收定金，客人在住店期间每天应付的房租、餐费以及电话费、洗衣费等均作为应收款列账，每天向前厅收银处结转营业收入。当宾客离店结账时一次收取全部费用冲销应收款，这也就是酒店实行的一次性结账方式。一般接待海外客人的酒店，应根据国外酒店行业的通行做法，采用应收制，实行一次性结账。

2. 预收制

预收制是酒店对一些信用不好或不甚了解的客人实行的一种先付后住的收款制度。客人在住店登记时，酒店前厅根据客人拟住天数，预收一笔款项，在会计编制上作预收定金列账。至于宾客住店后每天应付的费用，与应收制的处理相同，仍列作应收款，每天向前厅收银处结转营业收入。当客人离店结账时，酒店收银处以预收定金抵付应收款，多退少补。

3. 实收制

实收制是以实际收到客人的现金作为营业收入入账依据的一种收款制度。同前两种收款制度的区别在于：应收制和预收制都是酒店不管是否收到现金，只以客人每天的消费金额作为当天的营业收入；实收制则不同，即使宾客在酒店的消费行为已经发生，但酒店尚未收到现金，该账务就不作营业收入。

（资料来源：王国生．旅游、餐饮企业会计［M］．北京：中国财政经济出版社，2011．）

三、旅游企业营业收入的意义

营业收入是企业生产经营成果的货币表现，企业根据市场需要有效地组织多种生产经营活动，及时取得营业收入，加强营业收入管理，对于企业自身以及整个国民经济都有着重要的意义。

（一）营业收入是企业生产经营正常运转的基本前提

旅游企业进行生产经营活动的目的，是为顾客提供合格的商品与服务，并尽可能取得最大的经济效益。企业只有更多地实现和及时取得营业收入，才能补偿生产资料的耗费，支付职工工资及其他各项费用，保证企业再生产不断进行。如果企业不能及时取得营业收入，生产经营活动中的各种耗费不能得到补偿，收不抵支，企业资金无法正常循环周转，资金运动就会中断，生产经营就不能正常进行。

（二）营业收入是实现企业利润的资金保障

企业的营业收入中包含着补偿生产经营耗费及应实现的利润。只有取得营业收入，才能实现赢利，才能依法分配利润。营业收入是衡量企业经营业绩的重要指标，企业为了实现目标利润，必须千方百计地增加营业收入。

（三）营业收入是促进国民经济发展的重要因素

旅游业是国民经济的重要组成部分，是国民经济中的"支柱产业"和"朝阳产业"，越来越受到人们的重视，旅游业收入在迅猛增长，日益成为国家财政收入的重要来源。

四、旅游企业营业收入的回收方式

旅游企业营业收入的回收，不外乎是预收、现收和事后结算 3 种方式。

（一）预收方式

预收是指在向客人提供服务之前，提前收取全部或部分房费等费用，也就是押金。例如，一般店在客房预订确认以后，会向客户收取一部分的预订金。对某些客人（如随身携带小件行李者），酒店也会在他们登记入住时，要求预收以后住店期间的全部房费。

（二）现收方式

现收是指提供服务和收取费用同时进行。例如酒店商场在向客人销售商品的同时，当场就要收取商品销售款项。对非住店的散客，酒店在其各个部门向客人提供服务时，也要及时收取费用。

（三）事后结算方式

事后结算是指店在向客人提供服务以后，定期地或最后一次性地向客人收取费用。比如酒店和信誉良好的旅行社之间，大多采用这种事后结算的方式。一般酒店对住店宾客也会采取这种事后结算的方式，收取全部费用要在客人离店时，或定期收取已消费的一部分费用。

五、旅游企业营业收入的管理

 知识拓展 7-5

张家界旅游股份有限公司 2014 年财务指标分析如表 7-1 所示。

表 7-1 张家界旅游股份有限公司 2014 年财务指标分析

分产品	营业收入/元	营业成本/元	毛利率/%	营业收入比上年增长/%	营业成本比上年增长/%	毛利率比上年增长/%
旅行社服务	194 750 961.00	183 298 748.81	5.88	−27.52	−27.27	−0.33
环保客运服务	178 347 922.75	72 849 741.18	59.15	8.56	8.22	0.12
观光电车门票	48 360 722.00	16 993 053.00	64.86	8.17	9.81	−0.53
宝峰湖景区门票	50 302 884.00	20 343 276.91	59.56	25.30	20.05	1.77
周洛景区门票	1 301 662.00	874 125.10	32.85	12.69	23.57	−5.91
杨家界索道	22 631 576.00	14 962 587.54	33.89			
张国际酒店	9 267 041.90	15 043 575.40	−62.33	3 432.06	696.63	−557.42
广告代理	2 020 335.01	882 879.90	56.30	17.20	66.60	−12.96
房屋租赁	1 864 894.69	768 194.28	58.81	2.21	−0.66	1.19
内部抵销	−25 577 970.00	−25 452 970.00				

（资料来源：王棣华.财务管理案例精析［M］.北京：中国市场出版社，2014.）

（一）旅游企业营业收入的管理原则

（1）遵守市场营销规律，合理制定商品及劳务的价格，以有利于旅游企业营业收入的实现。

（2）健全销售岗位责任制，有效地进行旅游企业营业收入的控制，缩短应收账款的回收期，尽量减少坏账损失。

（3）应加强旅游企业同行之间的业务合作，争取客源，扩大企业营业收入。

（4）应加强现金收取控制。由于旅游企业绝大多数直接面向消费者服务，现金结算频繁，因此保证现金收入的安全、完整非常重要。

（5）业务部门收取现金并出具收据和发票。每日终了要核对款项并编制收款日报表，并与收款凭证相核对，及时将款项存入银行，每日终了根据银行回单编制收款凭证并登记日记账后送会计人员。

（6）会计人员核对收款凭证、银行回单和会计记录并登记明细账或总账。对于营业收入以外的现金收入，如对外借款、发行债券、收回对外投资、取得投资收益、出售固定资产和无形资产、收取租金、押金、赔款等，也应严格控制。

（二）旅游企业营业收入的日常控制

1. 饭店客房收入的日常控制

建立健全饭店企业客房收入的内部控制制度。饭店企业客房收入的内部控制是指通过客房收入的发生、确认、计算、取得、汇总等一系列活动，对饭店企业客房收入进行的管理控制活动。

（1）饭店企业客房收入内部控制的原则：①合法性。客房收入的内部控制必须在合法的前提下进行，无论是客人入住手续，还是房费的计价、增减，都应符合相关法律法规、有关部门及酒店企业管理的程序。②完整性。饭店企业的所有客房收入都必须无一例外、一分不漏地全部统计在内。③准确性。饭店企业的客房收入应用科学的方法准确地计量，并在相当长的一段时间内，保持计量方法的一致性。④及时性。饭店企业的客房收入应按规定及时入账，暂时收不回来的，应该有相应的措施加以催收。

（2）客房收入内部控制的环节。客房收入内部控制的环节是销售、服务、收款互相独立、互相牵制的控制体系。这3项工作分散在公关销售部（或前台部）、客房部、财务部。这3个部门相互独立又相互牵制，相互对证，相互监督，从而杜绝舞弊行为的发生。

销售、服务、收款互相分离的控制体系应建立在以前台结账为中心的收入信息系统上，一切涉及客房收入的信息应全部准确且快速地转到前台结账处。它包括下列内容。

① 建立健全的记录体制并妥善保管入住客人的各种原始记录，如入住登记表、餐单、账单、预订金收据及其他有关单据等。

② 按房间及住店客人姓名建立客人分户账，归集客人发生的费用和付款情况。

③ 建立客人入住、离店的信息系统。

④ 建立能及时准确地将客人在饭店发生的各项费用登记到客人分户账中去的处理系统，即计算机结算系统。

2. 饭店餐饮收入的内部控制

（1）餐饮收入的内部控制。①餐厅种类多，收银点也多。饭店设置各种类型的餐厅，如中餐厅、西餐厅、自助餐厅、宴会厅、酒吧、大堂吧等，相应各餐厅应设置收银点。②餐厅服务项目繁多，价格差异较大。各种类型的餐厅提供的服务项目繁多，有食品、菜肴、酒水、饮料、香烟及其他有关服务。各服务项目收费标准不一，有的是高消费，有的是低消费，有的要给予折扣，价格差异较大。③餐厅空间大，人员流动性大。餐厅的服务和管理需要较多人员，根据餐饮特点，客人和服务人员都处于流动之中，因此给控制餐饮收入的发生、计算及取得增加了一定的难度。

（2）餐饮收入内部控制的手段。餐饮收入内部控制的主要手段是单据控制，因此必须设计和运用适当种类及数量的单据，如应用取菜单、餐费账单、内部交款单、收银日报单等来控制餐饮收入的发生、取得和入账。特别要做到单单相扣、环环相接，任何一单一环的短缺，都会使整个控制脱节，错误和舞弊可能会随之而来。

（3）餐饮收入内部控制的"三线两点"方法。餐饮收入"三线两点"控制方法和程序：所谓"三线两点"，是指把钱、单、物分离成三条互相独立的线进行传递，即物品传递线、餐单传递线、现金传递线。在三条线的两个终端设置两个核对点，即取菜单与餐单核对点、餐单与现金核对点，以连接三线进行控制。餐饮收入活动涉及钱、单、物三个方面。物品消耗掉，账单开出去，现金收进来，完成餐饮收入活动的全过程。其中物品是前提，有物品消耗掉才有单和钱；钱是中心，因为所有控制都紧紧围绕款项收进而进行的，保证正确无误地将款收进是内部控制的基本任务；单据是手段，物品是根据单据制作和发出的，钱是根据单据计算和收取的，失去了单据，控制就失去了依据。因此将钱、单、物三者既有机地进行联系又分开单独进行控制就成为"三线两点"的控制方法。

（4）收银机的控制。凡是菜点、账款等资料应全部输进收银机，有关人员不得改动，一有改动，收银机应留下改动的相应记录，在稽核人员清机审查时，收银机里的所有记录都将会全部被打印出来，容易发现有疑点的记录。这会大大增强收银机的控制作用，杜绝餐饮收入跑漏现象。

 知识拓展 7-6

酒店营业收入日常管理

首先，正确核算营业收入。营业收入核算的正确与否直接关系到盈利的准确性。按照《旅游、饮食服务企业财务制度》的规定，酒店应采用权责发生制来核算营业收入。另外，核算时应按实际价款进行，当期发生的销售折扣、销售退回及折让，应冲减当期营业收入。

其次，要及时办理结算，尽早收回营业收入。酒店营业收入的取得主要有 3 种方式：预收、现收和事后结算。不同的收费方式要用不同的方法进行管理：对预收定金的客人到期未来消费，则定金不再退还；采用现收方式时要对各收银点加以严格的管理，做好记录，及时入账；对事后结算方式则要加强管理，及时办理结算，对结算期过长的款项，要设专人催收，以减少资金占压。

再次，广开渠道，扩大销售来源。酒店要增加营业收入，应当在开放性经营思维的指导下，以强烈的服务意识不断开创特色服务，提供多项目的服务。

最后，要认真执行合同规定。酒店内凡经过预订的服务项目都要认真执行，以保证在客人到来时提供相应的服务，以此来树立信誉，从而增加销售机会。

（资料来源：王棣华.财务管理案例精析［M］.北京：中国市场出版社，2014.）

 案例 7-1

营业收入预测

（一）基本案情

2015 年 7 月，张先生毕业后就职于某旅游企业做财务主管工作，此时企业正处于初创期，前几年公司建设阶段大量资金投入和银行借款使企业不堪重负，虽然 2014 年公司从降成本、营销等方面大做文章，但上半年实现利润情况仍不理想，与董事会提出的目标利润还相距甚远。公司要求财务部与营销部迅速拟定营销规划，这也是企业债权人——银行的要求。

张先生刚上任就面临重大的挑战，经过两天的思考，他决定从采集资料入手，以提供有效的证据，使公司管理当局确信营业预测的结果。为此，张先生收集了自企业经营以来有关营业额的直接资料和间接资料，并会同经验丰富的公司经营管理人等有关专家对这些资料进行了详尽的分析和研究。

有关资料为：公司业务有旅游饭店、餐饮、服务经营和石油开发、开采，以及旅游景区、景点的开发和房地产开发，2015 年 1—6 月份各营业额情况如表 7-2 所示。

表 7-2　2015 年上半年营业额　　　　　　　　　　　　　　　　　　单位：万元

月份	营业额
1	5 140
2	5 126
3	5 308
4	6 017
5	5 862
6	6 430
合计	33 883

7 月份预计营业额为 6 397 万元。另外，8 月份公司计划建设一新的旅游景点 B，为此，专门聘请了 8 名有关专家对景点营业额进行了预测。

（二）分析要点

张先生拟采用判断分析法和趋势分析法对 B 景点 8 月份销售额进行预测，采用专家判断法对新景区 B 8 月份的营业额进行预测，最后预测公司 8 月份总营业额。

（三）案例分析

1. B 景点营业额预测

张先生根据采集的资料，采用加权移动平均法，选用 4—7 月份数据，因近期数据比较重要，对预测影响程度也较大，确定的权数相对要大些，而远期数据确定的权数要小些，为此，4—7 月份权数确定为 0.1，0.2，0.3，0.4，据此，8 月份营业额如下：

$$6\ 017 \times 0.1 + 5\ 862 \times 0.2 + 6\ 430 \times 0.3 + 6\ 397 \times 0.4 = 6\ 261.9（万元）$$

另外，公司 30 名工作人员对 8 月份 B 景点的营业预测的平均值为 6 800 万元（权数为 0.6），3 名部门经理的平均预测值为 6 300 万元（权数为 0.4），则部门经理及工作人员预测营业额为 6 600 万元（6 300 × 0.4 + 6 800 × 0.6）。两种预测结果存在一定差距，究竟应采用哪一预测结果呢？张先生又调查分析了公司以往营业记录，发现公司如果改变以往的营销观念，以行销观念取代营销观念，改变营销部门坐等游客上门的消极营销行为，主动到市场上搞调查，征求游客意见，并通过各种渠道努力，公司市场潜力还是很大的，6 600 万元的销售额可以实现。

2. 8 月份 B 景点预测销售额为 6 600 万元，其他预测项目营业额为 8 030 万元，总营业额可达 14 630 万元。张先生将营业预测分析报告上报了公司管理当局，公司管理当局讨论通过了这个报告。

（四）问题探讨

在企业营业收入预测中应注意的问题值得深入探讨。

（1）企业的营业预测，定性与定量分析的结合是很重要的。一个企业能否把握市场变化的轨迹和游客的需求动向，会直接影响到企业的成败，公司几年来对旅游市场的变化如能采取积极的预测措施而不是消极观望态度，就完全可能争取更多的利润。企业是否进行营业预测不仅代表着管理者的管理水平，也反映着行销观念是否得到彻底的贯彻落实。

当前经济不景气的困难时期，国内的产业结构必然会有一番调整，在这种情况下，企业经营者更应该具备行销意识，定期通过反馈的信息检查企业的营销政策。

（2）在实际营业收入预测中，应特别关注理论知识的实际应用问题。由于理论知识往往只注重全面性、系统性，而实际工作中则注重和强调针对性和实效性，因此，营业预测理论与方法在实际全面应用的情况却很少。如何将理论与实际工作紧密结合是一个不容忽视和急待解决的问题。

（资料来源：中国就业培训技术指导中心.理财规划师专业能力［M］.北京：中国财政经济出版社，2015.）

评估练习

1. 简述旅游企业营业收入的概念、内容和特征。
2. 简述旅游企业营业收入的管理原则。
3. 简述旅游企业营业收入的回收方式。

第二节　旅游企业股利分配政策

教学目标：

（1）了解旅游企业利润的概念与构成；

（2）掌握旅游企业利润的计算；

（3）理解利润分配项目及程序；

（4）了解股利分配政策的方式、程序及影响因素。

一、旅游企业利润的概念与构成

（一）旅游企业利润的概念

旅游企业利润是指旅游企业从事旅游经营活动所获得的旅游收入扣除全部旅游成本支

出的余额。

（二）旅游企业利润的构成

旅游企业利润既有通过生产经营活动获得的，也有通过投资活动取得的，还包括那些与生产经营活动无直接关系的事项所获得的。旅游企业利润包括营业利润、利润总额和净利润3个层次核算。

1. 营业利润

营业利润是指企业从事经营活动所产生的利润，是企业经营活动的主要经营成果，也是企业利润总额的主要组成部分，指企业营业收入减去营业成本，减去销售费用、管理费用和财务费用等期间费用，再扣除上交国家的各种流转税金（营业税金及附加）、资产减值损失以及加减公允价值变动损益、投资损益后的余额。通过营业利润指标，可以较为恰当地反映企业管理者的经营业绩，有助于投资者、债权人进行盈利预测，并做出正确决策。

营业利润＝营业收入−营业成本−营业税金及附加−销售费用−管理费用−财务费用

−资产减值损失＋公允价值变动损益＋投资收益

2. 利润总额

利润总额是企业经营成果的综合反映，是旅游企业在一定时期内已实现的全部利润，它反映了企业全部经济活动取得的成果。

利润总额＝营业利润＋投资收益＋补贴收入＋营业外收入−营业外支出

3. 净利润

净利润是指利润总额减去所得税后的利润。

净利润＝利润总额−所得税

（三）旅游企业利润的计算

营业利润是指旅游企业销售旅游产品或提供旅游服务等获得的营业收入扣除经营过程中所发生的各项直接和间接成本支出的余额，也就是从旅游企业的营业收入中减去营业成本、营业费用、管理费用和财务费用后的余额。它反映了旅游企业从事旅游经营活动所获得的收益水平。

投资净收益是指旅游企业的投资收益扣除投资损失后的余额。投资收益一般包括旅游企业向外进行投资而获得的利息、股息、投资回收及转让款项高于账面投资净值的差额。投资损失则指旅游企业向外进行投资后，到期所回收的投资额及转让款项低于账面投资净值的部分。

营业外收支净额是指旅游企业的营业外收入减去营业外支出的余额。营业外收入一般包括旅游企业的固定资产盘盈或变卖的净收益、无法支付的应付款、礼品作价收入、罚款收入及其他收入等。营业外支出主要包括固定资产盘损或报废的净损失、违约金、赔偿金、罚偿支出、公益性捐赠及其他非常损失等。旅游企业的税收也被视为旅游企业从事经营活动所得到的收益。旅游企业税收指旅游企业从事旅游经营活动而依法向国家缴纳的营业税、所得税及各种附加税等。旅游企业税收也是旅游企业所创造的新增价值，这种价值以税收上缴的形式成为国家的财政收入。

通常，企业经营利润的计算如下：

$$P=\text{TS}-F-T-C_o-C_m-C_a$$

$$\text{TP}=P+I_p+(D_s-D_c)$$

式中：C_o 为营业费用；C_m 为财务费用；C_a 为管理费用；TS 为旅游营业收入；F 为旅游营业成本；P 为旅游营业利润；T 为营业税金及附加；TP 为旅游经营总利润；I_p 为投资净利润；D_s 为营业外收入；D_c 为营业外支出。

 知识拓展 7-7

北京京西文化旅游股份有限公司收入构成如表 7-3 所示。

表 7-3 北京京西文化旅游股份有限公司收入构成

项目 \ 年份	2013	2014
营业收入/元	500 319 899.52	484 009 427.87
非流动资产处置损益/元	47 387.47	-1 252 366.16
税收返还、减免/元	383 000.00	345 000.00
计入当期损益的政府补助/元	1 928 540.00	1 223 096.00
其他营业外收入和支出/元	-955 063.22	-2 516 722.16
合 计	501 723 763.77	481 808 435.55

（资料来源：王棣华.财务管理案例精析［M］.北京：中国市场出版社，2014.）

二、利润分配概述

（一）利润分配项目

按照我国《公司法》的规定，公司利润分配的项目包括以下部分。

（1）盈余公积。盈余公积是指企业按照规定从净利润中提取的各种积累资金。

（2）股利（向投资者分配利润）。股利是股息和红利的总称，是公司向股东分配的公司盈余。股利就其性质而言，是公司历年实现的累积盈余中的一部分。按照西方国家的有关法律规定，股利只能从公司历年累积盈余中支付。这就意味着，财务会计账面上保有累积盈余是股利支付的前提。股利支付方式有多种，常见的有现金股利、股票股利、财产股利、负债股利。

（二）利润分配顺序

按照我国《公司法》等法律、法规的规定，企业当年实现的利润总额，应按照国家有关规定作相应调整后，依法缴纳所得税，然后按下列顺序分配。

1. 弥补亏损

按照税法规定，企业亏损在 5 年内可用税前利润抵补，超过规定的年限，就只能用税后利润弥补，或用公司的盈余公积金弥补公司的亏损。

2. 提取盈余公积

盈余公积是指公司按照规定从净利润中提取的各种积累资金。盈余公积是根据其用途不同分为公益金和一般盈余公积两类。公益金专门用于公司职工福利设施的支出。按现行规定，上市公司按照税后利润的5%至10%的比例提取法定公益金。

一般盈余公积分为两种：一是法定盈余公积。上市公司的法定盈余公积按照税后利润的 10%提取，法定盈余公积累计额已达注册资本的 50%时可以不再提取。二是任意盈余公积。任意盈余公积主要是上市公司按照股东大会的决议提取。法定盈余公积和任意盈余公积的区别就在于其各自计提的依据不同。前者以国家的法律或行政规章为依据提取；后者则由公司自行决定提取。

盈余公积的用途：用于弥补毁损，转增资本和分配股利。

3. 向投资者分配利润

（1）支付优先股股利。优先股股利是指企业按优先股发放章程的有关规定，按约定的股息率或金额发放给优先股股东的报酬。由于优先股股东拥有股息分配的优先权，因此，普通股股东分派股利时，要以付清当年或积欠的优先股股利为条件。优先股股利的分派必须在普通股股利的分派股利。

（2）支付普通股股利。

提取税后利润的 10%列入公司法定公积金（有累计亏损的，先补亏）。公司法定盈余公积累计额为公司注册资本的 50%以上的，可以不再提取。

 知识拓展 7-8

张家界旅游股份有限公司利润分配政策

张家界旅游股份有限公司报告期内利润分配政策特别是现金分红政策的制定、执行或调整情况现行公司章程对现金分红作了明确规定。根据本公司章程第一百七十条、一百七十一条规定："公司重视对投资者的合理投资回报。公司的利润分配政策为：①公司董事会根据实际经营情况，可以进行中期分配。非因特别事由（如公司进行重大资产重组等），公司不进行除年度和中期分配以外其他期间的利润分配；②公司现金分红政策、利润分配政策应保持连续性和稳定性，最近 3 年以现金方式累计分配的利润不少于最近 3 年实现的年均可分配利润的30%；③公司利润分配不得超过累计可分配利润的范围；④公司股东大会对利润分配方案作出决议后公司董事会须在股东大会召开后两个月内完成股利（或股份）的派发事项。缴纳所得税后的公司利润，按以下顺序分配：①弥补上一年度的亏损；②提取法定公积金 10%；③提取任意公积金；④根据公司实际情况支付股东股利。"（2013 年度董事会已根据中国证监会颁布的《上市公司监管指引第 3 号——上市公司现金分红》规定，修改章程。）

2014 年度张旅集团母公司共实现净利润 34 082 331.12 元，加上期初未分配利润 −115 738 776.12 元，2014 年末母公司可供分配的利润为−81 656 445.00 元。

按照《公司法》和《公司章程》的规定，2014 年度公司利润分配和公积金转增股本预案拟定为：本年度不派发现金红利和送股，也不实施公积金转增股本。

（资料来源：王棣华.财务管理案例精析［M］.北京：中国市场出版社，2014.）

（三）股利分配的程序

1. 股利分配方式

（1）现金股利。是指以现金支付股利的形式，是企业最常见的、也是最易被投资者所接受的股利支付形式。采用现金股利时，企业必须具备两个基本条件：①企业要有足够的未指明用途的留存收益（未分配利润）；②企业要有足够的现金。

 知识拓展 7-9

长白山旅游股份有限公司 2014 年度利润分配方案

1. 发放年度

2014 年度。

2. 发放范围

截至 2015 年 6 月 9 日下午上海证券交易所收市后，在中国证券登记结算有限责任公司上海分公司（以下简称"中登上海分公司"）登记在册的本公司全体股东。

3. 本次利润分配方案

（1）按 2014 年实现可分配净利润（母公司口径）的 10% 计提盈余公积。

（2）按公司 2014 年度实现净利润 79 694 861.31 元（合并口径）的 30.12% 向全体股东进行现金分红，每 10 股派现金红利 0.90 元（含税），共分配利润 24 000 300.00 元（含税），剩余未分配利润结转下年。

（资料来源：王棣华.财务管理案例精析［M］.北京：中国市场出版社，2014.）

（2）财产股利。是指以现金以外的资产支付的股利，主要包括：①实物股利。发给股东实物资产或实物产品。这种形式不增加货币资金支出，多用于现金支付能力不足的情况，一般不经常采用。②证券股利。最常见的财产股利是以其他公司的证券代替资金发放给股东。由于证券的流动性即安全性比较好，仅次于货币资金，投资者愿意接受，对企业来说，把证券作为股利发放给股东，既发放了股利，又保留了对其他公司的控制权，可谓一举两得。③负债股利。这是指旅游企业以负债方式支付的股利，通常以旅游公司的应付票据支付给股东，不得已情况下也有发行旅游企业债券抵付股利的。财产股利和负债股利实际上是现金股利的替代，旅游企业一般在有利润但缺乏现金或现金将另有用途的情况下采用。这两种股利方式目前在我国旅游企业实务中很少使用，但并非法律所禁止。④股票股利。这是指旅游企业以增发的股票作为支付股利的方式。由于这种方式通常按现有普通股股东的持股比例增发普通股，所以它既不影响公司的资产和负债，也不增加股东权益的总额。但股票股利增加了流通在外的普通股的数量，每股普通股的权益将被稀释，从而可能会影响公司股票的市价。

2. 股利分配程序

股利分配一般经历以下几个阶段。

(1) 股利宣告日，即旅游企业董事会将股利分配情况予以公告的日期。公告中将宣布股利分配的方案包括：每股支付的股利、股权登记期限、除去股息的日期和股利支付利息等内容。

(2) 除息日，即有股票经纪公司和证券交易所确定的股息将要支付的日期。除息日，即由于股票买卖的交接、过户需要一定的时间，如果股票交易日期与股权登记日期距离太近，公司就无法在股权登记日掌握股权变更的确切信息。为避免可能发生的冲突，证券业一般规定在股权登记日的前 4 天为除息日。

(3) 股权登记日，即有权领取股利的股东登记截止的日期，也称为除权日。只有在股权登记日前在旅游企业股东名册上的公司股东才有权利参与公司税后利润的分配。

(4) 股利支付日，即向股东发放股利的日期。一般在股权登记日之后 2～4 周。

 知识拓展 7-10

中青旅 2014 年股利分配如表 7-4 所示。

表 7-4　中青旅 2014 年股利分配

年　度	每股收入/元	加权净资产收益率/%	分红送配方案
2014-12-31	0.53	9.60	以总股本 72 384 万股为基数，每 10 股派 1 元（含税，税后 0.95 元） 预案公告日：2015-04-18 股权登记日：2015-07-09 除息日：2015-07-10 红利发放日：2015-07-10
2014-06-30	0.449 9	5.96	以总股本 48 256 万股为基数，每 10 股派 1.5 元（含税，税后 1.425 元）转增 5 股 预案公告日：2014-08-27 股权登记日：2014-09-26 除权除息日：2014-09-29 红股上市日：2014-09-30 红利发放日：2014-09-29

（资料来源：王棣华. 财务管理案例精析［M］. 北京：中国市场出版社，2014.）

案例 7-2

北京京西文化旅游股份有限公司

2014 年，北京京西文化旅游股份有限公司全年实现收入 42 069.48 万元，比去年同期增加 25 783.36 万元，增加 158.31%。其中旅游板块收入 15 064.3 万元，影视板块收入 23 029.83 万元。2014 年公司成功进入文化传媒行业，主营业务收入稳定，盈利能力持续增强。

一、北京京西文化旅游股份有限公司 2014 年营业收入

北京京西文化旅游股份有限公司 2014 年营业收入如表 7-5 所示。

表 7-5　北京京西文化旅游股份有限公司 2014 年营业收入

报 表 项 目	本期金额/元	上期金额/元	同比增减额/元	变动比例/%
影视经纪业收入	230 298 260.15	0	230 298 260.15	
其中：影片《同桌的你》收入	38 701 426.08	0	38 701 426.08	
影片《心花路放》收入	191 024 115.63	0	191 024 115.63	
广告发布收入	504 854.37	0	504 854.37	
经纪服务收入	60 582.52	0	60 582.52	
影片衍生收入	7 281.55	0	7 281.55	
旅游酒店收入	150 642 966.98	153 746 219.22	−3 103 252.24	−2.02
管理费收入		7 574 999.99	−7 574 999.99	−100
其他业务收入	39 753 618.44	1 540 000.00	38 213 618.44	2 381.40
合　计	420 694 845.57	162 861 219.21	257 833 626.36	158.31

主营业务是旅游、酒店服务和影视经纪业，其收入分别为 150 642 966.98 元和 230 298 260.15 元。其他业务收入为 39 753 618.44 元。

二、北京京西文化旅游股份有限公司主营业务分析

公司为拓展公司主营业务，提升公司整体实力，保证公司旅游影视文化双主业共同发展战略顺利实施，采取了以下措施

（1）2014 年 5 月 12 日，公司决定借助资本平台进行行业并购整合。本次非公开发行股票 37 071.39 万股，募集资金 33.14 亿元。公司于 2013 年 12 月 23 日与西藏公司及宋歌先生签署了股权购买协议和盈利预测补偿协议。公司按照收购协议于 2014 年 1 月 3 日，支付首期收购价款 3 000 万元。为了收购标的在影视行业便于宣传和发展，经公司管理层讨论，将北京光景瑞星文化传媒有限责任公司名称变更为北京摩天轮文化传媒有限公司。公司按照收购协议，于 2014 年 1 月 14 日，支付第二期收购价款人民币 3 500 万元。

（2）积极开发新商品，加快募投项目建设，促进景区、酒店全面升级改造，引进佛教文化主题的新经营项目。结合景区佛家文化特色，开发推出新的禅文化商品，有效增加景区经营收入。尝试新的经营方式，继续挖掘佛教文化，走精品文化商店的路线，打造了"吉祥珠宝店""禅石院"等精品文化经营项目。

（3）深化旅游市场开发与拓展，调整团队销售政策。2014 年，公司着力提升公司质量和经营管理水平，全面整合旅游资源，扩大产业协同，延长产业链，提高综合竞争实力和可持续发展能力，实现经济效益和社会效益双丰收，以良好的经营业绩回报股东和社会。公司组织并成功举办了潭柘寺腊八舍粥、玉兰节、国际山地徒步大会潭柘寺站、潭柘寺素食文化节、戒台祈福撞钟、妙峰山民俗庙会等大型活动。投入大量资金用于景区、酒店广告宣传，先后在北京电视台、北广传媒地铁电视和北京广播电台等知名媒体进行了广告投放，有效地提升景区和酒店的知名度。

（4）加大营销工作力度。宾馆在 2014 年加大了对外营销的力度和各方面的投入，抓住各种机会进行销售，增加收入。针对散客和团队市场，有针对性地进行区分，制定和采取不同销售策略，梳理内部运营体系，完善接待流程和结算程序，强化服务质量。同时积极开发新的客户，并与中介公司和旅行社加强联系合作，14 年内，宾馆的销售人员积极地"走出去"，诚恳地"请进来"，全年共签订订房协议 260 余家，为下一年的营销打下了基础。2014 年积极参与新媒体营销，开展了"微信营销"，建立了官方微信平台，并且针对具体的营销活动展开网络宣传，为宾馆营销提供了新的宣传渠道，带来经营收益的同时扩大了宾馆的社会影响。

三、公司近 3 年（含报告期）的利润分配预案或方案及资本公积金转增股本预案或方案情况

（一）2014 年利润分配情况

第五届董事会第四十四次会议审议通过了公司《2014 年度利润分配预案》，2014 年度按已发行的股份 388 600 360 股计算，拟每 10 股向全体股东派发现金股利 0.2 元（含税）。剩余未分配利润全部结转以后年度分配。公司 2014 年度公积金不转增股本。需经 2014 年年度股东大会审议通过。

（二）2013 年利润分配情况

第五届董事会第三十一次会议和 2013 年年度股东大会审议通过了公司《2013 年度利润分配预案》，2013 年度按已发行的股份 374 980 360 股计算，拟每 10 股向全体股东派发红利 0.2 元（含税）。剩余未分配利润全部结转以后年度分配。公司 2013 年度公积金不转增股本。需经 2013 年年度股东大会审议通过。

（三）2012 年利润分配方案

第五届董事会第二十一次会议和 2012 年年度股东大会审议通过了公司《关于 2012 年度利润分配预案》，2012 年实现净利润 27 042 047.03 元，根据公司董事会提议，2012 年度按已发行的股份 187 490 180 股计算，拟以每 10 股向全体股东派发现金红利 0.3 元（含税），剩余未分配利润全部结转以后年度分配。以资本公积金向全体股东每 10 股转增 10 股。

四、公司近 3 年现金分红情况表

北京京西文化旅游股份有限公司现金分红情况如表 7-6 所示。

表 7-6　北京京西文化旅游股份有限公司现金分红情况

分红年度	现金分红的金额/元	股东的净利润/元	现金分红的比例/%
2014	7 772 007.20	79 843 675.09	9.73
2013	7 499 607.20	32 547 754.06	23.04
2012	5 624 705.40	27 042 047.03	20.80

五、本报告期利润分配及资本公积金转增股本预案

（1）每 10 股派息数（元）（含税）：0.20。

（2）分配预案的股本基数（股）：388 600 360。

（3）现金分红总额（元）（含税）：7 772 007.20。

（4）可分配利润（元）：96 075 652.61。

（5）现金分红占利润分配总额的比例：100.00%。

六、实施股权激励，实现员工与企业的共同发展

公司在进行资本并购的同时，为激励员工，提高员工的积极性，实现员工和公司的共同发展，公司实施了北京文化上市以来的第一次股权激励计划，本次激励计划对象共 31 人，基本覆盖公司中层以上管理人员，激励股票共 1 362 万股，股权激励股份于 2014 年 12 月 25 日上市。这次的股权激励计划是北京文化历史上的第一次，方案公布后得到了市场的广泛认可，公司本次激励计划价格较高，一方面显示了公司激励人员愿与公司共同发展的决心；另一方面也体现了管理层看好公司未来发展的信心。股权激励的实施使公司的管理者和核心人员成为公司股东，使个人利益与公司利益趋于一致，形成利益的共同体，使员工具有分享企业利润的权利，大大提高管理人员、技术人员的积极性、主动性和创造性。

（资料来源：王棣华.财务管理案例精析［M］.北京：中国市场出版社，2014.）

三、影响股利政策的因素

股利政策是这样一个决策，即是将公司的税后利润作为股利全部或部分分配给股东，或是把这些利润全部或部分重新投入公司。旅游企业需要股利政策，但没有永远的股利政策，影响公司股利政策的因素主要有以下几种。

（一）法律方面的因素

从国内国际看，为维护债权人和股东的利益，有关法律会对公司的股利分配做出一定的硬性限制。

1. 资本保全的限制

资本保全约束要求企业发放的股利或投资分红不得来源于原始投资（或股本），而只能来源于企业当期利润或留存收益。其目的是为了防止企业任意减少资本结构中所有者权益

（股东权益）的比例，以维护债权人利益。

2. 旅游企业资本积累的限制

资本积累约束要求企业在分配收益时，必须按一定的比例和基数提取各种公积金。还要求在具体的分配政策上，贯彻"无力不分"的原则，即当企业出现年度亏损时，一般不得分配利润。

3. 偿债能力的限制

偿债能力是指旅游企业按时足额偿付各种到期债务的能力。对企业而言，当期支付现金股利后会影响公司偿还债务和正常经营时，公司发放现金股利的数额要受到限制。

4. 超额累积利润的约束

对于股份公司而言，由于投资者接受股利缴纳的所得税要高于进行股票交易的资本利得所缴纳的税金。因此，一些公司通过积累利润使股价上涨来帮助股东避税。西方许多国家已经在法律中明确规定公司不得超额累积利润，但我国目前对此尚未做出硬性规定。

（二）公司方面的因素

从公司的角度看，影响股利分配的因素主要包括资产的流动性、举债能力、资本成本、投资机会和盈余的稳定程度等。

1. 流动性

企业较多地支付现金股利，会减少企业现金持有量，使资产的流动性降低，而保持一定的资产流动性是企业经营的基础和必备条件。因此，如果企业的资产流动性较差，就不宜过多的分配现金股利。

2. 举债能力

公司的举债能力强，能够及时地从资金市场筹措到所需的资金，则有可能采取宽松的收益分配政策；而举债能力差的公司，则应保留较多的盈余，一般采用较紧的收益分配政策。

3. 资本成本

将税后收益用于再投资，有利于降低筹资的外在成本，包括再筹资费用和资本的实际支出成本。因此，很多企业在考虑投资分红时，首先将企业的净利润作为筹资的第一选择渠道。

4. 投资机会

当企业预期有较好的投资机会，且投资收益大于投资者期望收益率时，财务人员应首先考虑将应分配的收益用于再投资的可能性，减少分红数额。

5. 盈余的稳定程度

盈余相对稳定的企业能够较好的把握资金，因此有可能支付比盈余不稳定的企业更高的股利。而盈余不稳定的企业，较多采取低股利支付率政策。

（三）股东方面的因素

1. 股东方面的考虑

从股东的角度看，影响股利分配的主要因素有利益冲突、权益变化和税收问题等稳定的收入观念。一些股东要依靠定期的股利维持生活，他们要求公司支付稳定的股利，反对公司保留较多的利润。

2. 控制权的考虑

公司的股利支付率高，必然导致保留盈余的减少，这就增加了以后增发新股的可能性，而发行新股会稀释公司的控制权，因此，股东往往限制股利的支付，而愿意较多地保留盈余，以防止控制权的分散。

3. 避税考虑

一些高收入的股东为了避税，要求限制股利的支付，而较多地保留盈余，以便从股价上涨中获利。

4. 逃避风险的考虑

有些股东认为通过增加留存收益引起股价上涨而获得的资本利得是有风险的，而目前获得的股利是确定的，因此，他们要求较多的支付股利。

（四）其他方面的因素

影响股利分配的其他方面的因素主要有：债务合同限制和通货膨胀。

1. 债务合同限制

企业的债务合同，特别是长期合同，对企业现金支付都有一定的限制条款。①未来的股利只能以签订合同之后的收益来发放，即不能以过去的留存收益来发放；②一般情况下，营运资金低于某一特定金额时，不得发放股利；③把利润的一部分以偿债资金的形式留存下来；④利息保障倍数低于一定水平时，不得支付股利。

2. 通货膨胀

通货膨胀时期，一般都会带来货币购买力水平下降，使企业的固定资产重置资金来源不足。因此，在通货膨胀时期，企业一般应采取偏紧的股利分配政策。

四、股利分配政策

（一）剩余股利政策

所谓剩余股利政策，是指企业较多地考虑将净利润用于增加投资者权益（即增加资本或公积金），只有当满足了赢利性的投资项目的资金需求后，才将剩余的利润用于向投资者分配。

剩余股利分配政策主要考虑未来投资机会的影响，当企业面临良好的投资机会时，在目标资金结构的约束下，最大限度地使用留存收益来满足投资方案所需的自有资金数额。基本步骤如下。

（1）要确定目标资本结构，即确定权益资本与债务资本的比率。

（2）要确定目标资本结构下投资所需要的股东权益数额。

（3）最大限度地使用保留盈余来满足投资方案所需的权益资本数额。

（4）投资方案所需权益资本已经满足后若有剩余盈余，再将其作为股利发放给股东。

（二）股东股利比率政策

采用固定股利比率政策，要求公司每年按固定的股利支付率从净利润中支付股利。

优点：由于公司的盈利能力在年度间是经常变动的，因此每年的股利也随着公司收益的变动而变动，保持公司与利润间的一定比例关系，体现风险投资与风险收益的对等。

缺点：由于股利波动容易使外界产生公司不稳定的印象，不利于股票价格的稳定与上涨。

（三）固定股利政策

固定股利政策是指公司在较长时期内，都将分期支付固定的股利额，股利不会随经营状况的变化而变动，除非公司未来预期收益将会有显著的，不可逆转的增长而提高股利发放额。

采用固定股利政策的公司，一般都是收益比较稳定或正处于成长期、信誉较好的公司。优点如下。

（1）固定的股利有利于公司树立良好的形象，有利于公司股票价格的稳定，从而增强投资者对公司的信心。

（2）稳定的股利有利于投资者安排收入与支出，特别对那些对股利有着很强依赖性的股东更是如此。

固定股利政策的缺点是：股利支付与公司的盈利能力脱节，当盈利较低时仍要支付较高的股利，容易引起公司资金短缺，导致财务状况恶化。

（四）正常股利政策加额外股利政策

正常股利政策加额外股利政策即企业每年按一固定的数额向股东支付正常股利，当企业年景好、盈利有较大幅度增加时，再根据实际需要，向股东临时发放一些额外股利。

优点：具有较大的灵活性，可给企业较大的弹性。

评估练习

1. 简述旅游企业利润的概念与构成。

2. 简述如何计算旅游企业经营总利润。

3. 简述利润分配项目及顺序。

4. 简述股利分配政策的方式、程序。

第八章

旅游企业财务
报表分析

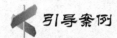

引导案例

　　加拿大西部某著名的四季浏览胜地公司计划增加几项新的娱乐设施，包括增加造雪能力、新建一架高速升降梯、一家具有 700 个座位的餐馆、一个新的滑雪设备零售商店以及提高现有基础设施和条件等。新的投资计划需要 2 500 万美元的资金。公司董事会计划在两个星期内安排一次会议以通过提议的扩展计划。对于公司的财务总监及领导层而言，他们需要了解公司今年来的盈利状况、资金周转情况以及公司的财务负担状况等，并结合公司发展战略来解决是否通过此决议；如果新投资计划的资金准备通过贷款来解决，那么银行主管要考虑公司已有的债务状况以及以往的信用状况，并结合新项目可能给公司带来的盈利潜力来决定是否给公司发放贷款；对于公司原有的股东而言，他们需要了解新项目可能给公司带来的风险和收益以此做出是否继续持有股票的决定；对于潜在的投资者，需要考虑新项目的风险收益和发展潜力，从而决定是否购买该公司的股票。

　　（资料来源：陈咏英.旅游企业投资行为研究［M］.北京：中国金融出版社，2015.）

　　辩证性思考：

　　1. 公司的财务总监和领导层是如何掌握公司的盈利情况、营运能力情况及公司的财务负担情况的？

　　2. 银行主管是如何评价公司的偿债能力的？

　　3. 公司的股东如何评价企业的盈利能力？

　　4. 潜在的投资者是怎么判断企业的风险收益和发展潜力的？

第一节　旅游企业主要的财务报表

教学目标：

（1）了解旅游企业 3 大主要财务报表的作用、结构和主要项目的含义；

（2）掌握旅游企业 3 大主要报表的编制方法。

一、资产负债表

　　资产负债表是指反映企业在某一特定日期的财务状况的会计报表。它是根据"资产＝负债＋所有者权益"这一会计恒等式，按照一定的分类标准和次序，把资产、负债及所有者权益各项目进行适当排列并对有关数据进行整理编制而成的。资产负债表中的数据为时点数，反映企业在某一时点上的资产、负债及所有者权益的基本状况，属静态报表。资产负债表大多采用账户式（左右式）结构。资产负债表的结构见表 8-1（以丽江玉龙旅游股份有限公司为例）。

表 8-1 资产负债表

2014 年 12 月 31 日

编制单位：丽江玉龙旅游股份有限公司 单位：元

资 产	期末余额	期初余额	负债及所有者权益	期末余额	期初余额
流动资产			流动负债		
货币资金	1 251 939 334.61	501 235 834.62	短期借款		
应收票据			应付票据		
应收账款	20 390 587.77	9 942 303.94	应付账款	80 348 795.40	25 917 506.09
预付账款	10 677 121.18	32 506 643.67	预收账款	2 482 581.39	2 357 557.49
应收利息	22 437 970.56	1 597 019.18	应付职工薪酬	38 024 891.45	32 149 915.46
应收股利	1 648 052.68		应交税费	28 411 697.75	27 375 984.91
其他应收款	3 471 422.27	3 591 661.00	应付利息	6 924 999.99	7 053 000.00
存货	13 608 744.25	17 875 267.01	其他应付款	71 371 182.59	72 709 445.70
流动资产合计	1 324 573 235.34	566 748 729.42	一年内到期的非流动负债		55 000 000.00
非流动资产			流动负债合计	227 564 151.57	222 563 409.65
可供出售金融资产			非流动负债		
长期股权投资	39 761 098.63	38 994 565.85	长期借款		77 000 000.00
投资性房地产	153 847 718.78	137 281 479.90	应付债券	340 000 000.00	338 640 000.00
固定资产	899 976 437.96	842 740 084.30	递延收益	1 500 000.00	1 500 000.00
在建工程	58 703 674.26	57 274 356.53	非流动负债合计	341 500 000.00	417 140 000.00
生产性生物资产	167 189.56	136 980.56	负债合计	569 064 151.57	639 703 409.65
工程物资			所有者权益		
无形资产	97 624 491.12	99 546 700.70	股本	281 790 109.00	212 945 332.00
商誉	26 124 493.35	26 124 493.35	资本公积	908 977 338.47	224 681 087.20
长期待摊费用	3 739 907.77	4 374 231.38	盈余公积	99 603 883.79	80 865 542.70
递延所得税资产	8 614 658.75	2 707 948.03	未分配利润	610 331 052.77	481 817 658.37
非流动资产合计	1 288 559 870.48	1 209 180 840.60	属于母公司所有者权益合计	1 900 702 384.03	1 000 310 620.27
			少数股东权益	143 366 570.22	135 915 540.10
			所有者权益合计	2 044 068 954.25	1 136 226 160.37
资产总计	2 613 133 105.82	1 775 929 570.02	负债及所有者权益合计	2 613 133 105.82	1 775 929 570.02

从资产负债表的结构来看，它主要包括资产、负债与所有者权益 3 大类项目，资产负债表的左方反映企业的资产状况；资产按其流动性从大到小分项列示，依次为流动资产和非流动资产。资产负债表的右方反映企业的负债与反映者权益状况，它反映了企业资金的

来源情况，即有多少来源于债权人的投资，有多少来源于企业所有者的投资。

所有的资产负债表项目都列有"期初余额"和"期末余额"两栏，相当于两期的比较资产负债表。该表"期初余额"栏内各项数字，应根据上年末资产负债表"期末余额"栏内所列数字填列。将上年的年末数，填入本表"期初余额"栏内。表中的"期末余额"，指月末、季末或年末数字，它们是根据各项目有关总账科目或明细科目的期末余额直接填列或计算分析填列。

 知识拓展 8-1

资产负债表项目的填制

大多数的资产负债表项目是直接根据相对应的账户总账余额填列，例如："交易性金融资产""短期借款"项目；根据若干个总账账户余额的合计数计算填列，例如："货币资金"项目，反映企业库存现金、银行存款、外埠存款、银行汇票存款、银行本票存款、信用卡存款、信用证保证金存款等的合计数。本项目应根据"现金""银行存款""其他货币资金"项目的期末余额合计填列；根据明细账账户余额分析填列，例如："应收账款"项目，反映企业因销售商品、产品和提供劳务等应向购买单位收取的各种款项，减去已计提的坏账准备后的净额。本项目应根据"应收账款"项目所属各明细项目的期末借方余额合计，减去"坏账准备"项目中有关应收账款计提的坏账准备期末余额后的金额填列。如果"应收账款"项目所属明细项目期末有贷方余额，应在本表"预收账款"项目内填列。

（资料来源：财政部会计资格评价中心.财务管理［M］.北京：中国财政经济出版社，2015.）

资产负债表是企业的主要财务报表之一，每个独立核算的企业都必须按期编制。利用资产负债表的数据可以分析、评价企业的财务状况和资本结构；可以了解企业资产和负债数量关系和流动性，有助于分析和评价企业的偿债能力和财务弹性；同时还可以对企业各种资源的利用情况做出评价。如可以考察资产利润率、存货周转率等，帮助管理部门做出合理的经营决策。

二、利润表

利润表是企业用货币量度全面、总括地反映其在一定期间生产经营成果的一种财务报表，是以"利润＝收入-费用"这一会计等式为依据编制而成的。它全面揭示了企业在某一特定时期实现的各种收入、发生的各种费用、成本或支出，以及企业实现的利润或发生的亏损情况。因此，利润表是动态报表。

我国企业的利润表采用多步式格式，分为营业收入、营业利润、利润总额、净利润和每股收益 5 个步骤，分步反映净利润的形成过程。利润表结构见表 8-2（以丽江玉龙旅游股份有限公司为例）。

表 8-2 利润表

2014 年 12 月 31 日

编制单位：丽江玉龙旅游股份有限公司 单位：元

项 目	本期金额	上期金额
一、营业收入	742 754 150.97	667 173 449.78
减：营业成本	184 645 157.75	159 484 718.21
营业税金及附加	34 942 731.07	31 367 686.38
销售费用	111 773 767.80	90 574 993.88
管理费用	132 337 738.20	120 349 614.27
财务费用	2 846 964.57	29 211 388.18
资产减值损失	720 158.00	410 542.55
加：公允价值变动收益（损失以"–"号填列）	0	0
投资收益（损失以"–"号填列）	5 864 977.52	6 342 998.83
其中：对联营企业和合营企业的投资收益	0	0
二、营业利润（亏损以"–"号填列）	281 351 611.10	242 117 505.14
加：营业外收入	7 868 332.97	1 081 757.70
减：营业外支出	6 613 388.48	7 228 204.35
其中：非流动资产处置损失	1 788 992.03	497 342.24
三、利润总额（亏损总额以"–"号填列）	282 606 555.59	235 971 058.49
减：所得税费用	42 268 464.10	38 761 842.13
四、净利润（净亏损以"–"号填列）	240 338 091.49	197 209 216.36
五、每股收益：		
（一）基本每股收益	0.656	0.694
（二）稀释每股收益	0.656	0.694

利润表所提供的会计信息，对于财务报表的使用者来说，具有重要作用。通过分析利润表可以评价和考核企业的经营业绩、经营成果和获利能力，可以为企业经营成果的分配提供重要依据，可据以分析和预测企业未来的现金流量，有助于企业管理当局进行经济决策。

 知识拓展 8-2

老包的财务入门——最通俗理解利润表

老包的包子铺开了 10 家分店，公司注册了商标：包氏大包。随着公司发展壮大，老包开始了规范化的运营。当第一个月会计把利润表交给老包时，老包就呆住了。会计林小柴向老包解释如下。

我们每月卖包子进账 50 万元，这是主营业务收入。

做包子的成本，包括面粉、油、猪肉、芝麻和各类辅料、包子炉用的煤气费和水费、卖包子时交的营业税和流转税，这些每月总计 20 万元，这是主营业务成本。

进账的 50 万元减去成本 20 万元，得到 30 万元，这是毛利润。所以，我们的毛利率达到了 60%，这算是很不错的数字呢。

员工工资以及公司的交通、行政、仓储和其他各类杂费总计每月还要支出 1.5 万元，这合计 11 万元，这是公司的管理费用；我们有专门的市场部，负责发传单、打广告还有设计和制作各种物料，这加起来一共 4 万元，这是公司的销售费用；另外，从今年开始，您从银行贷款了 100 万元，每年要付 1 万元利息，这利息便是财务费用；管理费用和销售费用，再加上财务费用，合计每月 16 万元；这笔钱统称为运营成本和费用。

毛利润减去运营成本费用，每月剩 14 万元，这就是运营利润。

银行利息、外汇收入以及投资收入，合起来就叫作其他收入。

而运营利润加上其他收入，就是税前收入。我们每月的税前收入是 14.25 万元。

我们公司一直都按期缴税，按照 25% 的税率，我们每月的税额是 3.5 625 万元，这便是所得税。

税前收入减去所得税，还剩 10.6 875 万元。这利润表最后的数字就是净利润了。而我们的净利率达到了 21.375%，与同类公司相比，我们公司的业绩表现已是十分出色了。

老包听完后茅塞顿开。

（资料来源：曾建斌. 看故事学财务管理［M］. 广州：广东经济出版社，2004.）

三、现金流量表

现金流量表是反映企业在一定会计期间现金和现金等价物流入和流出的报表。它完全以现金的收支为基础，是对资产负债表和利润表的重要补充，为报表使用决策提供更为有用的现金信息。现金流量表采用报告式结构，分类反映经营活动产生的现金流量、投资活动产生的现金流量和筹资活动产生的现金流量，最后汇总反映企业某一期间现金及现金等价物净增加额。现金流量表的结构见表 8-3（以丽江玉龙旅游股份有限公司为例）。

表 8-3　现金流量表
2014 年 12 月 31 日

编制单位：丽江玉龙旅游股份有限公司　　　　　　　　　　　　　　　　单位：元

项　目	本期金额	上期金额
一、经营活动产生的现金流量：		
销售商品、提供劳务收到的现金	798 195 787.37	708 131 594.28
收到的税费返还		
收到的其他与经营活动有关的现金	27 857 643.84	73 370 040.97
现金流入小计	825 053 431.21	781 501 635.25
购买商品、接受劳务支付的现金	74 300 398.07	77 635 647.81

续表

项 目	本期金额	上期金额
支付给职工以及为职工支付的现金	129 658 826.25	111 213 501.67
支付的各项税费	147 729 489.44	137 141 202.12
支付的其他与经营活动有关的现金	170 481 038.27	169 131 370.03
现金流出小计	522 169 752.03	495 121 721.63
经营活动产生的现金流量净额	303 883 679.18	286 379 913.62
二、投资活动产生的现金流量：		
收回投资所收到的现金		
取得投资收益所收到的现金	3 950 426.92	7 133 103.47
处置固定资产、无形资产和其他长期资产所收回的现金净额	13 000.00	41 260.00
收到的其他与投资活动有关的现金		1 500 000.00
现金流入小计	3 963 426.92	8 674 363.47
购建固定资产、无形资产和其他长期资产所支付的现金	66 582 570.53	233 480 176.95
投资所支付的现金		
支付的其他与投资活动有关的现金	271 668.65	1 036 953.33
现金流出小计	66 854 239.18	234 517 130.28
投资活动产生的现金流量净额	62 890 812.26	225 842 766.81
三、筹资活动产生的现金流量：		
吸收投资所收到的现金	755 099 993.41	
其中：取得借款收到的现金		103 000 000.00
发行债券收到的现金		89 640 000.00
现金流入小计	755 099 993.41	192 640 000.00
偿还债务所支付的现金	132 000 000.00	241 000 000.00
分配股利、利润或偿付利息所支付的现金	111 048 485.34	104 666 942.97
支付的其他与筹资活动有关的现金	2 340 875.00	2 840 000.00
现金流出小计	245 389 360.34	348 506 942.97
筹资活动产生的现金流量净额	509 710 633.07	155 866 942.97
四、汇率变动对现金的影响		
五、现金及现金等价物净增加额	750 703 499.99	95 329 796.16
加：期初现金及现金等价物余额	501 235 834.62	595 565 630.78
六、期末现金及现金等价物余额	1 251 939 334.61	501 235 834.62

通过分析现金流量表，可以提供公司的现金流量信息，从而对公司整体财务状况做出客观评价；能够说明公司一定期间内现金流入和流出的原因，有助于评价企业的偿债能力、支付能力和周转能力，有助于分析公司未来获取现金的能力，并可预测公司未来财务状况的发展情况；同时，现金流量比传统的利润指标更能说明企业的盈利质量。

知识拓展 8-3

安然公司破产

美国安然（Enron）公司破产以及新加坡上市的亚洲金光纸业（APP）沦为垃圾公司的一个重要原因就是现金流量恶化，只有那些能迅速转化为现金的收益才是货真价实的利润。对高收益低现金流的公司，特别要注意的是有些公司的收益可能是通过一次性的方式取得的，而且只是通过会计科目的调整实现的，并没有收到现金，这样的公司很可能存在未来业绩急剧下滑的风险。

（资料来源：贺志东. 赢在现金——如何做好企业现金流管理 [M]. 武汉：华中科技大学出版社，2009.）

评估练习

1. 简述资产负债表的含义、结构、作用。
2. 简述利润表的含义、结构、作用。
3. 简述现金流量表的含义、结构、作用。

第二节 财务比率分析

教学目标：

（1）掌握财务分析的概念；

（2）了解财务分析的目的；

（3）理解财务分析的基本方法；

（4）以典型的景点及旅行社为例，掌握评价企业偿债能力、盈利能力、营运能力、发展能力的各种财务比率的含义、计算和分析；

（5）掌握杜邦分析方法。

一、财务分析概述

（一）财务分析的概念

财务分析是以会计核算和报表资料及其他相关资料为依据，采用一系列专门的分析技术和方法，对企业等经济组织过去和现在有关筹资活动、投资活动、经营活动、分配活动的盈利能力、营运能力、偿债能力和增长能力状况等进行分析与评价的经济管理活动。

（二）财务分析的目的

财务分析的主要目的是将财务报表数据转换成有用的信息，为企业的投资者、债权人、经营者及其他关心企业的组织或个人了解企业过去、评价企业现状、预测企业未来做出正确决策提供准确的信息或依据，以帮助信息使用者改善决策。

对于旅游企业来说，进行财务分析可以帮助企业预测未来的财务状况和经营成果，用分析结果来判断企业决策的成效和科学性，评价旅游企业管理业绩的水平，减少企业盲目决策。

（三）财务分析的方法

1. 比较分析法

比较分析法是按照特定的指标将客观事物加以比较，从而认识事物的本质和规律并做出正确的评价。财务报表的比较分析法，是指对两个或两个以上的可比数据进行对比，找出企业财务状况、经营成果中的差异与问题。根据比较对象的不同，比较分析法分为趋势分析法、横向比较法和预算差异分析法。

比较分析法的具体运用主要有重要财务指标的比较、会计报表的比较和会计报表项目构成的比较 3 种方式。

（1）重要财务指标的比较主要有以下两种方法。

① 定基动态比率，是以某一时期的数额为固定的基期数额而计算出来的动态比率。其计算公式如下：

$$定基动态比率 = \frac{分析期数额}{固定基期数额} \times 100\%$$

② 环比动态比率，是以每一分析期的数据与上期数据相比较计算出来的动态比率。其计算公式如下：

$$环比动态比率 = \frac{分析期数额}{前期数额} \times 100\%$$

（2）会计报表的比较，是指将连续数期的会计报表金额并列起来，比较各指标不同期间的增减变动金额和幅度，据以判断企业财务状况和经营成果发展变化的一种方法。具体包括资产负债表比较、利润表比较和现金流量表比较等。

（3）会计报表项目构成的比较，是以会计报表中的某个总体指标作为 100%，再计算出各组成项目占该总体指标的百分比，从而比较各个项目百分比的增减变动，以此来判断有关财务活动的变化趋势。

采用比较分析法时，应当注意以下问题：用于对比的各个时期的指标，其计算口径必须保持一致；应剔除偶发性项目的影响，使分析所利用的数据能反映正常的生产经营状况；应运用例外原则对某项有显著变动的指标做重点分析。

2. 比率分析法

比率分析法是通过计算各种比率指标来确定财务活动变动程度的方法。比率指标的类型主要有构成比率、效率比率和相关比率 3 类。

（1）构成比率又称结构比率，是某项财务指标的各组成部分数值占总体数值的百分比，反映部分与总体的关系。其计算公式如下：

$$构成比率＝\frac{某个组成部分数额}{总额数值}\times100\%$$

（2）效率比率是某项财务活动中所费与所得的比率，反映投入与产出的关系。其计算公式如下：

$$效率比率＝\frac{所得}{所费}\times100\%$$

（3）相关比率是以某个项目和与其有关但又不同的项目加以对比所得的比率，反映有关经济活动的相互关系。其计算公式如下：

$$相关比率＝\frac{某一指标}{另一相关指标}\times100\%$$

比如，将流动资产与流动负债进行对比，计算出流动比率，可以判断企业的短期偿债能力；将负债总额与资产总额进行对比，可以判断企业长期偿债能力。

采用比率分析法时，应当注意以下几点：对比项目的相关性；对比口径的一致性；衡量标准的科学性。

3. 因素分析法

因素分析法是依据分析指标与其影响因素的关系，从数量上确定各因素对分析指标影响方向和影响程度的一种方法。

因素分析法具体有两种：连环替代法和差额分析法。

（1）连环替代法是根据因素之间的内在依存关系，依次测定各因素变动对经济指标差异影响的一种分析方法。连环替代法的主要作用在于分析计算综合经济指标变动的原因及其各因素的影响程度。应用连环替代法的前提条件：经济指标与它的构成因素之间有着因果关系，能够构成一种代数式。注意这个代数式不一定是乘积关系，加减乘除都可以。连环替代法是进行因素分析的重要方法，其规范化形式就是连环替代法数学模型。运用连环替代法数学模型，可以分析确定经济指标变动的原因，从而采取措施，加强经济管理。

案例 8-1

某企业 2012 年 10 月某种原材料费用的实际数是 4 620 元，而其计划数是 4 000 元。实际比计划增加 620 元。具体资料如表 8-4 所示。

表 8-4　某企业各项目的计划与实际数

项　目	单位	计划数	实际数
产品产量	件	100	110
单位产品材料消耗量	千克	8	7
材料单价	元	5	6
材料费用总额	元	4 000	4 620

要求：依次计算产量、单位产品材料消耗量和材料单价的变动对材料费用总额的影响。

分析公式：材料费用总额＝产量×单位产品材料消耗量×材料单价

计划指标：$100 \times 8 \times 5 = 4\,000$（元）　　①

第一次替代：$110 \times 8 \times 5 = 4\,400$（元）　　②

第二次替代：$110 \times 7 \times 5 = 3\,850$（元）　　③

第三次替代：$110 \times 7 \times 6 = 4\,620$（元）　　④

（实际指标）

②－①＝$4\,400 - 4\,000 = 400$（元）　　产量增加的影响

③－②＝$3\,850 - 4\,400 = -550$（元）　　材料节约的影响

④－③＝$4\,620 - 3\,850 = 770$（元）　　价格提高的影响

$400 - 550 + 770 = 620$（元）　　全部因素的影响

（资料来源：财政部会计资格评价中心. 财务管理［M］. 北京：中国财政经济出版社，2015.）

（2）差额分析法是连环替代法的一种简化形式，是利用各个因素的比较值与基准值之间的差额，来计算各因素对分析指标的影响。

案例 8-2

沿用表 8-4 中的资料。采用差额分析法计算确定各因素变动对材料费用的影响。

分析公式：材料费用总额＝产量×单位产品材料消耗量×材料单价

（1）由于产量增加对材料费用的影响为

$$(110-100) \times 8 \times 5 = 400 \text{（元）}$$

（2）由于材料消耗节约对材料费用的影响为

$$110 \times (7-8) \times 5 = -550 \text{（元）}$$

（3）由于价格提高对材料费用的影响为

$$110 \times 7 \times (6-5) = 770 \text{（元）}$$

（资料来源：财政部会计资格评价中心. 财务管理［M］. 北京：中国财政经济出版社，2015.）

采用因素分析法时，必须注意以下问题。

（1）因素分解的关联性：构成经济指标的因素，必须客观上存在着因果关系，能够反映形成该指标差异的内在构成原因，否则就失去了应用价值。

（2）因素替代的顺序性：确定替代因素时，必须按照各因素的依存关系，遵循一定的顺序依次替代，不可随意颠倒顺序，否则计算结果就会有偏差。

（3）顺序替代的连环性：计算每一个因素变动时，都是在前一次计算的基础上进行，并采用连环比较的方法确定因素变化影响结果。

（4）计算结果的假定性：连环替代法计算的各因素变动的影响数，会因替代计算的顺序不同而有差别，即其计算结果只是在某种假定前提下的结果，它不可能使每个因素计算的结果都绝对精准。为此，财务分析人员在具体运用此方法时，应注意力求使这种假定是合乎逻辑，具有实际经济意义的。这样，计算结果的假定性，就不会妨碍分析的有效性。

知识拓展 8-4

财务状况全面看——瞎子摸象

很久很久以前，印度有几个瞎子听人家说大象是个头巨大的动物，于是想摸一摸大象，并请求仁慈的国王帮他们实现愿望，国王欣然应允。

过了好一会儿，他们都摸得差不多了，国王就问："现在你们明白大象是什么样子了吗？"瞎子们齐声回答："明白了。"国王说："那你们都说说。"

摸到象鼻子的人说："大象又粗又长，就像一根管子。"

摸到象耳朵的人忙说："不对不对，大象又宽又大又扁，像一把扇子。"

摸到象牙的人驳斥说："哪里啊，大象就像一根大萝卜！"

摸到象身的人也说："大象明明又厚又大，就像一堵墙嘛。"

摸到象腿的人也发表意见道："我认为大象就是一根柱子。"

最后，摸到象尾巴的人慢条斯理地说："你们都错了，以我看，大象又细又长，活像一条绳子。"

瞎子们谁也不服谁，都认为自己一定没错，就这样吵个没完，旁人暗自好笑。

故事中的财务： 每个人都得出不一样的结论是因为他们只摸到了大象的一个部分而没有摸到其他的地方，所以还自以为是地和别人争辩。管理者掌握公司的财务状况也一样。如果眼睛只盯住某个项目、某个数字就妄下结论，就会像瞎子一样犯同样的错误。要避免这种情况，只有全面地阅读和分析财务报表、做整体分析，才能弄清楚企业财务状况的全貌。

（资料来源：曾建斌. 看故事学财务管理 ［M］. 广州：广东经济出版社，2004.）

（四）财务分析的基本步骤

（1）明确财务分析的目标，这是财务分析的起点，只有目标明确，才能找准方向，制定出切实可行的财务分析计划，站在企业经营管理的角度去搜集整理财务分析信息。

（2）收集相关数据资料，对数据进行筛选。

二、基本的财务比率

（一）短期偿债能力分析

1. 流动比率

公式：

$$流动比率 = \frac{流动资产合计}{流动负债合计}$$

意义：体现企业的偿还短期债务的能力。流动资产越多，短期债务越少，则流动比率越大，企业的短期偿债能力越强。

分析提示：正常值一般为 2，低于正常值，企业的短期偿债风险较大。一般情况下，营业周期、流动资产中的应收账款数额和存货的周转速度是影响流动比率的主要因素。

案例 8-3

以表 8-1 所示丽江玉龙旅游股份有限公司资产负债表为例进行计算。

$$流动比率 = \frac{1\,324\,573\,235.34}{227\,564\,151.57} = 5.82$$

该指标高于正常值，企业的短期偿债风险较小，短期偿债能力强，说明企业的资产流动性较好。还应该进一步分析流动资产中的应收账款数额和存货的周转速度。

2. 速动比率

公式：

$$速动比率 = \frac{货流动资产合计 - 存货}{流动负债合计}$$

$$保守速动比率 = \frac{货币资金 + 短期投资 + 应收票据 + 应收账款净额}{流动负债}$$

意义：比流动比率更能体现企业的偿还短期债务的能力。因为流动资产中，尚包括变现速度较慢且可能已贬值的存货，因此将流动资产扣除存货再与流动负债对比，以衡量企业的短期偿债能力。

分析提示：低于 1 的速动比率通常被认为是短期偿债能力偏低。影响速动比率的可信性的重要因素是应收账款的变现能力，账面上的应收账款不一定都能变现，也不一定非常可靠。

案例 8-4

以表 8-1 所示丽江玉龙旅游股份有限公司资产负债表为例进行计算。

$$速动比率 = \frac{1\,324\,573\,235.34 - 13\,608\,744.25}{227\,564\,151.57} = 5.76$$

该指标高于正常值，企业的短期偿债风险较小，短期偿债能力强，说明企业的资产流动性较好。还应该进一步分析流动资产中的应收账款数额。

3. 营运资金

营运资金是指流动资产超过流动负债的部分。其计算公式如下：

$$营运资金 = 流动资产 - 流动负债$$

营运资金越多，说明偿债能力越强。当流动资产大于流动负债时，营运资金为正，说明企业财务状况稳定，不能偿债的风险较小。反之，当流动资产小于流动负债时，营运资金为负，此时，企业部分非流动资产以流动负债作为资金来源，企业不能偿债的风险很大。因此，企业必须保持正的营运资金，以避免流动负债的偿付风险。

案例 8-5

以表 8-1 所示丽江玉龙旅游股份有限公司资产负债表为例进行计算。

营运资金＝1 324 573 235.34－227 564 151.57＝1 097 009 083.77（元）

该公司营运资金为正，企业财务状况稳定，不能偿债的风险较小，偿债能力较强。

4. 现金流量对流动负债比率

 案例 8-6

以表 8-1 所示丽江玉龙旅游股份有限公司资产负债表及表 8-3 所示丽江玉龙旅游股份有限公司现金流量表为例进行计算。

$$现金流量对流动负债比率＝\frac{现金流量}{流动负债}＝\frac{304\,935\,963}{227\,564\,151.57}＝1.34$$

（二）长期偿债能力分析

1. 资产负债率

公式：

$$资产负债率＝\frac{负债总额}{资产总额}\times100\%$$

意义：反映债权人提供的资本占全部资本的比例。该指标也被称为举债经营比率。

分析提示：负债比率越大，企业面临的财务风险越大，获取利润的能力也越强。如果企业资金不足，依靠欠债维持，导致资产负债率特别高，偿债风险就应该特别注意了。资产负债率在 60%～70%，比较合理、稳健；达到 85%及以上时，应视为发出预警信号，企业应引起足够的注意。

 案例 8-7

以表 8-1 所示丽江玉龙旅游股份有限公司资产负债表为例进行计算。

$$资产负债率＝\frac{569\,064\,151.57}{2\,613\,133\,105.82}\times100\%＝21.78\%$$

该企业资产负债率较低，财务风险较小。

2. 股东权益比率

$$股东权益比率＝\frac{股东权益总额}{资产总额}\times100\%$$

 案例 8-8

以表 8-1 所示丽江玉龙旅游股份有限公司资产负债表为例进行计算。

$$股东权益比率=\frac{2\,044\,068\,954.25}{2\,613\,133\,105.82}\times100\%=78.22\%$$

该公司资产总额中有一半以上来自于股东权益，表明公司财务结构比较稳健。

3. 利息保障倍数

$$利息保障倍数=\frac{净利润+所得税+利息费用}{利息费用}$$

利息保障倍数反映支付利息的利润来源于利息支出之间的关系，该比率越高，长期偿债能力越强。从长期看，利息保障倍数至少要大于 1（国际公认标准为 3），数值越大说明公司支付利息的能力越强。如果利息保障倍数过低，企业将面临亏损、偿债的安全性与稳定性下降的风险。

案例 8-9

以表 8-2 所示丽江玉龙旅游股份有限公司利润表为例进行计算。

$$利息保障倍数=\frac{240\,338\,091.49+42\,268\,464.1+2\,846\,964.57}{2\,846\,964.57}=100.27$$

利息保障倍数远远超过 3，表明该公司利息支付能力很强，财务风险小。

（三）资产运营能力分析

1. 应收账款周转率

定义：指定的分析期间内应收账款转为现金的平均次数。

公式：

$$应收账款周转率=\frac{销售收入}{（期初应收账款+期末应收账款）\div2}$$

意义：应收账款周转率越高，说明其收回越快。反之，说明营运资金过多呆滞在应收账款上，影响正常资金周转及偿债能力。

分析提示：应收账款周转率，要与企业的经营方式结合考虑。以下几种情况使用该指标不能反映实际情况：①季节性经营的企业；②大量使用分期收款结算方式；③大量使用现金结算的销售；④年末大量销售或年末销售大幅度下降。

案例 8-10

以表 8-1 所示丽江玉龙旅游股份有限公司资产负债表、表 8-2 所示丽江玉龙旅游股份有限公司利润表为例进行计算。

$$应收账款周转率=\frac{742\,754\,150.97}{（9\,942\,303.94+20\,390\,587.77）\div2}=48.97（次）$$

说明该公司应收账款回收较快，但还应结合企业以前年度情况综合考虑。

2. 流动资产周转率

公式：

$$流动资产周转率 = \frac{销售收入}{(期初流动资产 + 期末流动资产) \div 2}$$

意义：流动资产周转率反映流动资产的周转速度，周转速度越快，会相对节约流动资产，相当于扩大资产的投入，增强企业的赢利能力；而延缓周转速度，需补充流动资产参加周转，形成资产的浪费，降低企业的赢利能力。

分析提示：流动资产周转率要结合存货、应收账款一并进行分析，和反映盈利能力的指标结合在一起使用，可全面评价企业的赢利能力。

案例 8-11

以表 8-1 所示丽江玉龙旅游股份有限公司资产负债表、表 8-2 所示丽江玉龙旅游股份有限公司利润表为例进行计算。

$$流动资产周转率 = \frac{742\,754\,150.97}{(566\,748\,729.42 + 1\,324\,573\,235.34) \div 2} = 0.79$$

流动资产周转率小于 1，要结合存货、应收账款一并进行分析，找出提高流动资产周转率的方法。

3. 固定资产周转率

公式：

$$固定资产周转率 = \frac{销售收入}{(期初固定资产 + 期末固定资产) \div 2}$$

固定资产周转率反映企业固定资产周转速度。固定资产周转率越高，说明企业固定资产投资得当，结构合理，利用率高；反之，如果固定资产周转率不高，说明企业固定资产利用效率不高，企业营运能力不强。

案例 8-12

以表 8-1 所示丽江玉龙旅游股份有限公司资产负债表、表 8-2 所示丽江玉龙旅游股份有限公司利润表为例进行计算。

$$固定资产周转率 = \frac{742\,754\,150.97}{(899\,976\,437.96 + 842\,740\,084.30) \div 2} = 0.85（次）$$

说明该公司固定资产利用效率不高，公司营运能力不强。还要结合行业特点进一步分析。

4. 总资产周转率

公式：

$$总资产周转率 = \frac{销售收入}{(期初资产总额 + 期末资产总额) \div 2}$$

意义：该项指标反映总资产的周转速度，周转越快，说明销售能力越强。企业可以采用薄利多销的方法，加速资产周转，带来利润绝对额的增加。

分析提示：总资产周转指标用于衡量企业运用资产赚取利润的能力。经常和反映盈利能力的指标一起使用，全面评价企业的盈利能力。

案例 8-13

以表 8-1 所示丽江玉龙旅游股份有限公司资产负债表、表 8-2 所示丽江玉龙旅游股份有限公司利润表为例进行计算。

$$总资产周转率＝\frac{742\,754\,150.97}{(2\,613\,133\,105.82＋1\,775\,929\,570.02)÷2}＝0.34(次)$$

公司总资产周转率偏低，应扩大营业收入，处置闲置资产，提高资产使用效率。

（四）盈利能力分析

1. 资产报酬率

资产报酬率又称为投资盈利率，是指企业一定时期内息税前利润与资产平均总额的比率。资产报酬率用以评价企业运用全部资产的总体获利能力，是评价企业资产运营效益的重要指标。资产报酬率越高，表明资产利用效率越高，说明企业在增加收入、节约资金使用等方面取得了良好的效果；该指标越低，说明企业资产利用效率低，应分析差异原因，提高销售利润率，加速资产周转，提高企业经营管理水平。

公式：

$$资产报酬率＝\frac{净利润＋利息费用＋所得税}{平均资产总额}×100\%$$

2. 总资产净利率

公式：

$$资产净利率＝\frac{净利润}{(期初资产总额＋期末资产总额)÷2}×100\%$$

意义：把企业一定期间的净利润与企业的资产相比较，表明企业资产的综合利用效果。指标越高，表明资产的利用效率越高，说明企业在增加收入和节约资金等方面取得了良好的效果，否则相反。

分析提示：资产净利率是一个综合指标。净利的多少与企业的资产的多少、资产的结构、经营管理水平有着密切的关系。影响资产净利率高低的原因有：产品的价格、单位产品成本的高低、产品的产量和销售的数量、资金占用量的大小。可以结合杜邦财务分析体系来分析经营中存在的问题。

案例 8-14

以表 8-1 所示丽江玉龙旅游股份有限公司资产负债表、表 8-2 所示丽江玉龙旅游股份有限公司利润表为例进行计算。

$$资产净利率 = \frac{240\,338\,091.49}{(2\,613\,133\,105.82 + 1\,775\,929\,570.02) \div 2} \times 100\% = 10.95\%$$

3. 净资产收益率

公式：

$$净资产收益率 = \frac{净利润}{(期初所有者权益合计 + 期末所有者权益合计) \div 2} \times 100\%$$

意义：净资产收益率反映公司所有者权益的投资报酬率，也叫净值报酬率或权益报酬率，具有很强的综合性，是最重要的财务比率。

分析提示：杜邦分析体系可以将这一指标分解成相联系的多种因素，进一步剖析影响所有者权益报酬的各个方面。如资产周转率、销售利润率、权益乘数。另外，在使用该指标时，还应结合"应收账款""其他应收款""待摊费用"进行分析。

4. 每股收益

每股收益（Earning Per Share，EPS）又称每股税后利润、每股盈余，指税后利润与股本总数的比率。它是测定股票投资价值的重要指标之一，是分析每股价值的一个基础性指标，是综合反映公司获利能力的重要指标，它是公司某一时期净收益与股份数的比率。该比率反映了每股创造的税后利润、比率越高，表明所创造的利润越多。

公式：

$$基本每股收益 = \frac{归属于普通股股东的当期净利润}{当期发行在外普通股的加权平均数}$$

 案例 8-15

以表 8-2 所示丽江玉龙旅游股份有限公司利润表为例进行计算。

$$基本每股收益 = \frac{240\,338\,091.49}{364\,148\,600} = 0.66$$

（五）成长能力分析

1. 资本保值增长率

资本保值增值率是指企业本年末所有者权益扣除客观增减因素后同年初所有者权益的比率。该指标表示企业当年资本在企业自身的努力下的实际增减变动情况，是评价企业财务效益状况的辅助指标，反映了企业资本的运营效益与安全状况。

$$资本保值增值率 = \frac{年末所有者权益}{年初所有者权益} \times 100\%$$

 案例 8-16

以表 8-1 所示丽江玉龙旅游股份有限公司资产负债表为例进行计算。

$$资本保值增值率 = \frac{2\,044\,068\,954.25}{1\,136\,226\,160.37} \times 100\%$$

$$= 180\%$$

该指标大于 1，说明企业盈利能力提高，利润增加。

2. 总资产增长率

总资产增长率（Total Assets Growth Rate）又名总资产扩张率，是企业本年总资产增长额同年初资产总额的比率，反映企业本期资产规模的增长情况。资产增长是企业发展的一个重要方面，发展性高的企业一般能保持资产的稳定增长。

公式：

$$总资产增长率 = \frac{本年总资产增长额}{年初资产总额} \times 100\%$$

其中：

$$本年总资产增长额 = 年末资产总额 - 年初资产总额$$

总资产增长率越高，表明企业一定时期内资产经营规模扩张的速度越快。但在分析时，需要关注资产规模扩张的质和量的关系，以及企业的后续发展能力，避免盲目扩张。

案例 8-17

以表 8-1 所示丽江玉龙旅游股份有限公司资产负债表为例进行计算。

$$总资产增长率 = \frac{2\,613\,133\,105.82 - 1\,775\,929\,570.02}{1\,775\,929\,570.02} \times 100\% = 47.14\%$$

3. 净利润增长率

净利润是指利润总额减所得税后的余额，是当年实现的可供出资人（股东）分配的净收益；净利润的多少取决于利润总额和所得税。净利润增长率是一个企业经营的最终成果，也是衡量一个企业经营效益的重要指标，净利润多，企业的经营效益就好；净利润少，企业的经营效益就差。

公式：

$$净利润增长率 = \frac{当期净利润 - 上期净利润}{上期净利润} \times 100\%$$

案例 8-18

以表 8-1 所示丽江玉龙旅游股份有限公司资产负债表为例进行计算。

$$净利润增长率 = \frac{240\,338\,091.49 - 197\,209\,216.36}{197\,209\,216.36} \times 100\% = 21.86\%$$

三、杜邦财务分析体系

杜邦分析法因其最初由美国杜邦公司成功应用，所以得名。杜邦分析法又称杜邦财务分析体系，简称杜邦体系，是利用各主要财务比率指标间的内在联系，对企业财务状况及经济效益进行综合系统分析评价的方法。该体系是以净资产收益率为起点，以总资产净利率和权益乘数为核心，重点揭示企业盈利能力及权益乘数对净资产收益率的影响，以及各相关指标间的相互影响和作用关系。其分析关系式如下：

净资产收益率＝总资产净利率×权益乘数

＝销售净利率×总资产周转率×权益乘数

盈利能力　　营运能力　　偿债能力

知识拓展 8-5

杜邦的故事

1800 年元旦这天早晨，一个名叫杜邦的法国人，带领全家 13 口人，搭乘帆船"美国鹰号"，横渡大西洋前往美国。

杜邦曾经是个外交官，因协调法国和美国的关系有功，被封为贵族，加官晋爵。1789 年，法国爆发大革命，路易十六被处死，杜邦也被株连下狱。拿破仑上台后，杜邦因为是"旧王党分子"，所以带领家人仓皇上船。

杜邦一家来到美国，受到欢迎。费城各大报纸都报道了杜邦一家抵美的消息。退职后一直隐居的美国第一任总统乔治·华盛顿也发表谈话说："皮埃尔·杜邦先生，他一直站在美国一方，在对英战争的巴黎条约上，有功于美国。"副总统杰弗逊称杜邦先生是"法国最有才能的人"。

在炸药库边安家的杜邦公司的创始人厄留梯尔·杜邦，曾当过化学家助手、学习过火药制造技术。他仔细考察了美国的火药生产，发现与欧洲相比，美国的火药质次而价昂。因此，他决定投资火药生产。杜邦在白兰地酒河边买了一块地，于 1802 年 4 月在这里建起了当时美国最大的火药厂。公司发行股票 18 股，每股 2 000 美元，共集资 3.6 万美元。杜邦公司由此诞生。

杜邦公司成立时，正值美国独立战争结束不久，政府急需大量的军火。由于总统托马斯·杰斐逊的推荐，美国联邦政府便成了杜邦公司最大的买主。1805 年 7 月，美国陆军部长宣布，伊雷内的火药公司承包政府的全部火药生产。

杜邦明白，公司一开始，便吃上了高危行业这碗饭。

从 1802 年到 1880 年，杜邦的主营业务始终没能脱离黑火药的生产。火药时刻会爆炸，尽管杜邦在厂房选址及车间设计上，充分考虑了将可能的爆炸造成的损失减少到最小，但接二连三的重大伤亡事故仍然发生，以至于他的几位亲人也没能逃脱厄运。其中，最大的事故发生在 1818 年，100 多名员工中，有 40 多人伤亡，企业一度濒临破产。

杜邦为彻底消灭安全事故，把自己的家安在企业仓库边，表示出"不安全，毋宁死"的决心，并推出一系列严格有效的措施。200 年来，安全观念已成为杜邦独特企业文化的一部分：每次公司召开会议，主持人首先要做"安全提示"。除了实行严格的安全管理外，杜邦公司也实行了严密的财务分析方法，就是我们今天所说的杜邦分析法。

经常是一次爆炸、一次透水、一场大火，很多的企业就轰然倒地。杜邦的故事告诉我们，成功的企业都具有强烈的危机意识，他们凭借严密的制度化"危"为"机"，他们的做法是"怀抱炸弹"，进行着"末日管理"。正是这种深深的忧患意识和一系列的"预警"措施，他们实现了持续的成功。

（资料来源：李帅达.杜邦家族传奇［M］.杭州：浙江人民出版社，2012.）

杜邦分析法如图 8-1 所示。

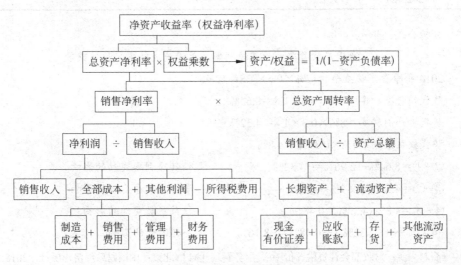

图 8-1　杜邦分析法

运用杜邦分析法需要抓住以下几点。

（1）净资产收益率是一个综合性最强的财务分析指标，是杜邦分析系统的核心。

（2）资产净利率是影响权益净利率的最重要的指标，具有很强的综合性，而资产净利率又取决于销售净利率和总资产周转率的高低；总资产周转率是反映总资产的周转速度。对资产周转率的分析，需要对影响资产周转的各因素进行分析，以判明影响公司资产周转的主要问题在哪里。销售净利率反映销售收入的收益水平。扩大销售收入，降低成本费用是提高企业销售利润率的根本途径，而扩大销售，同时也是提高资产周转率的必要条件和途径。

（3）权益乘数表示企业的负债程度，反映了公司利用财务杠杆进行经营活动的程度。资产负债率高，权益乘数就大，这说明公司负债程度高，公司会有较多的杠杆利益，但风险也高；反之，资产负债率低，权益乘数就小，这说明公司负债程度低，公司会有较少的杠杆利益，但相应所承担的风险也低。

案例 8-19

A 公司为一家旅游公司，已公布的公司 2015 年财务报告显示，该公司 2015 年净资产收益率为 4.8%，较 2012 年大幅降低，引起市场广泛关注。利用杜邦分析法与连环替代法计算分析导致 2015 年相对而言 2014 年资产收益率变化的原因。两年的有关财务指标如表 8-5 所示。

表 8-5　财务指标

年份 项目	2014	2015
销售净利率/%	12	8
总资产周转率/次数	0.6	0.3
权益乘数	1.8	2

分析公式：

$$净资产收益率＝销售净利率×总资产周转率×权益乘数$$

2014 年净资产收益率＝12%×0.6×1.8＝12.96%　　　①

替代销售净利率＝8%×0.6×1.8＝8.64%　　　②

替代资产周转率＝8%×0.3×1.8＝4.32%　　　③

替代权益乘数＝8%×0.3×2＝4.8%　　　④

②－①＝8.64%-12.96%＝-4.32%　　　销售净利率变动的影响

③－②＝4.32%-8.64%＝-4.32%　　　资产周转率变动的影响

④－③＝4.8%-4.32%＝0.48%　　　权益乘数变动的影响

-4.32%＋（-4.32%）＋0.48%＝-8.16%　　　全部因素的影响

（资料来源：财政部会计资格评价中心.财务管理［M］.北京：中国财政经济出版社，2015.）

案例 8-19 的计算结果表明，2015 年净资产收益率比 2014 年净资产率低 8.16%，是由于销售净利率下降导致收益率降低了 4.32%，总资产周转率下降了 0.3 次导致收益率下降 4.32%，权益乘数上升了 0.2，导致净资产收益率增加了 0.48%，总影响额 8.16%。

评估练习

一、多项选择题

1. 流动比率为 1.2，则赊购材料一批，将会导致（　　）。

　　A. 流动比率提高　　　　　　　　　　B. 流动比率降低

C. 流动比率不变   D. 速动比率降低

2. 下列业务中，能够降低企业偿债能力的是（   ）。

   A. 企业向股东发放股票股利

   B. 企业向股东发放现金股利

   C. 企业采用经营租赁方式租入一台大型机械设备

   D. 企业从某国有银行取得 3 年期 500 万元的贷款

二、简答题

简述财务分析概念及主要财务分析方法。

三、计算分析题

四方旅游公司 2014 年度销售收入净额 15 010 万元，2014 年年末应收账款为 2 050 万元，年初数为 1 070 万元，假设年初、年末坏账准备均为零。要求：计算该公司 2014 年的应收账款周转率。

第三节　丽江玉龙旅游股份有限公司财务分析

教学目标：

（1）掌握丽江玉龙旅游股份有限公司财务分析的方法；

（2）能运用财务分析的方法对其他旅游企业的偿债能力、盈利能力、营运能力、发展能力进行综合分析。

丽江玉龙旅游股份有限公司（以下简称丽江旅游）成立于 2001 年 10 月 18 日，由原丽江玉龙雪山旅游索道有限公司整体变更而来。公司于 2004 年 8 月在深圳证券交易所中小企业板块成功上市。2014 一年来，在公司董事会的领导下，通过经营班子和全体员工的共同努力，公司经受住了宏观经济增速放缓、旅游市场环境变化等一系列不利于旅游行业发展因素的考验，取得了较好的成绩。到 2014 年，公司总股本为 28 179 万元，总资产达 261 313 万元，净资产近 204 407 万元，拥有 4 个控股子公司，分别为：丽江牦牛坪旅游索道有限公司、丽江云杉坪旅游索道有限公司、云南睿龙旅游投资有限公司和昆明龙房旅游发展有限公司。

公司经营范围：旅游索道及其他相关配套设施；对旅游、房地产、酒店、交通、餐饮及商业街的运营与管理。索道业务方面，公司主要运营玉龙雪山、云杉坪和牦牛坪旅游索道及其相关配套设施。公司通过控制印象旅游 51% 股权，业务范围拓展到文艺演出领域，2013 年，公司投资建设的玉龙雪山游客综合服务中心、5596 商业街项目建成并投入运营，目前，公司索道业务、印象演出业务及酒店业务为公司营业收入的主要来源，索道业务和印象演出是公司利润的主要来源，对公司的经营业绩起着关键作用。

公司的总体战略为：在地域空间布局上继续坚持立足丽江，并为"立足丽江，辐射滇西北及云南，延伸拓展滇川藏大香格里拉生态旅游圈，放眼国内知名旅游目的地"的企业发展目标奠定基础，继续坚持"旅游业主营业务"为中心，逐步实现战略上的多元化目标。把公司做大、做强、做优，把公司打造成为滇西北最具产业链竞争优势的旗舰企业。公司坚持长期投资新建项目和短期资产整合项目并举的发展战略，结合战略规划目标，持续关注丽江周边地区及其他景区、景点的投资机会和项目储备，筛选项目投资机会，积极开展前期工作，为公司后续发展提供保障。2015 年，公司将继续积极推进泸沽湖项目，同时积极调研大理剑川的投资机会，并放眼大香格里拉，为公司后续发展寻找项目储备。

丽江市接待游客数量逐年上升，根据丽江市旅游局公布的数据，2014 年，在经济形势复杂严峻、下行压力不断加大，给旅游产业的发展带来很大影响和冲击的情况下，全市旅游业继续保持了良好的发展态势。全年共接待海内外游客 2 663.81 万人次，同比增长 28.09%，其中，海外游客 107.7 万人次，同比增长 8.05%，旅游业总收入 378.79 亿元人民币，同比增长 35.94%，旅游外汇收入 4.05 亿美元，同比增长 13.45%。其中 2014 年 3 条索道共接待游客 337.31 万人次，比 2013 年增加 41.63 万人次，增长 14.08%。其中，玉龙雪山索道接待游客 157. 74 万人次，比 2013 年增加 12.25 万人次，增长 8.43%；云杉坪索道接待游客 168.46 万人次，比 2013 年增加 26.78 万人次，增长 18.90%；牦牛坪索道接待游客 11.12 万人次，比 2013 年增加 2.59 万人次，增长 30.44%。印象丽江演出 987 场，共接待游客 235.9 万人次，比 2013 年同期增加 27.79 万人次，同比上升 13.35%。实现主营业务收入 25 426.86 万元，较上年同期增长 9.01%；实现净利润 10 282.85 万元，同比增长 2.83%。丽江市接待游客量的稳步上升为公司业绩的提升提供了基础条件。公司 2014 年前十大股东名单如表 8-6 所示。

表 8-6　公司 2014 年前十大股东名单

股 东 名 称	持股数/万股	占总股本比例/%	股份性质
丽江玉龙雪山旅游开发有限责任公司	4 432.74	15.73	流通 A 股
云南省旅游投资有限公司	2 873.00	10.20	流通 A 股
丽江市玉龙雪山景区投资管理有限公司	1 636.04	5.81	流通 A 股
财通基金	1 290.00	4.58	流通 A 股
云南协力投资发展有限公司	1 010.14	3.58	流通 A 股
广西定增投资中心（有限合伙）	710	2.52	流通 A 股
中国农业银行	700	2.48	流通 A 股
新疆方圆慧融投资合伙企业（有限合伙）	700	2.48	流通 A 股
广东温氏投资有限公司	700	2.48	流通 A 股
杨鹏慧	690	2.45	流通 A 股

一、公司财务状况分析

（一）短期偿债能力分析

丽江旅游短期偿债能力分析如表 8-7 所示。

表 8-7 丽江旅游（002033）短期偿债能力分析　　　　　　单位：%

项目 ＼ 年份	2010	2011	2012	2013	2014	平均
流动比率	0.65	1.43	2.06	2.55	5.82	2.5
速动比率	0.64	1.41	2.02	2.47	5.76	2.46
营运资金比率	-2.54	1.27	0.29	0.22	0.31	-0.09
营运资金对资产总额比率	-0.06	0.08	0.2	0.19	0.13	0.11
现金流量对流动负债比率	0.04	0.99	0.88	1.29	1.34	0.91

将短期偿债分析用折线图表示，如图 8-2 所示。

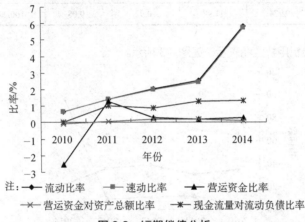

注：◆ 流动比率　■ 速动比率　▲ 营运资金比率
　　✳ 营运资金对资产总额比率　✳ 现金流量对流动负债比率

图 8-2　短期偿债分析

（1）流动比率反映企业可在短期内以流动资产偿还流动负债的能力。丽江旅游流动比率从 2010 年的 0.65，逐年上升，2014 年增长更快，达到 5.82。流动比率越高，表明企业流动资产占用资金来源于结构性负债的越多，企业投入生产经营的营运资本越多，企业偿还债务的能力就越强。就债权人来说，一旦企业无力支付到期债务，债权人可要求企业破产。流动比率越高，流动资产扣除变现损失后，债权人获得破产企业全额清偿债务的可能性就越大。对企业经营者来说，流动比率应保持在合理水平。旅游企业存货较少，企业流动利率过高，说明货币资金闲置太多，对企业来说也是不利的，应将资金投资运用出去，为企业创造更大的效益。一般认为流动比率值为 2 时比较合理。

（2）速动比率与流动比率的数值近似相等。由于丽江旅游属于旅游业，存货较少，所以速动比率与流动比率的数值近似相等，与流动比率的变化类似。

（3）营运资金比率数值越高，说明资金的偿债能力较好。从表中可以看出，其变化与流动比率的变化趋势是一致的。只是变化趋势不如流动比率的变化大。

（4）营运资金对资产总额比率基本平稳。历年来丽江旅游的营运资金对资产总额比率基本平稳，除了 2010 年营运资金对资产总额比率为负值之外。

（5）丽江旅游经营活动现金流量可以偿还流动负债的能力显著增强。丽江旅游从 2010 年到

2014 年, 现金流量对流动负债比率总体呈上升趋势, 2014 年略有下降, 说明了丽江旅游经营活动现金流量可以偿还流动负债的能力显著增强。2014 年现金流量下降是由于宏观经济增速放缓、旅游市场环境变化等一系列变化不利于旅游行业发展, 以及 2014 年流动负债上升所致。

总体上, 丽江旅游的短期偿债能力非常好, 公司未来短期偿债能力前景乐观。

（二）长期偿债能力分析

长期偿债能力分析如表 8-8 所示。

表 8-8　丽江旅游（002033）长期偿债能力分析

年份 项目	2010	2011	2012	2013	2014	平均
资产负债率/%	35.09	30.47	39.18	36.02	21.78	32.51
股东权益比率/%	64.91	69.53	60.82	63.98	78.22	67.49
利息保障倍数	2.74	11.98	10.92	9.08	100.27	27.00

将长期偿债分析用折线图表示, 如图 8-3 所示。

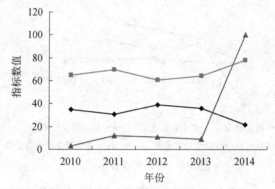

注：◆—资产负债率/%　■—股东权益比率/%　▲—利息保障倍数

图 8-3　长期偿债分析

1. 资产负债率

由表 8-8 可以看出, 2010—2013 年, 公司资产负债率总体上升, 2014 年有所下降。原因分析：2014 年 1 月, 公司获得证监会关于公司非公开发行股票融资的核准批复, 2014 年 1 月 28 日, 公司向 8 名投资者非公开发行人民币普通股 68 843 777 股, 每股发行价格为 11.33 元, 募集资金总额 779 999 993.41 元, 扣除发行费用后, 募集资金净额 752 639 993.41 元, 股权资本和总资产增加, 导致资产负债率大幅下降。对经营者而言, 没有很好地利用财务杠杆为企业创造更多的利润。从债权人角度来看, 该指标越小企业偿债越有保障。

2. 股东权益比率

股东权益比率是指股东权益总额与资产总额的比率, 是企业财务结构稳健与否的重要标志。与资产负债率正好相反, 本公司 2010—2013 年股东权益总体平稳, 由于非公开发行人民币普通股 779 999 993.41 元, 自有资金大幅增加, 2014 年股东权益比率增长幅度较大, 财务结构非常稳健。

3. 利息保障倍数

利息保障倍数＝(净利润＋所得税＋利息费用)÷利息费用，一般大于等于 1 为正常水平，数值越大说明公司支付利息的能力越强。丽江旅游在 2014 年利息保障倍数大幅增加，究其原因是该公司 2014 年财务费用比上年度下降 90.25%，是本年公司用暂时闲置的募集资金 4 亿元购买结构性存款确认利息收益 1 916 万元。公司 2010—2014 年利息费用保障倍数均大于 1，表明公司正逐步扩大利用债务资本。

综上所述，丽江旅游目前的长期偿债能力非常强，资产状况良好。

(三) 资产运营能力分析

丽江旅游资产运营能力分析如表 8-9 所示。

表 8-9　丽江旅游 (002033) 资产运营能力分析

年份 项目	2010	2011	2012	2013	2014	平均
应收账款周转率/%	67.88	202.8	136.76	91.76	48.97	109.63
流动资产周转率/%	1.04	2.34	1.19	1.11	0.79	1.29
固定资产周转率/%	0.32	0.83	0.87	0.88	0.85	0.75
总资产周转率/次	0.19	0.5	0.4	0.39	0.34	0.36

将资产运营能力分析用折线图表示，如图 8-4 所示。

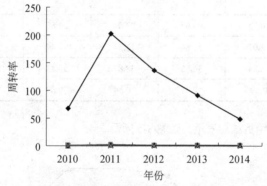

注：◆ 应收账款周转率/%　　■ 流动资产周转率/%
　　▲ 固定资产周转率/%　　✕ 总资产周转率/次

图 8-4　资产运营能力分析

1. 应收账款周转率

从表 8-9 中可以看出，丽江旅游的应收账款周转率基本上从 2011 年起一直处于下降趋势，说明公司缺乏对应收账款的有效管理，虽然与行业平均水平相比总体尚可，但还是应该借鉴历史经验加强对应收账款的回收，以免发生坏账。

2. 流动资产周转率

流动资产周转率反映流动资产的周转速度。从表 8-9 中可以看出，2010—2014 年流动资产周转率与应收账款周转率一致，总体呈下降趋势。主要是营业收入下降导致的。除

2014 年外，流动资产周转率均大于 1，属于正常水平，但 2014 年下降较快，需引起重视。

3. 固定资产周转率

固定资产周转率反映企业固定资产周转速度。从表中可以看出，丽江旅游固定资产周转率变动幅度不大，由于公司流动资产总额很小，公司总资产构成中绝大部分来自于固定资产，所以公司的总资产周转率与固定资产周转率基本一致。固定资产周转率比较稳定。

4. 总资产周转率

总资产周转率反映企业本年度以及以前年度总资产的运营效率和变化，一般情况下，该数值越高，表明企业总资产周转速度越快，销售能力越强，资产利用效率越高。从表中可以看出，丽江旅游的总资产周转率趋势平缓，2014 年略有下降是因为 2014 年旅游业不景气，营业收入仅增长 11%，而总资产增加 47.14% 导致的。

总体而言，丽江旅游 2010—2014 年，固定资产周转率与总资产周转率的趋势是一致的，均比较平稳，营运能力稳定。而流动资产周转率和应收账款周转率来看，呈下降趋势，说明流动资产的周转速度较慢，管理能力需进一步提升。

（四）盈利能力分析

丽江旅游盈利能力分析如表 8-10 所示。

表 8-10　丽江旅游（002033）盈利能力分析

项目 ＼ 年份	2010	2011	2012	2013	2014	平均
资产报酬率/%	10.93	25.62	23.64	24.88	19.85	20.98
总资产净利率/%	2.07	15.84	13.34	11.44	10.95	10.73
净资产收益率/%	16.84	36.85	38.87	38.88	25.38	31.36
每股收益/元	0.09	0.71	0.84	0.69	0.66	0.60

将盈利能力分析用折线图表示，如图 8-5 所示。

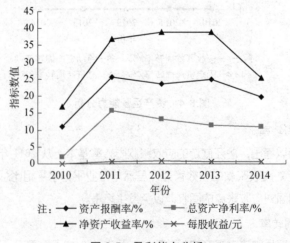

图 8-5　盈利能力分析

1. 资产报酬率

资产报酬率用以衡量公司运用所有资本所获经营成效。丽江旅游资产报酬率呈缓慢下降态势，原因主要是公司 2014 年旅游业不景气，营业收入仅增长 11%，而总资产增加 47.14%导致的。

2. 总资产净利率

总资产净利率反映企业资产综合利用效果的指标，也是衡量企业利用债权人和股东权益总额所取得盈利的重要指标。丽江旅游从 2010—2014 年，总资产净利率 2010 年很低，主要由于索道经营收入占比为 61.5%，但索道收入比上期减少 43 458 912.93 元，是因为玉龙雪上索道长达 7 个月的停机改造，对经营业绩产生了较大的影响。2011 年玉龙雪上索道投入使用，并且拓展了印象演出项目，占到了企业收入的 41.4%，所以总资产净利率急剧上升，近 4 年有缓慢下降的趋势，主要是因为 4 年来旅游环境变化，不利于旅游环境的发展所致。

3. 净资产收益率

净资产收益率是净利润与股东权益的比率。该指标反映股东权益的收益水平，指标值越高，说明投资者给股东带来的收益越高，从表 8-10 可以看出，公司 2010—2014 年净资产收益率变化趋势和总资产净利率基本一致。

4. 每股收益

每股收益是指税后利润与股本总数的比率。丽江旅游 2010—2014 年每股收益变动趋势和总资产净利率变动趋势基本一致，2010 年出现大幅度下降，其原因是受金融危机影响游客数量大幅下降、玉龙雪山索道停机改造的影响。2011 年大幅上涨主要由于索道恢复运营和印象演出使游客人数大幅增加，使得营业收入也随时增加。

总体上看，从 2010—2014 年，丽江旅游的盈利指标除了 2010 年较低，近 4 年虽逐年略有下降，但总体趋于平缓。净资产收益率 2010 年下降幅度较大，主要由于非公开发行人民币普通股 779 999 993.41 元，自有资金大幅增加，导致股东权益比率 2010 年下降幅度较大。公司要充分发挥股东投入资本的利用效率。

（五）成长能力分析

丽江旅游成长能力分析如表 8-11 所示。

表 8-11　丽江旅游（002033）成长能力分析　　　　　　　单位：%

年份 项目	2010	2011	2012	2013	2014	平均
资本保值增长率	1.32	1.43	1.15	1.12	1.80	1.36
总资产增长率	−6.49	33.32	31.89	6.24	47.14	22.42
净利润增长率	−55.14	761.67	11.54	0.62	21.86	148.11

将成长能力分析用折线图表示，如图 8-6 所示。

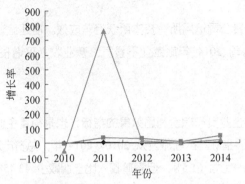

注：→ 资本保值增长率/% → 总资产增长率/%
△ 净利润增长率/%

图 8-6 成长能力分析

1. 资本保值增长率

资本保值增长率反映企业资本的运营效益与安全状况，是评价企业经营效益状况的辅助指标。该指标越高，说明企业资本保全状况越好，股东权益增长越快，债权人的权益越有保障，企业发展后劲越强。丽江旅游自 2010 年以来，资本保值增长率一直处于平稳增长状态，2012 年、2013 年有小幅下降。总体而言，该指标较为平稳，公司发展潜力良好。

2. 总资产增长率

丽江旅游总资产增长率 2010 年大幅下跌，跌至 6.49%，创历史新低。主要由于玉龙雪山索道停机改造，经营规模相应减少所致；2011 年大幅度上升，是因为公司收购了印象旅游 51%的股权，总资产增加幅度太大。

3. 净利润增长率

净利润增长率是企业本年净利润增长额同年初净利润的比率，反映企业本期净利润的增长情况。净利润增长率越高，表明企业经营效益增长的速度越快。丽江旅游 2010—2014 年净利润增长率波动剧烈，尤其 2010 年公司受金融危机强烈冲击，净利润为负增长，2011 年完成玉龙雪山索道技改工作后，营业收入大幅增加，净利润增长率达到惊人的 761.67%，远远超过 2010 年的水平。2012—2014 年相较 2011 年下降幅度很大，2014 年又有回升。

总体上，丽江旅游的成长能力良好。在生存的基础上，扩大规模、壮大实力的潜能良好，公司业务水平及盈利能力尚有较大发展空间，公司未来前景良好。

（六）收入分析

1. 收入占比分析

丽江旅游近 4 年来的主要收入为：索道经营、印象演出、酒店经营，自 2011 年增加的印象演出虽然逐年略有下降，但还是占据了企业营业收入的三分之一。

丽江旅游主营业务收入构成如表 8-12 所示。

表 8-12　丽江旅游（002033）主营业务收入构成表

年份 项目	2010		2011		2012		2013		2014	
	金额/ 万元	占比/ %	金额/ 万元	占比/ %	金额/ 万元	占比/ %	金额/ 万元	占比/ %	金额/ 万元	占比/ %
索道经营	11 985.27	61.5	19 569.07	35.24	22 762.93	38.61	28 928.56	43.36	32 644.46	43.95
汽车运输			813.91	1.47	377.7	0.64				
酒店经营	7 497.64	38.5	9 919.15	17.86	9 906.3	16.8	10 295.38	15.43	9 455.95	12.73
印象演出			22 987.21	41.4	23 327.49	39.57	23 325.98	34.96	25 426.86	34.23
合　计	19 482.91	100	53 289.34	95.97	56 374.42	95.62	62 549.92	93.75	67 527.27	90.91

将主营业务收入构成用折线图表示，如图 8-7 所示。

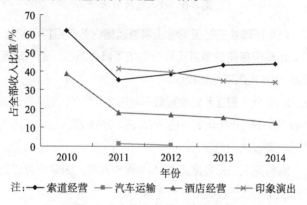

注：◆—索道经营　■—汽车运输　▲—酒店经营　✕—印象演出

图 8-7　主营业务收入构成分析

公司主要运营玉龙雪山旅游索道、云杉坪和牦牛坪旅游索道及其相关配套设施。公司索道业务近年来保持稳定增长，至 2014 年已接近 50%，对公司收入和利润起着重要作用。公司投资建设的和府皇冠假日酒店和丽江古城英迪格酒店是世界文化遗产丽江古城内仅有的国际品牌休闲会议酒店。2015 年 2 月 8 日起，"丽江和府皇冠假日酒店"已正式升级为"丽江和府洲际度假酒店"，进一步提升了酒店的竞争力，但或许会使得酒店经营收入略有下降。而汽车运输在历年来收入比重较小。可见，丽江旅游正在转变利润增长模式，向全产业链、多元化方向发展。

2. 收入趋势分析

将收入趋势用折线图表示，如图 8-8 所示。

（1）索道经营：公司主要运营玉龙雪山旅游索道、云杉坪和牦牛坪旅游索道及其相关配套设施；3 条索道分别将游客带到冰川公园、云杉坪森林公园和牦牛坪山地公园，这 3 个公园是玉龙雪山景区最知名和成熟的 3 个景点，是玉龙雪山景区主要的旅游接待设施。近几年来，从索道运输的收入趋势来看，2010 年，索道经营收入占比为 61.5%，但索道收入比上期减少 43 458 912.93 元，原因是玉龙雪上索道长达 7 个月的停机改造，对经营业绩产生了较大的影响，2011 年索道改造完成，完成营业收入 195 690 730.24 元，涨幅达

85%，自 2011 年起索道收入占比逐年上升。

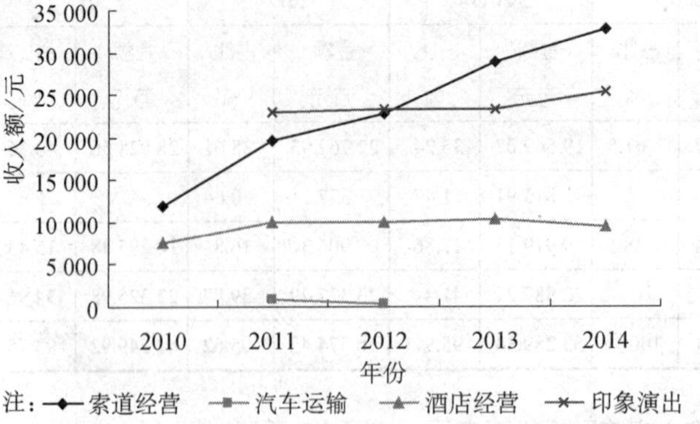

图 8-8　收入趋势分析

（2）汽车运输：汽车运输业务与玉龙雪山索道运输业务是相辅相成的，2010 年，玉龙雪山停运改造，汽车运输服务随着索道运输业务的下降而减少，而汽车运输的一些固定成本未随之减少，所以 2010 年汽车毛利较低。

（3）酒店经营：2010 年，丽江和府皇冠假日酒店全年经营，酒店经营收入同比 2009 年增加了 62 621 939.63 元，是 2009 年收入的 6.32 倍。2011 年，公司酒店入住率继续提高。2011—2014 年，酒店经营收入较为平稳。

（4）印象演出：顺利完成对印象旅游的 51%股权收购，印象旅游成为公司的控股子公司。公司盈利能力明显提高，产业链进一步完善。

（七）费用分析

1. 费用占比分析

丽江旅游费用构成如表 8-13 所示。

表 8-13　丽江旅游（002033）费用构成表

年份 项目	2010		2011		2012		2013		2014	
	金额/ 万元	占比/ %	金额/ 万元	占比/ %	金额/ 万元	占比/ %	金额/ 万元	占比/ %	金额/ 万元	占比/ %
销售费用	2 308.28	13.62	7 468.8	19.64	7 393.16	18.6	9 057.5	19.26	11 177.4	21.94
管理费用	7 935.99	46.81	9 533.36	25.07	9 697.99	24.4	12 035	25.6	13 233.8	25.97
财务费用	1 243.9	7.34	1 913.32	5.03	2 376.58	5.98	2 921.14	6.21	284.7	0.56
所 得 税 费 用	128.03	0.76	3 443.35	9.05	3 969.94	9.99	3 876.18	8.24	4 226.85	8.3
合 计	16 824.6	68.53	34 585.9	58.79	35 781.2	58.97	43 139.9	59.31	46 726.8	56.77

由表 8-13 可以看出，丽江旅游的管理费用占比最大，销售费用位于第二大费用之列。将费用构成用折线图表示，如图 8-9 所示。

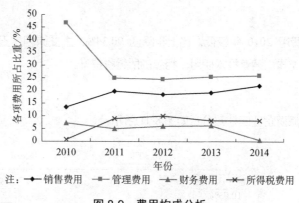

注：◆ 销售费用　■ 管理费用　▲ 财务费用　✕ 所得税费用

图 8-9　费用构成分析

管理费用占比自 2011 年以来急剧下降，随后一直维持较稳定水平，2014 年略有上升；销售费用占比 2011 年以来急剧上升，随后一直维持较稳定水平，2014 年继续上升；所得税费用占比 2011 年以来急剧上升，随后一直维持较稳定水平，2014 年略有上升；财务费用占比自 2011 年以来下降，随后一直维持较稳定水平，2014 年继续下降。

2. 费用趋势分析

将费用趋势用折线图表示，如图 8-10 所示。

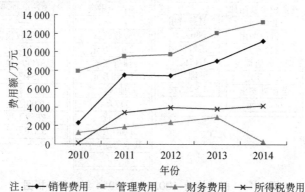

注：◆ 销售费用　■ 管理费用　▲ 财务费用　✕ 所得税费用

图 8-10　费用趋势分析

（1）丽江旅游自 2010 年以来销售费用一直保持着上升的趋势，2011 年上涨幅度巨大，这主要与公司塑造的品牌，各景点加大促销力度相关。

（2）公司管理费用也呈现出上升态势，但上升幅度远远超过了销售费用，尤其 2010 年，销售费用占比达到了 46.81%，上升幅度巨大，究其原因，除了正常经营产生的管理费用之外，与丽江旅游的子公司丽江和府酒店有限公司固定资产土地无形资产折旧及摊销产生的 2 225.35 万元管理费用有关系。另外，经营期间公司规模的扩大也会造成相应管理费用的增加。2012—2014 年管理费用趋于平稳。

（3）2010—2013 年财务费用所占比重较为平稳，2014 年财务费用比上年度下降 90.25%，主要原因是本年公司用暂时闲置的募集资金 4 亿元购买结构性存款确认利息收益

1 916 万元所致。

（4）所得税费用 2010 年较低，比上年降低 90.34%，主要原因是玉龙雪山索道停机改造。2011 年，玉龙雪山索道投入使用，相应的所得税提升。

（八）杜邦分析

2014 年丽江旅游企业的杜邦分析如图 8-11 所示。

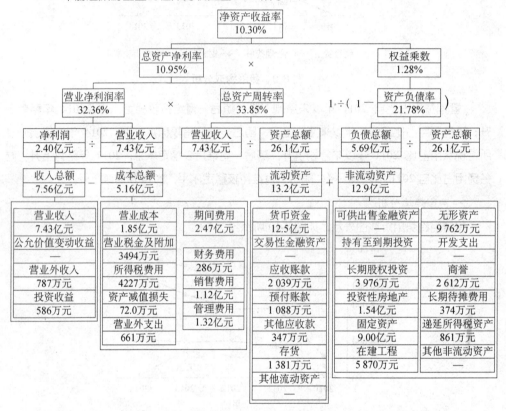

图 8-11　丽江旅游（002033）2014 年杜邦分析图

从杜邦图可以看到，丽江旅游的财务状况有其自身的特点。

（1）公司的盈利能力处于中上游水平。丽江旅游 2014 年的净资产收益率为 20.30%，高于旅游业的平均水平，公司的盈利能力处于中上游水平。高的净资产收益率主要是因为丽江旅游的总资产收益率情况较好。公司的权益乘数在旅游业中处于中等水平，说明需更好地利用财务杠杆。

（2）公司需要投入的资产很大。净资产收益率是主营业务利润率和总资产周转率综合作用的结果，可以看到，丽江旅游的营业净利率高达 32.36%，远远高于峨眉山 A 和黄山旅游，但其总资产周转率只有 0.338 5，符合旅游业的特点，说明公司需要投入的资产很大。

二、态势分析

（一）优势

1. 区位旅游资源优势

公司索道运输业务所在的玉龙雪山是国家 5A 级景区、国家重点风景名胜区、国家地质公园、省级自然保护区和旅游开发区，是丽江市旅游的品牌景点。玉龙雪山拥有我国距赤道最近的现代海洋性冰川，被誉为"冰川博物馆"和"动植物宝库"。

雪山主峰扇子陡海拔 5 596 米，终年积雪不化、雄奇峻伟，至今无人征服。景区面积达 300 多平方公里，地形地貌多样，具有雪山、现代冰川、高山原始森林、河谷、牧场、草甸、平坝相结合的地貌特征及自然景观资源，是极具吸引力的旅游目的地。

雪山景区内冰川公园景色奇幻，云杉坪苍松翠柏，牦牛坪风景秀丽，是丽江最有代表性的名牌景点。公司运营的 3 条索道分别位于冰川公园、云杉坪森林公园和牦牛坪山地公园，分别代表了冰川、森林、草甸 3 种不同类型的自然景观，这 3 个公园是玉龙雪山景区最知名和成熟的 3 个景点，是玉龙雪山景区主要的旅游接待设施。公司在玉龙雪山景区的旅游服务中具有特色产品优势。

《印象·丽江》演出剧场位于丽江玉龙雪山的甘海子，海拔 3 100 米，是世界上最高的实景演出剧场。剧场以玉龙雪山为天然舞台背景，整个舞台设计保持了与玉龙雪山风貌的统一，音乐、舞蹈、歌声与自然景色交相辉映，使得游客在欣赏演出节目的同时可以饱览玉龙雪山的自然风貌，更加深刻地体会《印象·丽江》所表达的自然与心灵的融合。

公司投资建设的丽江和府皇冠假日酒店（已升级为丽江和府洲际度假酒店）和丽江古城英迪格酒店是世界文化遗产丽江古城内唯一的国际五星级标准的休闲会议酒店，由国际知名酒店管理集团洲际集团负责营运管理。在丽江高端酒店市场中占有独特的地段优势。

2. 丽江作为旅游目的地的可达性

近年来，丽江当地政府加快交通、通信等基础设施的建设，大大改善了丽江作为旅游目的地的可达性和易达性。

丽江机场已开通昆明、北京、广州、深圳、上海、成都等地的 30 多条航线，其中包括丽江—香港、丽江—台湾等国内航线及丽江—曼谷、丽江—首尔、丽江—新加坡等国际航线，丽江机场成为云南省第 3 个口岸机场和云南省内最繁忙的航空港之一，加快了丽江旅游业的发展。

陆路交通通达状况也得到显著改善，大理—丽江高速公路已于 2013 年年底全面通车，攀枝花—丽江高速公路已经通到丽江华坪境内，丽江到香格里拉部分路段实现二级公路连接，大丽（大理到丽江）铁路于 2009 年建成通车。丽江—香格里拉高速公路、沪昆高铁、云桂高铁有望实现部分路段通车，云南和丽江周边的基础设施将不断得到改善。

丽江区内各著名景点玉龙雪山、虎跳峡、黎明老君山、泸沽湖之间的交通状况日趋改善。交通的便利使到丽江旅游变得更为舒适、快捷、安全、方便，增加了丽江作为旅游目的地的吸引力和竞争力。

3. 品牌优势

公司主营业务之一《印象·丽江》是由张艺谋、王潮歌、樊跃等著名艺术家策划、创作、执导的大型实景演出，历时一年多完成编创工作，于 2006 年 7 月开始正式公演，是继《印象·刘三姐》取得成功之后张艺谋编创团队打造的又一旅游文化精品演出。经过多年的演绎和不断地创新，《印象·丽江》日趋成熟，赢得了国内外游客的广泛赞誉，成为丽江文化旅游的代名词。

和府酒店目前委托洲际酒店集团管理，洲际酒店集团是目前全球最大及网络分布最广的专业酒店管理集团之一，拥有洲际、皇冠假日、假日酒店等多个国际知名酒店品牌和超过 60 年国际酒店管理经验。同时洲际酒店集团也是世界上客房拥有量最大、跨国经营范围最广并且在中国接管酒店最多的超级酒店集团，并且拥有世界最大的酒店客户计划之一——优悦会。

2015 年 2 月 8 日，"和府皇冠假日酒店"成功升级为"和府洲际度假酒店"进一步提升了酒店的竞争力。

4. 经营管理经验的优势

公司的索道运输业务与玉龙雪山的开发基本同步发展，拥有较为丰富的旅游开发管理经验和旅游观光客运索道开发经营经验，有一支从事景区（点）经营管理和配套服务十多年的成熟员工队伍。

此外，为了保证演出质量，充分展示《印象·丽江》浓郁的少数民族特色，印象旅游每年都会进行维护性排练，并按照一定比例提高演职人员的薪酬以降低人员流动性。通过加强内部管理和实施绩效考核，激励员工不断提升业务水平。

5. 营销优势

公司在与省内外旅行社进行合作时，采取选择性分销，即选择有品牌、有实力、有稳定客源的旅行社进行合作，制定优惠政策和销售奖励措施以把握旅游分销链条的关键环节。还通过节目宣传片直接在高端客源地如我国港澳台地区、日本、韩国及欧美地区市场进行促销，以提高公司产品的国内、国际知名度，树立其高端品牌形象。此外，公司还与丽江的主要宾馆、客栈进行合作，并通过网络媒体、平面媒体、新闻媒体加大营销力度，覆盖自助游客。目前已形成了多层次的分销渠道，分销渠道的纵向深化大大提高了对客源的营销控制力。

（二）劣势

公司的主营业务收入主要来自索道收入和印象演出收入，其次还有酒店收入。随着景区开发的不断深入，景区内的市场竞争日趋激烈，公司在景区的优势地位受到一定的冲击。酒店业务存在服务尚未完善、员工流动偏高、营销推广欠缺等问题，服务品质有待进一步地提升。此外，印象旅游易受自然环境和天气变化的影响，当遇到极端天气时演出可能被迫中断或取消，影响公司的正常经营。

（三）机遇

公司所处的行业为旅游服务业。目前，旅游业已跃居世界第一大产业，我国旅游市场前景广阔，需求巨大，发展潜力很大。国民经济的高速发展和人民生活水平的进一步提高，为中国旅游的快速发展提供了有力的支持，国内旅游行业已经步入了一个快速发展时期，旅游行业中长期发展趋势仍然令人十分乐观。

国家对旅游业的重视已经提高到了前所未有的高度。《国民旅游休闲纲要》和《关于加快发展旅游业的意见》的出台，明确将旅游产业定位为"国民经济的战略性支柱产业和人民群众更加满意的现代服务业"，对旅游业的发展必将产生深远的影响。

（四）风险

1. 索道安全风险

客运索道属于特种设备，索道的设计、施工和营运技术难度大，索道设备部件质量、设计施工、控制系统、管理和技术、电力保障、不可抗力等因素都可能带来安全隐患。公司索道营运面临安全风险，尤其是玉龙雪山索道所在地势险峻、地质灾害危险度高、气候恶劣、海拔高、跨度长，面临的营运安全风险大。如若发生安全事故，将可能造成人员伤亡、财产损失、赔偿损失和处罚相关损失，且将导致客源下降，对公司构成不利影响。

2. 市场竞争风险

随着金茂君悦酒店、安曼酒店等高端酒店的陆续开业，目前丽江高端酒店已近 10 家，竞争日趋激烈，给公司带来了客源的竞争压力。尽管和府酒店及英迪格酒店是丽江古城内唯一的国际品牌休闲会议酒店，在丽江高端酒店市场中占有独特的地段优势，但总体而言公司酒店业务仍然面临较大的行业竞争风险。

此外，宋城股份丽江茶马古城项目——丽江千古情于 2014 年开业增加了丽江演出市场的竞争者，进而增加公司印象演出业务的行业竞争风险。不过从公司 2014 年印象丽江接待游客的情况看，2014 年印象丽江接待人数仍保持了稳定并稍有增长。

3. 管理风险

目前，公司已经构建了索道、度假酒店、文化演艺及附属旅游经营项目的产业联合体，随着业务的多元化，公司旅游业务覆盖的产业链不断完善，对公司的管理提出更高的要求，如果公司不能在服务、人才、营销、管理等方面实行有效整合，充分发挥公司多元化的经营优势，将对公司的经营业绩产生不利影响。

4. 不可抗力风险

公司作为社会服务企业，不可抗力对公司的经营可能造成大的影响，其中重大疫情和自然灾害造成的影响最为严重。未来若发生重大不可抗力事件，对公司的经营仍将产生不利影响。

三、前景展望

(一)行业发展趋势

改革开放后我国旅游业呈现快速发展态势,旅游总收入从 1978 年的 23 亿元增长到 2012 年的 2.59 万亿元,年均复合增长率为 22.96%。国内旅游得到进一步发展,牢固树立了在旅游业中的主体地位,旅游消费占居民消费的比例持续上升,我国入境旅游和出境旅游快速发展。根据联合国世界旅游组织发表的声明,2012 年中国境外旅游消费达到 1 020 亿美元,成为世界第一大国际旅游消费国。

(1)中国在世界旅游业的地位不断上升。改革开放以来,中国在世界旅游业中的地位不断上升。据世界旅游组织预测,到 2020 年中国将成为全球最大的国际旅游目的地国家和第四大旅游客源国。《国务院关于加快发展旅游业的意见》提出:到 2015 年,旅游服务质量明显提高,市场秩序明显好转,可持续发展能力明显增强,力争到 2020 年我国旅游产业规模、质量、效益基本达到世界旅游强国水平。根据 2011 年 12 月正式发布的《中国旅游业"十二五"发展规划纲要》,到 2015 年,旅游业总收入达到 2.5 万亿元,年均增长率为 10%;国内旅游人数达到 33 亿人次,年均增长率为 10%;入境旅游人数达到 1.5 亿人次,年均增长率为 3%;旅游外汇收入达到 580 亿美元,年均增长率为 5%;出境旅游人数达到 8 800 万人次,年均增长率为 9%;旅游业新增就业人数达到 1 650 万人,每年新增旅游就业 60 万人。旅游业增加值占全国 GDP 的比重提高到 4.5%,占服务业增加值的比重达到 12%,旅游消费相当于居民消费总量的比例达到 10%。

(2)旅游业在国民经济中的重要性日渐显现,但与发达国家相比尚有很大的发展空间。2005 年至今我国旅游产业增加值与 GDP 比重一直保持在 4%左右,2012 年该比重达到历史最高水平 4.99%。而世界主要旅游发达国家,如美国、西班牙、德国、法国、英国旅游产业增加值占 GDP 比重都超过 10%,因此,与发达国家相比,我国旅游业还有很大的发展空间。

(3)旅游消费结构升级,高端旅游需求不断提升。根据统计局网站消息,2013 年我国大陆人均 GDP 约为 6 767 美元。我国已经具备旅游消费阶段升级的基础。随着我国经济持续、健康、稳定发展,居民收入水平不断提高,以及全面建设小康社会的推进,新阶层和新理念的出现,我国消费市场、消费结构、产业结构都将发生显著的变化,大众旅游将向休闲度假及专项旅游方向发展。与之相适应的旅游产品,也从观光旅游产品向休闲度假产品等旅游产品方向发展,高端旅游需求不断提升。

(二)市场竞争格局

随着丽江地区基础旅游设施的不断完善和旅游资源的进一步开发,丽江地区作为知名的旅游目的地,其自然和人文旅游资源,资源类型与大多数成熟景区景点相比具有鲜明的个性和特点,而与一些地处西部,旅游资源特点和丽江有相似性的区域比较,丽江则具有交通发达、易达性强的优势。本公司在丽江是最大的旅游服务企业,在丽江旅游市场具有一定的经营优势。随着丽江及周边地区其他景点与雪山景区的市场竞争日趋激烈，景区的优势地位受到一定冲击，但公司将通过技术改造，提高服务质量，增加服务内容，加强市场营销，完善产业链等，巩固公司的经营优势和竞争地位。

（三）公司发展战略

公司的总体战略为：在地域空间布局上继续坚持立足丽江，并为"立足丽江，辐射滇西北及云南，延伸拓展滇川藏大香格里拉生态旅游圈，放眼国内知名旅游目的地"的企业发展目标奠定基础，继续坚持"旅游业主营业务"为中心，逐步实现战略上的多元化目标。把公司做大、做强、做优，把公司打造成为滇西北最具产业链竞争优势的旗舰企业。

评估练习

从互联网上找到任意一家旅游行业上市公司的近 5 年的财务报告，对公司的偿债能力、盈利能力、营运能力、发展能力进行综合分析。

附　录

表格名称：复利终值系数表

计算公式：$f=(1+i)^n$

期数	1%	2%	3%	4%	5%	6%	7%	8%	9%	10%	11%	12%	13%	14%	15%	16%	17%	18%	19%	20%	21%	22%	23%	24%	25%	26%	27%	28%	29%	30%
1	1.0100	1.0200	1.0300	1.0400	1.0500	1.0600	1.0700	1.0800	1.0900	1.1000	1.1100	1.1200	1.1300	1.1400	1.1500	1.1600	1.1700	1.1800	1.1900	1.2000	1.2100	1.2200	1.2300	1.2400	1.2500	1.2600	1.2700	1.2800	1.2900	1.3000
2	1.0201	1.0404	1.0609	1.0816	1.1025	1.1236	1.1449	1.1664	1.1881	1.2100	1.2321	1.2544	1.2769	1.2996	1.3225	1.3456	1.3689	1.3924	1.4161	1.4400	1.4641	1.4884	1.5129	1.5376	1.5625	1.5876	1.6129	1.6384	1.6641	1.6900
3	1.0303	1.0612	1.0927	1.1249	1.1576	1.1910	1.2250	1.2597	1.2950	1.3310	1.3676	1.4049	1.4429	1.4815	1.5209	1.5609	1.6016	1.6430	1.6852	1.7280	1.7716	1.8158	1.8609	1.9066	1.9531	2.0000	2.0484	2.0972	2.1467	2.1970
4	1.0406	1.0824	1.1255	1.1699	1.2155	1.2625	1.3108	1.3605	1.4116	1.4641	1.5181	1.5735	1.6305	1.6890	1.7490	1.8106	1.8739	1.9388	2.0053	2.0736	2.1436	2.2153	2.2889	2.3642	2.4414	2.5205	2.6014	2.6844	2.7692	2.8561
5	1.0510	1.1041	1.1593	1.2167	1.2763	1.3382	1.4026	1.4693	1.5386	1.6105	1.6851	1.7623	1.8424	1.9254	2.0114	2.1003	2.1924	2.2878	2.3864	2.4883	2.5937	2.7027	2.8153	2.9316	3.0518	3.1758	3.3038	3.4360	3.5723	3.7129
6	1.0615	1.1262	1.1941	1.2653	1.3401	1.4185	1.5007	1.5869	1.6771	1.7716	1.8704	1.9738	2.0820	2.1950	2.3131	2.4364	2.5652	2.6996	2.8398	2.9860	3.1384	3.2973	3.4628	3.6352	3.8147	4.0015	4.1959	4.3980	4.6083	4.8268
7	1.0721	1.1487	1.2299	1.3159	1.4071	1.5036	1.6058	1.7138	1.8280	1.9487	2.0762	2.2107	2.3526	2.5023	2.6600	2.8262	3.0012	3.1855	3.3793	3.5832	3.7975	4.0227	4.2593	4.5077	4.7684	5.0419	5.3288	5.6295	5.9447	6.2749
8	1.0829	1.1717	1.2668	1.3686	1.4775	1.5938	1.7182	1.8509	1.9926	2.1436	2.3045	2.4760	2.6584	2.8526	3.0590	3.2784	3.5115	3.7589	4.0214	4.2998	4.5950	4.9077	5.2389	5.5895	5.9605	6.3528	6.7675	7.2058	7.6686	8.1573
9	1.0937	1.1951	1.3048	1.4233	1.5513	1.6895	1.8385	1.9990	2.1719	2.3579	2.5580	2.7731	3.0040	3.2519	3.5179	3.8030	4.1084	4.4355	4.7854	5.1598	5.5599	5.9874	6.4439	6.9310	7.4506	8.0045	8.5948	9.2234	9.8925	10.6045
10	1.1046	1.2190	1.3439	1.4802	1.6289	1.7908	1.9672	2.1589	2.3674	2.5937	2.8394	3.1058	3.3946	3.7072	4.0456	4.4114	4.8068	5.2338	5.6947	6.1917	6.7275	7.3046	7.9259	8.5944	9.3132	10.0857	10.9153	11.8059	12.7614	13.7858
11	1.1157	1.2434	1.3842	1.5395	1.7103	1.8983	2.1049	2.3316	2.5804	2.8531	3.1518	3.4786	3.8359	4.2262	4.6524	5.1173	5.6240	6.1759	6.7767	7.4301	8.1403	8.9117	9.7489	10.6571	11.6415	12.7080	13.8625	15.1116	16.4622	17.9216
12	1.1268	1.2682	1.4258	1.6010	1.7959	2.0122	2.2522	2.5182	2.8127	3.1384	3.4985	3.8960	4.3345	4.8179	5.3503	5.9360	6.5801	7.2876	8.0642	8.9161	9.8497	10.8722	11.9912	13.2148	14.5519	16.0120	17.6053	19.3428	21.2362	23.2981
13	1.1381	1.2936	1.4685	1.6651	1.8856	2.1329	2.4098	2.7196	3.0658	3.4523	3.8833	4.3635	4.8980	5.4924	6.1528	6.8858	7.6987	8.5994	9.5964	10.6993	11.9182	13.2641	14.7491	16.3863	18.1899	20.1752	22.3588	24.7588	27.3947	30.2875
14	1.1495	1.3195	1.5126	1.7317	1.9799	2.2609	2.5785	2.9372	3.3417	3.7975	4.3104	4.8871	5.5348	6.2613	7.0757	7.9875	9.0075	10.1472	11.4198	12.8392	14.4210	16.1822	18.1414	20.3191	22.7374	25.4207	28.3957	31.6913	35.3391	39.3738
15	1.1610	1.3459	1.5580	1.8009	2.0789	2.3966	2.7590	3.1722	3.6425	4.1772	4.7846	5.4736	6.2543	7.1379	8.1371	9.2655	10.5387	11.9737	13.5895	15.4070	17.4494	19.7423	22.3140	25.1956	28.4217	32.0301	36.0625	40.5648	45.5875	51.1859
16	1.1726	1.3728	1.6047	1.8730	2.1829	2.5404	2.9522	3.4259	3.9703	4.5950	5.3109	6.1304	7.0673	8.1372	9.3576	10.7480	12.3303	14.1290	16.1715	18.4884	21.1138	24.0856	27.4462	31.2426	35.5271	40.3579	45.7994	51.9230	58.8079	66.5417
17	1.1843	1.4002	1.6528	1.9479	2.2920	2.6928	3.1588	3.7000	4.3276	5.0545	5.8951	6.8660	7.9861	9.2765	10.7613	12.4677	14.4265	16.6722	19.2441	22.1861	25.5477	29.3844	33.7588	38.7408	44.4089	50.8510	58.1652	66.4612	75.8622	86.5042
18	1.1961	1.4282	1.7024	2.0258	2.4066	2.8543	3.3799	3.9960	4.7171	5.5599	6.5436	7.6900	9.0243	10.5752	12.3755	14.4625	16.8790	19.6733	22.9005	26.6233	30.9127	35.8490	41.5233	48.0386	55.5112	64.0722	73.8694	85.0706	97.8622	112.4554
19	1.2081	1.4568	1.7535	2.1068	2.5270	3.0256	3.6165	4.3157	5.1417	6.1159	7.2633	8.6128	10.1974	12.0557	14.2318	16.7765	19.7484	23.2144	27.2516	31.9480	37.4043	43.7358	51.0737	59.5679	69.3889	80.7310	93.8147	108.8904	126.2422	146.1920
20	1.2202	1.4859	1.8061	2.1911	2.6533	3.2071	3.8697	4.6610	5.6044	6.7275	8.0623	9.6463	11.5231	13.7435	16.3665	19.4608	23.1056	27.3930	32.4294	38.3376	45.2593	53.3576	62.8206	73.8641	86.7362	101.7211	119.1446	139.3797	162.8524	190.0496
21	1.2324	1.5157	1.8603	2.2788	2.7860	3.3996	4.1406	5.0338	6.1088	7.4002	8.9492	10.8038	13.0211	15.6676	18.8215	22.5745	27.0336	32.3238	38.5910	46.0051	54.7637	65.0963	77.2694	91.5915	108.4202	128.1685	151.3137	178.4061	210.0796	247.0645
22	1.2447	1.5460	1.9161	2.3699	2.9253	3.6035	4.4304	5.4365	6.6586	8.1403	9.9336	12.1003	14.7138	17.8610	21.6447	26.1864	31.6293	38.1421	45.9233	55.2061	66.2641	79.4175	95.0412	113.5735	135.5252	161.4924	192.1683	228.3596	271.0027	321.1839
23	1.2572	1.5769	1.9736	2.4647	3.0715	3.8197	4.7405	5.8715	7.2579	8.9543	11.0263	13.5523	16.6266	20.3616	24.8915	30.3762	37.0062	45.0076	54.6487	66.2474	80.1795	96.8894	116.9006	140.8312	169.4066	203.4804	244.0538	292.3003	349.5935	417.5391
24	1.2697	1.6084	2.0328	2.5633	3.2251	4.0489	5.0724	6.3412	7.9111	9.8497	12.2392	15.1786	18.7881	23.2122	28.6252	35.2364	43.2973	53.1090	65.0320	79.4968	97.0172	118.2050	143.7880	174.6306	211.7582	256.3853	309.9483	374.1444	450.9756	542.8008
25	1.2824	1.6406	2.0938	2.6658	3.3864	4.2919	5.4274	6.8485	8.6231	10.8347	13.5855	17.0001	21.2305	26.4619	32.9190	40.8742	50.6578	62.6686	77.3881	95.3962	117.3909	144.2101	176.8593	216.5420	264.6978	323.0454	393.6344	478.9049	581.7585	705.6410
26	1.2953	1.6734	2.1566	2.7725	3.5557	4.5494	5.8074	7.3964	9.3992	11.9182	15.0799	19.0401	23.9905	30.1666	37.8568	47.4141	59.2697	73.9490	92.0918	114.4755	142.0429	175.9364	217.5365	268.5121	330.8722	407.0373	499.9157	612.9982	750.4685	917.3333
27	1.3082	1.7069	2.2213	2.8834	3.7335	4.8223	6.2139	7.9881	10.2451	13.1100	16.7387	21.3249	27.1093	34.3899	43.5353	55.0004	69.3455	87.2598	109.5893	137.3706	171.8719	214.6424	267.5704	332.9550	413.5900	512.8670	634.8929	784.6377	968.1044	1192.5333
28	1.3213	1.7410	2.2879	2.9987	3.9201	5.1117	6.6488	8.6271	11.1671	14.4210	18.5799	23.8839	30.6335	39.2045	50.0656	63.8004	81.1342	102.9666	130.4112	164.8447	207.9651	261.8637	329.1115	412.8642	516.9879	646.2124	806.3140	1004.3361	1248.8546	1550.2933
29	1.3345	1.7758	2.3566	3.1187	4.1161	5.4184	7.1143	9.3173	12.1722	15.8631	20.6237	26.7499	34.6158	44.6931	57.5755	74.0085	94.9271	121.5005	155.1893	197.8136	251.6377	319.4737	404.8072	511.9516	646.2344	814.2276	1024.0187	1285.5504	1611.0225	2015.3813
30	1.3478	1.8114	2.4273	3.2434	4.3219	5.7435	7.6123	10.0627	13.2677	17.4494	22.8923	29.9599	39.1159	50.9502	66.2118	85.8499	111.0647	143.3706	184.6753	237.3763	304.4816	389.7579	497.9129	634.8199	807.7936	1025.9267	1300.5038	1645.5046	2078.2193	2619.9956

表格名称：复利现值系数表

计算公式：$f = (1+i)^{-n}$

期数	1%	2%	3%	4%	5%	6%	7%	8%	9%	10%	11%	12%	13%	14%	15%	16%	17%	18%	19%	20%	21%	22%	23%	24%	25%	26%	27%	28%	29%	30%
1	0.990 1	0.980 4	0.970 9	0.961 5	0.952 4	0.943 4	0.934 6	0.925 9	0.917 4	0.909 1	0.900 9	0.892 9	0.885 0	0.877 2	0.869 6	0.862 1	0.854 7	0.847 5	0.840 3	0.833 3	0.826 4	0.819 7	0.813 0	0.806 5	0.800 0	0.793 7	0.787 4	0.781 3	0.775 2	0.769 2
2	0.980 3	0.961 2	0.942 6	0.924 6	0.907 0	0.890 0	0.873 4	0.857 3	0.841 7	0.826 4	0.811 6	0.797 2	0.783 1	0.769 5	0.756 1	0.743 2	0.730 5	0.718 2	0.706 2	0.694 4	0.683 0	0.671 9	0.661 0	0.650 4	0.640 0	0.629 9	0.620 0	0.610 4	0.600 9	0.591 7
3	0.970 6	0.942 3	0.915 1	0.889 0	0.863 8	0.839 6	0.816 3	0.793 8	0.772 2	0.751 3	0.731 2	0.711 8	0.693 1	0.675 0	0.657 5	0.640 7	0.624 4	0.608 6	0.593 4	0.578 7	0.564 5	0.550 7	0.537 4	0.524 5	0.512 0	0.499 9	0.488 2	0.476 8	0.465 8	0.455 2
4	0.961 0	0.923 8	0.888 5	0.854 8	0.822 7	0.792 1	0.762 9	0.735 0	0.708 4	0.683 0	0.658 7	0.635 5	0.613 3	0.592 1	0.571 8	0.552 3	0.533 7	0.515 8	0.498 7	0.482 3	0.466 5	0.451 4	0.436 9	0.423 0	0.409 6	0.396 8	0.384 4	0.372 5	0.361 1	0.350 1
5	0.951 5	0.905 7	0.862 6	0.821 9	0.783 5	0.747 3	0.713 0	0.680 6	0.649 9	0.620 9	0.593 5	0.567 4	0.542 8	0.519 4	0.497 2	0.476 1	0.456 1	0.437 1	0.419 0	0.401 9	0.385 5	0.370 0	0.355 2	0.341 1	0.327 7	0.314 9	0.302 7	0.291 0	0.279 9	0.269 3
6	0.942 0	0.888 0	0.837 5	0.790 3	0.746 2	0.705 0	0.666 3	0.630 2	0.596 3	0.564 5	0.534 6	0.506 6	0.480 3	0.455 6	0.432 3	0.410 4	0.389 8	0.370 4	0.352 1	0.334 9	0.318 6	0.303 3	0.288 8	0.275 1	0.262 1	0.249 9	0.238 3	0.227 4	0.217 0	0.207 2
7	0.932 7	0.870 6	0.813 1	0.759 9	0.710 7	0.665 1	0.622 7	0.583 5	0.547 0	0.513 2	0.481 7	0.452 3	0.425 1	0.399 6	0.375 9	0.353 8	0.333 2	0.313 9	0.295 9	0.279 1	0.263 3	0.248 6	0.234 8	0.221 8	0.209 7	0.198 3	0.187 7	0.177 6	0.168 2	0.159 4
8	0.923 5	0.853 5	0.789 4	0.730 7	0.676 8	0.627 4	0.582 0	0.540 3	0.501 9	0.466 5	0.433 9	0.403 9	0.376 2	0.350 6	0.326 9	0.305 0	0.284 8	0.266 0	0.248 7	0.232 6	0.217 6	0.203 8	0.190 9	0.178 9	0.167 8	0.157 4	0.147 8	0.138 8	0.130 4	0.122 6
9	0.914 3	0.836 8	0.766 4	0.702 6	0.644 6	0.591 9	0.543 9	0.500 2	0.460 4	0.424 1	0.390 9	0.360 6	0.332 9	0.307 5	0.284 3	0.263 0	0.243 4	0.225 5	0.209 0	0.193 8	0.179 9	0.167 0	0.155 2	0.144 3	0.134 2	0.124 9	0.116 4	0.108 4	0.101 1	0.094 3
10	0.905 3	0.820 3	0.744 1	0.675 6	0.613 9	0.558 4	0.508 3	0.463 2	0.422 4	0.385 5	0.352 2	0.322 0	0.294 6	0.269 7	0.247 2	0.226 7	0.208 0	0.191 1	0.175 6	0.161 5	0.148 6	0.136 9	0.126 2	0.116 4	0.107 4	0.099 2	0.091 6	0.084 7	0.078 4	0.072 5
11	0.896 3	0.804 3	0.722 4	0.649 6	0.584 7	0.526 8	0.475 1	0.428 9	0.387 5	0.350 5	0.317 3	0.287 5	0.260 7	0.236 6	0.214 9	0.195 4	0.177 8	0.161 9	0.147 6	0.134 6	0.122 8	0.112 2	0.102 6	0.093 8	0.085 9	0.078 7	0.072 1	0.066 2	0.060 7	0.055 8
12	0.887 4	0.788 5	0.701 4	0.624 6	0.556 8	0.497 0	0.444 0	0.397 1	0.355 5	0.318 6	0.285 8	0.256 7	0.230 7	0.207 6	0.186 9	0.168 5	0.152 0	0.137 2	0.124 0	0.112 2	0.101 5	0.092 0	0.083 4	0.075 7	0.068 7	0.062 5	0.056 8	0.051 7	0.047 1	0.042 9
13	0.878 7	0.773 0	0.681 0	0.600 6	0.530 3	0.468 8	0.415 0	0.367 7	0.326 2	0.289 7	0.257 5	0.229 2	0.204 2	0.182 1	0.162 5	0.145 2	0.129 9	0.116 3	0.104 2	0.093 5	0.083 9	0.075 4	0.067 8	0.061 0	0.055 0	0.049 6	0.044 7	0.040 4	0.036 5	0.033 0
14	0.870 0	0.757 9	0.661 1	0.577 5	0.505 1	0.442 3	0.387 8	0.340 5	0.299 2	0.263 3	0.232 0	0.204 6	0.180 7	0.159 7	0.141 3	0.125 2	0.111 0	0.098 5	0.087 6	0.077 9	0.069 3	0.061 8	0.055 1	0.049 2	0.044 0	0.039 3	0.035 2	0.031 6	0.028 3	0.025 4
15	0.861 3	0.743 0	0.641 9	0.555 3	0.481 0	0.417 3	0.362 4	0.315 2	0.274 5	0.239 4	0.209 0	0.182 7	0.159 9	0.140 1	0.122 9	0.107 9	0.094 9	0.083 5	0.073 6	0.064 9	0.057 3	0.050 7	0.044 8	0.039 7	0.035 2	0.031 2	0.027 7	0.024 7	0.021 9	0.019 5
16	0.852 8	0.728 4	0.623 2	0.533 9	0.458 1	0.393 6	0.338 7	0.291 9	0.251 9	0.217 6	0.188 3	0.163 1	0.141 5	0.122 9	0.106 9	0.093 0	0.081 1	0.070 8	0.061 8	0.054 1	0.047 4	0.041 5	0.036 4	0.032 0	0.028 1	0.024 8	0.021 8	0.019 3	0.017 0	0.015 0
17	0.844 4	0.714 2	0.605 0	0.513 4	0.436 3	0.371 4	0.316 6	0.270 3	0.231 1	0.197 8	0.169 6	0.145 6	0.125 2	0.107 8	0.092 9	0.080 2	0.069 3	0.060 0	0.052 0	0.045 1	0.039 1	0.034 0	0.029 6	0.025 8	0.022 5	0.019 7	0.017 2	0.015 0	0.013 2	0.011 6
18	0.836 0	0.700 2	0.587 4	0.493 6	0.415 5	0.350 3	0.295 9	0.250 2	0.212 0	0.179 9	0.152 8	0.130 0	0.110 8	0.094 6	0.080 8	0.069 1	0.059 2	0.050 8	0.043 1	0.037 6	0.032 3	0.027 9	0.024 1	0.020 8	0.018 0	0.015 6	0.013 5	0.011 8	0.010 2	0.008 9
19	0.827 7	0.686 4	0.570 3	0.474 6	0.395 7	0.330 5	0.276 5	0.231 7	0.194 5	0.163 5	0.137 7	0.116 1	0.098 1	0.082 9	0.070 3	0.059 6	0.050 6	0.043 1	0.036 5	0.031 3	0.026 7	0.022 9	0.019 6	0.016 8	0.014 4	0.012 4	0.010 7	0.009 2	0.007 9	0.006 8
20	0.819 5	0.673 0	0.553 7	0.456 4	0.376 9	0.311 8	0.258 4	0.214 5	0.178 4	0.148 6	0.124 0	0.103 7	0.086 8	0.072 8	0.061 1	0.051 4	0.043 3	0.036 5	0.030 8	0.026 1	0.022 1	0.018 7	0.015 9	0.013 5	0.011 5	0.009 8	0.008 4	0.007 2	0.006 1	0.005 3
21	0.811 4	0.659 8	0.537 5	0.438 8	0.358 9	0.294 2	0.241 5	0.198 7	0.163 7	0.135 1	0.111 7	0.092 6	0.076 8	0.063 8	0.053 1	0.044 3	0.037 0	0.030 9	0.025 9	0.021 7	0.018 3	0.015 4	0.012 9	0.010 9	0.009 2	0.007 8	0.006 6	0.005 6	0.004 8	0.004 0
22	0.803 4	0.646 8	0.521 9	0.422 0	0.341 8	0.277 5	0.225 7	0.183 9	0.150 2	0.122 8	0.100 7	0.082 6	0.068 0	0.056 0	0.046 2	0.038 2	0.031 6	0.026 2	0.021 8	0.018 1	0.015 1	0.012 6	0.010 5	0.008 8	0.007 4	0.006 2	0.005 2	0.004 4	0.003 7	0.003 1
23	0.795 4	0.634 2	0.506 7	0.405 7	0.325 6	0.261 8	0.210 9	0.170 3	0.137 8	0.111 7	0.090 7	0.073 8	0.060 1	0.049 1	0.040 2	0.032 9	0.027 0	0.022 2	0.018 3	0.015 1	0.012 5	0.010 3	0.008 6	0.007 1	0.005 9	0.004 9	0.004 1	0.003 4	0.002 9	0.002 4
24	0.787 6	0.621 7	0.491 9	0.390 1	0.310 1	0.247 0	0.197 1	0.157 7	0.126 4	0.101 5	0.081 7	0.065 9	0.053 2	0.043 1	0.034 9	0.028 4	0.023 1	0.018 8	0.015 4	0.012 6	0.010 3	0.008 5	0.007 0	0.005 7	0.004 7	0.003 9	0.003 2	0.002 7	0.002 2	0.001 8
25	0.779 8	0.609 5	0.477 6	0.375 1	0.295 3	0.233 0	0.184 2	0.146 0	0.116 0	0.092 3	0.073 6	0.058 8	0.047 1	0.037 8	0.030 4	0.024 5	0.019 7	0.016 0	0.012 9	0.010 5	0.008 5	0.006 9	0.005 7	0.004 6	0.003 8	0.003 1	0.002 5	0.002 1	0.001 7	0.001 4
26	0.772 0	0.597 6	0.463 7	0.360 7	0.281 2	0.219 8	0.172 2	0.135 2	0.106 4	0.083 9	0.066 3	0.052 5	0.041 7	0.033 1	0.026 4	0.021 1	0.016 9	0.013 5	0.010 9	0.008 7	0.007 0	0.005 7	0.004 6	0.003 7	0.003 0	0.002 4	0.001 9	0.001 6	0.001 3	0.001 1
27	0.764 4	0.585 9	0.450 2	0.346 8	0.267 8	0.207 4	0.160 9	0.125 2	0.097 6	0.076 3	0.059 7	0.046 9	0.036 9	0.029 1	0.023 0	0.018 2	0.014 4	0.011 5	0.009 2	0.007 3	0.005 8	0.004 7	0.003 7	0.003 0	0.002 4	0.001 9	0.001 5	0.001 2	0.001 0	0.000 8
28	0.756 8	0.574 4	0.437 1	0.333 5	0.255 1	0.195 6	0.150 4	0.115 9	0.089 5	0.069 3	0.053 8	0.041 9	0.032 6	0.025 5	0.020 0	0.015 7	0.012 3	0.009 7	0.007 7	0.006 1	0.004 8	0.003 8	0.003 0	0.002 4	0.001 9	0.001 5	0.001 2	0.001 0	0.000 8	0.000 6
29	0.749 3	0.563 1	0.424 3	0.320 7	0.242 9	0.184 6	0.140 6	0.107 3	0.082 2	0.063 0	0.048 5	0.037 4	0.028 9	0.022 4	0.017 4	0.013 5	0.010 5	0.008 2	0.006 4	0.005 1	0.004 0	0.003 1	0.002 5	0.002 0	0.001 5	0.001 2	0.001 0	0.000 8	0.000 6	0.000 5
30	0.741 9	0.552 1	0.412 0	0.308 3	0.231 4	0.174 1	0.131 4	0.099 4	0.075 4	0.057 3	0.043 7	0.033 4	0.025 6	0.019 6	0.015 1	0.011 6	0.009 0	0.007 0	0.005 3	0.004 2	0.003 3	0.002 6	0.002 0	0.001 6	0.001 2	0.001 0	0.000 8	0.000 6	0.000 5	0.000 4

表格名称：年金终值系数表

计算公式：$f=\dfrac{(1+i)^n-1}{i}$

期数	1%	2%	3%	4%	5%	6%	7%	8%	9%	10%	11%	12%	13%	14%	15%	16%	17%	18%	19%	20%	21%	22%	23%	24%	25%	26%	27%	28%	29%	30%
1	1.0000	1.0000	1.0000	1.0000	1.0000	1.0000	1.0000	1.0000	1.0000	1.0000	1.0000	1.0000	1.0000	1.0000	1.0000	1.0000	1.0000	1.0000	1.0000	1.0000	1.0000	1.0000	1.0000	1.0000	1.0000	1.0000	1.0000	1.0000	1.0000	1.0000
2	2.0100	2.0200	2.0300	2.0400	2.0500	2.0600	2.0700	2.0800	2.0900	2.1000	2.1100	2.1200	2.1300	2.1400	2.1500	2.1600	2.1700	2.1800	2.1900	2.2000	2.2100	2.2200	2.2300	2.2400	2.2500	2.2600	2.2700	2.2800	2.2900	2.3000
3	3.0301	3.0604	3.0909	3.1216	3.1525	3.1836	3.2149	3.2464	3.2781	3.3100	3.3421	3.3744	3.4069	3.4396	3.4725	3.5056	3.5389	3.5724	3.6061	3.6400	3.6741	3.7084	3.7429	3.7776	3.8125	3.8476	3.8827	3.9184	3.9541	3.9900
4	4.0604	4.1216	4.1836	4.2465	4.3101	4.3746	4.4399	4.5061	4.5731	4.6410	4.7097	4.7793	4.8498	4.9211	4.9934	5.0665	5.1405	5.2154	5.2913	5.3680	5.4457	5.5242	5.6038	5.6842	5.7656	5.8480	5.9313	6.0156	6.1008	6.1870
5	5.1010	5.2040	5.3091	5.4163	5.5256	5.6371	5.7507	5.8666	5.9847	6.1051	6.2278	6.3528	6.4803	6.6101	6.7424	6.8771	7.0144	7.1542	7.2966	7.4416	7.5892	7.7396	7.8926	8.0484	8.2070	8.3684	8.5327	8.6999	8.8700	9.0431
6	6.1520	6.3081	6.4684	6.6330	6.8019	6.9753	7.1533	7.3359	7.5233	7.7156	7.9129	8.1152	8.3227	8.5355	8.7537	8.9775	9.2068	9.4420	9.6830	9.9299	10.1830	10.4423	10.7079	10.9801	11.2588	11.5442	11.8366	12.1359	12.4423	12.7560
7	7.2135	7.4343	7.6625	7.8983	8.1420	8.3938	8.6540	8.9228	9.2004	9.4872	9.7833	10.0890	10.4047	10.7305	11.0668	11.4139	11.7720	12.1415	12.5227	12.9159	13.3214	13.7396	14.1708	14.6153	15.0735	15.5458	16.0324	16.5339	17.0506	17.5828
8	8.2857	8.5830	8.8923	9.2142	9.5491	9.8975	10.2598	10.6366	11.0285	11.4359	11.8594	12.2997	12.7573	13.2328	13.7268	14.2401	14.7733	15.3270	15.9020	16.4991	17.1189	17.7623	18.4301	19.1229	19.8419	20.5876	21.3612	22.1634	22.9953	23.8577
9	9.3685	9.7546	10.1591	10.5828	11.0266	11.4913	11.9780	12.4876	13.0210	13.5795	14.1640	14.7757	15.4157	16.0853	16.7858	17.5185	18.2847	19.0859	19.9234	20.7989	21.7139	22.6700	23.6691	24.7125	25.8023	26.9404	28.1287	29.3692	30.6639	32.0150
10	10.4622	10.9497	11.4639	12.0061	12.5779	13.1808	13.8164	14.4866	15.1929	15.9374	16.7220	17.5487	18.4197	19.3373	20.3037	21.3215	22.3931	23.5213	24.7089	25.9587	27.2738	28.6574	30.1128	31.6434	33.2529	34.9449	36.7235	38.5926	40.5664	42.6195
11	11.5668	12.1687	12.8078	13.4864	14.2068	14.9716	15.7836	16.6455	17.5603	18.5312	19.5614	20.6546	21.8143	23.0445	24.3493	25.7329	27.1999	28.7551	30.4035	32.1504	34.0013	35.9620	38.0388	40.2379	42.5661	45.0306	47.6388	50.3985	53.3318	56.4053
12	12.6825	13.4121	14.1920	15.0258	15.9171	16.8699	17.8885	18.9771	20.1407	21.3843	22.7132	24.1331	25.6502	27.2707	29.0017	30.8502	32.8239	34.9311	37.1802	39.5805	42.1416	44.8737	47.7877	50.8950	54.2077	57.7386	61.5013	65.5100	69.7800	74.3270
13	13.8093	14.6803	15.6178	16.6268	17.7130	18.8821	20.1406	21.4953	22.9534	24.5227	26.2116	28.0291	29.9847	32.0887	34.3519	36.7862	39.4040	42.2187	45.2445	48.4966	51.9913	55.7459	59.7788	64.1097	68.7596	73.7506	79.1066	84.8529	91.0161	97.6250
14	14.9474	15.9739	17.0863	18.2919	19.5986	21.0151	22.5505	24.2149	26.0192	27.9750	30.0949	32.3926	34.8827	37.5811	40.5047	43.6720	47.1027	50.8180	54.8409	59.1959	63.9095	69.0100	74.5280	80.4961	86.9495	93.9258	101.4654	109.6117	118.4108	127.9125
15	16.0969	17.2934	18.5989	20.0236	21.5786	23.2760	25.1290	27.1521	29.3609	31.7725	34.4054	37.2797	40.4175	43.8424	47.5804	51.6595	56.1101	60.9653	66.2607	72.0351	78.3305	85.1922	92.6694	100.8151	109.6868	119.3465	129.8611	141.3029	153.7500	167.2863
16	17.2579	18.6393	20.1569	21.8245	23.6575	25.6725	27.8881	30.3243	33.0034	35.9497	39.1899	42.7533	46.6717	50.9804	55.7175	60.9250	66.6488	72.9390	79.8502	87.4421	95.7799	104.9345	114.9834	126.0108	138.1085	151.3766	165.9236	181.8677	199.3374	218.4722
17	18.4304	20.0121	21.7616	23.6975	25.8404	28.2129	30.8402	33.7502	36.9737	40.5447	44.5008	48.8837	53.7391	59.1176	65.0751	71.6730	78.9792	87.0680	96.0218	105.9306	116.8937	129.0201	142.4295	157.2534	173.6357	191.7345	211.7230	233.7907	258.1453	285.0139
18	19.6147	21.4123	23.4144	25.6454	28.1324	30.9057	33.9990	37.4502	41.3013	45.5992	50.3959	55.7497	61.7251	68.3941	75.8364	84.1407	93.4056	103.7403	115.2659	128.1167	142.4413	158.4045	176.1883	195.9942	218.0446	242.5855	269.8882	300.2521	334.0074	371.5180
19	20.8109	22.8406	25.1169	27.6712	30.5390	33.7600	37.3790	41.4463	46.0185	51.1591	56.9395	63.4397	70.7494	78.9692	88.2118	98.6032	110.2846	123.4135	138.1664	154.7400	173.3540	194.2535	217.7116	244.0328	273.5558	306.6577	343.7580	385.3227	431.8696	483.9734
20	22.0190	24.2974	26.8704	29.7781	33.0660	36.7856	40.9955	45.7620	51.1601	57.2750	64.2028	72.0524	80.9467	91.0249	102.4436	115.3797	130.0329	146.6280	165.4180	186.6880	210.7584	237.9893	268.7853	303.6006	342.9447	387.3887	437.5726	494.2131	558.1118	630.1655
21	23.2392	25.7833	28.6765	31.9692	35.7193	39.9927	44.8652	50.4229	56.7645	64.0025	72.2651	81.6987	92.4699	104.7684	118.8101	134.8405	153.1385	174.0210	197.8474	225.0256	256.0176	291.3469	331.6059	377.4648	429.6809	489.1098	556.7173	633.5927	720.9642	820.2151
22	24.4716	27.2990	30.5368	34.2480	38.5052	43.3923	49.0057	55.4568	62.8733	71.4027	81.2143	92.5026	105.4910	120.4360	137.6316	157.4150	180.1721	206.3448	236.4385	271.0307	310.7813	356.4432	408.8753	469.0563	538.1011	617.2788	708.0309	811.9987	931.0433	1067.2796
23	25.7163	28.8450	32.4529	36.6179	41.4305	46.9958	53.4361	60.8933	69.5319	79.5430	91.1479	104.6029	120.2048	138.2970	159.2764	183.6014	211.8013	244.4868	282.3618	326.2369	377.0454	435.8607	503.9166	582.6298	673.6264	778.7707	900.1993	1040.3583	1202.0465	1388.4635
24	26.9735	30.4219	34.4265	39.0826	44.5020	50.8156	58.1767	66.7648	76.7898	88.4973	102.1741	118.1552	136.8315	158.6584	184.1678	213.9776	248.8076	289.4944	337.0105	392.4843	457.2249	532.7501	620.8174	723.4610	843.0329	982.2511	1144.2531	1332.6586	1551.6401	1806.0026
25	28.2432	32.0303	36.4593	41.6459	47.7271	54.8645	63.2490	73.1059	84.7009	98.3471	114.4133	133.3339	155.6196	181.8708	212.7930	249.2140	292.1049	342.6035	402.0425	471.9811	554.2422	650.9551	764.6054	898.0916	1054.7912	1238.6363	1454.2014	1706.8031	2002.6156	2348.8033
26	29.5256	33.6709	38.5530	44.3117	51.1135	59.1564	68.6765	79.9544	93.3240	109.1818	127.9988	150.3339	176.8501	208.3327	245.7120	290.0883	342.7627	405.2721	479.4306	567.3773	671.6330	795.1653	941.4647	1114.6336	1319.4890	1561.6817	1847.8358	2185.7077	2584.3741	3054.4443
27	30.8209	35.3443	40.7096	47.0842	54.6691	63.7058	74.4838	87.3508	102.7231	121.0999	143.0786	169.3740	200.8406	238.4993	283.5688	337.5024	402.0323	479.2211	571.5224	681.8528	813.6759	971.1014	1159.0016	1383.1457	1650.3612	1968.7190	2347.7515	2798.7061	3334.8426	3971.7776
28	32.1291	37.0512	42.9309	49.9676	58.4026	68.5281	80.6977	95.3388	112.9682	134.2099	159.8173	190.6989	227.9499	272.8892	327.1041	392.5028	471.3778	566.4809	681.1116	819.2233	985.5479	1185.7440	1426.5710	1716.1007	2063.9515	2481.5860	2982.6443	3583.3438	4302.9470	5164.3109
29	33.4504	38.7922	45.2189	52.9663	62.3227	73.6398	87.3465	103.9659	124.1354	148.6309	178.3972	214.5828	258.5834	312.0937	377.1697	456.3032	552.5121	669.4475	811.5228	984.0680	1193.5129	1447.6077	1755.6833	2128.9648	2580.9394	3127.7984	3788.9583	4587.6801	5551.8016	6714.6042
30	34.7849	40.5681	47.5754	56.0849	66.4388	79.0582	94.4608	113.2832	136.3075	164.4940	199.0209	241.3327	293.1992	356.7868	434.7451	530.3117	647.4391	790.9480	966.7122	1181.8816	1445.1507	1767.0811	2160.4907	2640.9164	3227.1743	3942.0260	4812.9771	5873.2306	7162.8241	8729.9855

表格名称：年金现值系数表

计算公式：$f = \dfrac{1-(1+i)^{-n}}{i}$

期数	1%	2%	3%	4%	5%	6%	7%	8%	9%	10%	11%	12%	13%	14%	15%	16%	17%	18%	19%	20%	21%	22%	23%	24%	25%	26%	27%	28%	29%	30%
1	0.990 1	0.980 4	0.970 9	0.961 5	0.952 4	0.943 4	0.934 6	0.925 9	0.917 4	0.909 1	0.900 9	0.892 9	0.885 0	0.877 2	0.869 6	0.862 1	0.854 7	0.847 5	0.840 3	0.833 3	0.826 4	0.819 7	0.813 0	0.806 5	0.800 0	0.793 7	0.787 4	0.781 3	0.775 2	0.769 2
2	1.970 4	1.941 6	1.913 5	1.886 1	1.859 4	1.833 4	1.808 0	1.783 3	1.759 1	1.735 5	1.712 5	1.690 1	1.668 1	1.646 7	1.625 7	1.605 2	1.585 2	1.565 6	1.546 5	1.527 8	1.509 5	1.491 5	1.474 0	1.456 8	1.440 0	1.423 5	1.407 4	1.391 6	1.376 1	1.360 9
3	2.941 0	2.883 9	2.828 6	2.775 1	2.723 2	2.673 0	2.624 3	2.577 1	2.531 3	2.486 9	2.443 7	2.401 8	2.361 2	2.321 6	2.283 2	2.245 9	2.209 6	2.174 3	2.139 9	2.106 5	2.073 9	2.042 2	2.011 4	1.981 3	1.952 0	1.923 4	1.895 6	1.868 4	1.842 0	1.816 1
4	3.902 0	3.807 7	3.717 1	3.629 9	3.546 0	3.465 1	3.387 2	3.312 1	3.239 7	3.169 9	3.102 4	3.037 3	2.974 5	2.913 7	2.855 0	2.798 2	2.743 2	2.690 1	2.638 6	2.588 7	2.540 4	2.493 6	2.448 3	2.404 3	2.361 6	2.320 2	2.280 0	2.241 0	2.203 1	2.166 2
5	4.853 4	4.713 5	4.579 7	4.451 8	4.329 5	4.212 4	4.100 2	3.992 7	3.889 7	3.790 8	3.695 9	3.604 8	3.517 2	3.433 1	3.352 2	3.274 3	3.199 3	3.127 2	3.057 6	2.990 6	2.926 0	2.863 6	2.803 5	2.745 4	2.689 3	2.635 1	2.582 7	2.532 0	2.483 0	2.435 6
6	5.795 5	5.601 4	5.417 2	5.242 1	5.075 7	4.917 3	4.766 5	4.622 9	4.485 9	4.355 3	4.230 5	4.111 4	3.997 5	3.888 7	3.784 5	3.684 7	3.589 2	3.497 6	3.409 8	3.325 5	3.244 6	3.166 9	3.092 3	3.020 5	2.951 4	2.885 0	2.821 0	2.759 4	2.700 0	2.642 7
7	6.728 2	6.472 0	6.230 3	6.002 1	5.786 4	5.582 4	5.389 3	5.206 4	5.033 0	4.868 4	4.712 2	4.563 8	4.422 6	4.288 3	4.160 4	4.038 6	3.922 4	3.811 5	3.705 7	3.604 6	3.507 9	3.415 5	3.327 0	3.242 3	3.161 1	3.083 3	3.008 7	2.937 0	2.868 2	2.802 1
8	7.651 7	7.325 5	7.019 7	6.732 7	6.463 2	6.209 8	5.971 3	5.746 6	5.534 8	5.334 9	5.146 1	4.967 6	4.798 8	4.638 9	4.487 3	4.343 6	4.207 2	4.077 6	3.954 4	3.837 2	3.725 6	3.619 3	3.519 2	3.421 2	3.328 9	3.240 7	3.156 4	3.075 8	2.998 6	2.924 7
9	8.566 0	8.162 2	7.786 1	7.435 3	7.107 8	6.801 7	6.515 2	6.246 9	5.995 2	5.759 0	5.537 0	5.328 2	5.131 7	4.946 4	4.771 6	4.606 5	4.450 6	4.303 0	4.163 3	4.031 0	3.905 4	3.786 3	3.673 1	3.565 5	3.463 1	3.366 7	3.272 8	3.184 2	3.099 7	3.019 0
10	9.471 3	8.982 6	8.530 2	8.110 9	7.721 7	7.360 1	7.023 6	6.710 1	6.417 7	6.144 6	5.889 2	5.650 2	5.426 2	5.216 1	5.018 8	4.833 2	4.658 6	4.494 1	4.338 9	4.192 5	4.054 1	3.923 2	3.799 3	3.681 9	3.570 5	3.464 8	3.364 4	3.268 9	3.178 1	3.091 5
11	10.367 6	9.786 8	9.252 6	8.760 5	8.306 4	7.886 9	7.498 7	7.139 0	6.805 2	6.495 1	6.206 5	5.937 7	5.686 9	5.452 7	5.233 7	5.028 6	4.836 4	4.656 0	4.486 5	4.327 1	4.176 9	4.035 4	3.901 8	3.775 7	3.656 4	3.543 5	3.436 5	3.335 1	3.238 8	3.147 3
12	11.255 1	10.575 3	9.954 0	9.385 1	8.863 3	8.383 8	7.942 7	7.536 1	7.160 7	6.813 7	6.492 4	6.194 4	5.917 6	5.660 3	5.420 6	5.197 1	4.988 4	4.793 2	4.610 5	4.439 2	4.278 4	4.127 4	3.985 2	3.851 4	3.725 1	3.605 9	3.493 3	3.386 8	3.285 9	3.190 3
13	12.133 7	11.348 4	10.635 0	9.985 6	9.393 6	8.852 7	8.357 7	7.903 8	7.486 9	7.103 4	6.749 9	6.423 5	6.121 8	5.842 4	5.583 1	5.342 3	5.118 3	4.909 5	4.714 7	4.532 7	4.362 4	4.202 8	4.053 0	3.912 4	3.780 1	3.655 5	3.538 1	3.427 2	3.322 4	3.223 3
14	13.003 7	12.106 2	11.296 1	10.563 1	9.898 6	9.295 0	8.745 5	8.244 2	7.786 2	7.366 7	6.981 9	6.628 2	6.302 5	6.002 1	5.724 5	5.467 5	5.229 3	5.008 1	4.802 3	4.610 6	4.431 7	4.264 6	4.108 2	3.961 6	3.824 1	3.694 9	3.573 3	3.458 7	3.350 7	3.248 7
15	13.865 1	12.849 3	11.937 9	11.118 4	10.379 7	9.712 2	9.107 9	8.559 5	8.060 7	7.606 1	7.190 9	6.810 9	6.462 4	6.142 2	5.847 4	5.575 5	5.324 2	5.091 6	4.875 9	4.675 5	4.489 0	4.315 2	4.153 0	4.001 3	3.859 3	3.726 1	3.601 0	3.483 4	3.372 6	3.268 2
16	14.717 9	13.577 7	12.561 1	11.652 3	10.837 8	10.105 9	9.446 6	8.851 4	8.312 6	7.823 7	7.379 2	6.974 0	6.603 9	6.265 1	5.954 2	5.668 5	5.405 3	5.162 4	4.937 7	4.729 6	4.536 4	4.356 7	4.189 4	4.033 3	3.887 4	3.750 9	3.622 8	3.502 6	3.389 6	3.283 2
17	15.562 3	14.291 9	13.166 1	12.165 7	11.274 1	10.477 3	9.763 2	9.121 6	8.543 6	8.021 6	7.548 8	7.119 6	6.729 1	6.372 9	6.047 2	5.748 7	5.474 6	5.222 3	4.989 7	4.774 6	4.575 5	4.390 8	4.219 0	4.059 1	3.909 9	3.770 5	3.640 0	3.517 7	3.402 8	3.294 8
18	16.398 3	14.992 0	13.753 5	12.659 3	11.689 6	10.827 6	10.059 1	9.371 9	8.755 6	8.201 4	7.701 6	7.249 7	6.839 9	6.467 4	6.128 0	5.817 8	5.533 9	5.273 2	5.033 3	4.812 2	4.607 9	4.418 7	4.243 1	4.079 9	3.927 9	3.786 1	3.653 6	3.529 4	3.413 0	3.303 7
19	17.226 0	15.678 5	14.323 8	13.133 9	12.085 3	11.158 1	10.335 6	9.603 6	8.950 1	8.364 9	7.839 3	7.365 8	6.938 0	6.550 4	6.198 2	5.877 5	5.584 5	5.316 2	5.070 0	4.843 5	4.634 6	4.441 5	4.262 7	4.096 7	3.942 4	3.798 5	3.664 2	3.538 6	3.421 0	3.310 5
20	18.045 6	16.351 4	14.877 5	13.590 3	12.462 2	11.469 9	10.594 0	9.818 1	9.128 5	8.513 6	7.963 3	7.469 4	7.024 8	6.623 1	6.259 3	5.928 8	5.627 8	5.352 7	5.100 9	4.869 6	4.656 7	4.460 3	4.278 6	4.110 3	3.953 9	3.808 3	3.672 6	3.545 8	3.427 1	3.315 8
21	18.857 0	17.011 2	15.415 0	14.029 2	12.821 2	11.764 1	10.835 5	10.016 8	9.292 2	8.648 7	8.075 1	7.562 0	7.101 6	6.687 0	6.312 5	5.973 1	5.664 8	5.383 7	5.126 8	4.891 3	4.675 0	4.475 6	4.291 6	4.121 2	3.963 1	3.816 1	3.679 2	3.551 4	3.431 9	3.319 8
22	19.660 4	17.658 0	15.936 9	14.451 1	13.163 0	12.041 6	11.061 2	10.200 7	9.442 4	8.771 5	8.175 7	7.644 6	7.169 5	6.742 9	6.358 7	6.011 3	5.696 4	5.409 9	5.148 6	4.909 4	4.690 0	4.488 2	4.302 1	4.130 0	3.970 5	3.822 3	3.684 4	3.555 8	3.435 6	3.323 0
23	20.455 8	18.292 2	16.443 6	14.856 8	13.488 6	12.303 4	11.272 2	10.371 1	9.580 2	8.883 2	8.266 4	7.718 4	7.229 7	6.792 1	6.398 8	6.044 2	5.723 4	5.432 1	5.166 8	4.924 5	4.702 5	4.498 5	4.310 6	4.137 1	3.976 4	3.827 3	3.688 5	3.559 2	3.438 4	3.325 4
24	21.243 4	18.913 9	16.935 5	15.247 0	13.798 6	12.550 4	11.469 3	10.528 8	9.706 6	8.984 7	8.348 1	7.784 3	7.282 9	6.835 1	6.433 8	6.072 6	5.746 5	5.450 9	5.182 2	4.937 1	4.712 8	4.507 0	4.317 6	4.142 8	3.981 1	3.831 2	3.691 8	3.561 9	3.440 6	3.327 2
25	22.023 2	19.523 5	17.413 1	15.622 1	14.093 9	12.783 4	11.653 6	10.674 8	9.822 6	9.077 0	8.421 7	7.843 1	7.330 0	6.872 9	6.464 1	6.097 1	5.766 2	5.466 9	5.195 1	4.947 6	4.721 3	4.513 9	4.323 2	4.147 4	3.984 9	3.834 2	3.694 3	3.564 0	3.442 3	3.328 6
26	22.795 2	20.121 0	17.876 8	15.982 8	14.375 2	13.003 2	11.825 8	10.810 0	9.929 0	9.160 9	8.488 1	7.895 7	7.371 7	6.906 1	6.490 6	6.118 2	5.783 1	5.480 4	5.206 0	4.956 3	4.728 4	4.519 6	4.327 8	4.151 1	3.987 9	3.836 7	3.696 3	3.565 6	3.443 7	3.329 7
27	23.559 6	20.706 9	18.327 0	16.329 6	14.643 0	13.210 5	11.986 7	10.935 2	10.026 6	9.237 2	8.547 8	7.942 6	7.408 6	6.935 2	6.513 5	6.136 4	5.797 5	5.491 9	5.215 1	4.963 6	4.734 2	4.524 3	4.331 6	4.154 2	3.990 3	3.838 7	3.697 9	3.566 9	3.444 7	3.330 5
28	24.316 4	21.281 3	18.764 1	16.663 1	14.898 1	13.406 2	12.137 1	11.051 1	10.116 1	9.306 6	8.601 6	7.984 4	7.441 2	6.960 7	6.533 5	6.152 0	5.809 9	5.501 6	5.222 8	4.969 7	4.739 0	4.528 1	4.334 6	4.156 6	3.992 3	3.840 2	3.699 1	3.567 9	3.445 5	3.331 2
29	25.065 8	21.844 4	19.188 5	16.983 7	15.141 1	13.590 7	12.277 7	11.158 4	10.198 3	9.369 6	8.650 1	8.021 8	7.470 1	6.983 0	6.550 9	6.165 6	5.820 4	5.509 8	5.229 2	4.974 7	4.743 0	4.531 2	4.337 1	4.158 5	3.993 8	3.841 4	3.700 1	3.568 7	3.446 1	3.331 7
30	25.807 7	22.396 5	19.600 4	17.292 0	15.372 5	13.764 8	12.409 0	11.257 8	10.273 7	9.426 9	8.693 8	8.055 2	7.495 7	7.002 7	6.566 0	6.177 2	5.829 4	5.516 8	5.234 7	4.978 9	4.746 3	4.533 8	4.339 1	4.160 1	3.995 0	3.842 4	3.700 9	3.569 3	3.446 6	3.332 1

参 考 文 献

[1] 李秀霞.投资学一本全 [M].北京：中国华侨出版社，2013.

[2] 财政部会计资格评价中心.财务管理 [M].北京：中国财政经济出版社，2015.

[3] 曾建斌.看故事学财务管理 [M].广州：广东经济出版社，2004.

[4] 阿基米德.阿基米德全集（精）[M].修订版.朱恩宽，译.西安：陕西科技出版社，2010.

[5] 陈咏英.旅游企业投资行为研究 [M].北京：中国金融出版社，2015.

[6] 贺志东.赢在现金——如何做好企业现金流管理 [M].武汉：华中科技大学出版社，2009.

[7] 李帅达.杜邦家族传奇 [M].杭州：浙江人民出版社，2012.

[8] 张继东.旅游企业财务管理与案例 [M].天津：南开大学出版社，2013.

[9] 斯蒂芬·A.罗斯.公司理财（精要版）[M].方红星，译.北京：机械工业出版社，2007.

[10] 龚韵笙.现代旅游企业财务管理 [M].大连：东北财经大学出版社，2012.

[11] 周桂芳.旅游企业财务管理 [M].北京：中国林业出版社，北京大学出版社，2012.

[12] 贺志东.旅游企业财务管理 [M].广州：广东经济出版社，2011.

[13] 赵德武.财务管理 [M].北京：高等教育出版社，2007.

[14] 荆新，王化成，刘俊彦.财务管理学 [M].北京：中国人民大学出版社，2012.

[15] 田明.财务成本管理 [M].北京：经济科学出版社，2015.

[16] 中国就业培训技术指导中心.理财规划师专业能力 [M].北京：中国财政经济出版社，
2015.

[17] 蔡万坤.现代酒店财务管理 [M].广州：广东旅游出版社，2013.

[18] 切奥尔·S.尤恩，布鲁斯·G.雷斯尼克.国际财务管理 [M].北京：机械工业出版社，2015.

[19] 卢德湖，王美玉.旅游企业会计实务 [M].2版.大连：中国版本图书馆，2015.

[20] 王国生.旅游、餐饮企业会计 [M].北京：中国财政经济出版社，2011.

[21] 王棣华.财务管理案例精析 [M].北京：中国市场出版社，2014.

[22] 啸月.拿破仑全传 [M].北京：时事出版社，2015.

[23] 闫华红.中级财务管理 [M].北京：北京大学出版社，2015.

[24] 郝德鸿.新编财务管理 [M].北京：现代教育出版社，2015.

[25] 白冰.财务管理 [M].北京：航空工业出版社，2014.

[26] 钭志斌.公司理财实务 [M].北京：中国金融出版社，2012.

[27] Stephen R. Foerster.财务管理基础 [M].北京：中国人民大学出版社，2006.

[28] 周顾宇.现代公司理财 [M].北京：清华大学出版社，2011.

[29] 宋健敏.日本社会保障制度 [M].上海：上海人民出版社，2012.

[30] 派克.公司财务与投资——决策与战略 [M].北京：中国人民大学出版社，2007.